Josef Reding
FRIEDLAND
Chronik der großen Heimkehr

JOSEF REDING

FRIEDLAND

Chronik der großen Heimkehr

Dieses Buch wurde geschrieben im Winter 1955/56
in der Baracke C3 des Lagers Friedland

GEORG BITTER VERLAG

CIP-Kurztitelaufnahme der Deutschen Bibliothek

Reding, Josef:
Friedland: Chronik d. großen Heimkehr / von Josef
Reding. – 3., überarb. Aufl. – Recklinghausen:
Bitter, 1985.
   Frühere Aufl. im Paulus-Verl., Recklinghausen
   ISBN 3-7903-0320-8

3., vom Autor durchgesehene Auflage
© 1985 Georg Bitter Verlag KG, Recklinghausen
© 1956 Paulus-Verlag, Recklinghausen
Alle Rechte vorbehalten
Einbandzeichnung: Max Velthuijs
Gesetzt aus der Aldus
Satz: Fotosatz Uhl + Massopust GmbH, 7080 Aalen
Druck und Einband: Ebner Ulm

ISBN 3 7903 0320 8

In Dankbarkeit meinem Vater †

»Redeuntibus Patriam, Peregrinantibus Pacem«
Den Heimkehrern das Vaterland, den Pilgern den Frieden.
Einmeißelung in den Eckstein der Friedland-Gedächtniskirche

Für den Krieg wird noch bezahlt
Ein Vorwort nach 30 Jahren

Ich habe von den Spätheimkehrern aus der Kriegsgefangenschaft viel gelernt. Zum Beispiel, daß ein Krieg mit dem Waffenstillstand der Generäle, mit dem Ritual der Kapitulations-Bestätigungen nicht zu Ende ist. Ein Krieg wird noch Jahrzehnte später bitter bezahlt.

Die Gefangenen, die aus sowjetischen Lagern durch Friedland kamen, sind solche Bezahler. Zehn, zwölf Jahre nach ihrer Gefangennahme kamen die letzten 12 000 nach Hause. Sie hatten bis zu jenem Winter 1955/1956 mit ihrer Lebenszeit, mit ihrer Gesundheit für den Krieg der nationalsozialistischen Diktatur bezahlt. Und manche Schwerverwundete, Blindgeschossene zahlen noch heute für den Krieg, vierzig Jahre nach der Befreiung vom Naziterror.

Als ich in Friedland den Spätheimkehrern Essen austeilte, Zivilkleidung aus Spenden anpaßte, bei ihrer ärztlichen Versorgung half, merkte ich, wie gut ihnen das Sprechen tat. Ich war einer, der zuhörte. Ihren Mitgefangenen hatten sie in den Jahren der Haft längst alles erzählt. Kaum jemand mochte mehr zuhören, das eigene Schicksal nur variiert im anderen wiedererkennen.

Aus einem Zuhörenden wurde im Lager Friedland ein Aufzeichner, ein Chronist. Ich begann das Buch »Friedland« aus der Fülle des Materials zu komponieren.

Dabei galt es, sich auf Wesentliches zu beschränken, Wiederholungen zu vermeiden. Aus diesem Grund stellte ich pars pro toto nur die Arbeit eines der vielen caritativen Hilfsdienste im Lager dar; die anderen waren mit gleicher Intensität tätig.

Bei meiner Arbeit an der Friedland-Chronik haben mir viele Menschen beigestanden: das Lagerpersonal ebenso wie die freiwilligen Helfer. Neben den Spätheimkehrern gebührt ihnen mein Dank.

Ich habe Hoffnungen in das Buch hineingegeben. So glaubten viele aus der jungen Generation nach den Gesprächen Adenauers mit Chrustschow und Bulganin in Moskau an eine stärkere und schnellere Ost-West-Entspannung.

Beim Wiederlesen des gebundenen Buchs und der Taschenbuchausgabe von »Friedland« nach 30 Jahren sah ich kaum Möglichkeiten, den Text wesentlich zu ändern, zu aktualisieren. Ich habe mir nur stilistische Korrekturen und Straffungen erlaubt. Das Buch gehört heute dem Lager, nicht mir. Beim Erscheinen wurde es mehrfach ein »document humain« in verschiedenen Besprechungen genannt. Dieses menschliche Dokument soll es bleiben. Das in diesem Buch authentisch geschilderte Leid ist entstanden wiederum durch Leid, das anderen Völkern durch Deutsche zugefügt wurde. »Friedland« will dazu beitragen, künftiges Leid, künftige Kriege, künftige Vertreibungen und Gefangenschaften verhindern zu helfen.

Januar 1985
Josef Reding

I

Drei Männer in einem Kurort

Drei Männer sitzen zusammen. Es sind berühmte Männer. Einer von
den dreien ist krank. Er wird zwei Monate später sterben.
Der Kranke heißt Franklin D. Roosevelt. Die Gesunden heißen Josef
Dschugaschwili Stalin und Winston Churchill.
Der Kranke lächelt tapfer in die Kameras hinein. Die anderen beiden
mit ihm.
Auch dem Korpulenten unter den dreien ist nicht wohl bei diesem
Lächeln. Aber er quält es sich dennoch ins Gesicht. Und mit dem
Zeige- und Mittelfinger macht er – wie so oft schon – ein V. Das heißt
Victory. Sieg.
Um über diesen Sieg zu beraten, sind die drei zusammengekommen.
Der Mann mit dem Schnurrbart erzählt wie beiläufig etwas von
Grenzlinien. Man hört zu. Die beiden anderen Männer nicken.
Da nickt auch alles, was an Uniformen und Aktenmappenhaltern
hinter den Männern steht.
Ein paar Fragen. Drei Männer – Dolmetscher – drei Männer.
Da sagt der Mann mit dem Schnurrbart:
Da!
Und der Kranke:
Yes!
Und der Korpulente:
Yes!
Man lächelt wieder leichthin und kameraverbindlich bei diesen drei Ja.
Es lächeln nicht: 13 Millionen Menschen, die durch dieses Ja wurzel-
los werden. 13 Millionen Männer, Frauen und Kinder, die in den
großen Treck unserer Zeit geschickt werden. Und durch dieses Ja
werden im Vokabular der Zeit einige Worte häufiger als sonst

gebraucht: Hunger, Tränen, Schänden, Plündern, Foltern, Flüchten, Leiden. Und Sterben, Sterben, Sterben.

Durch ein Ja, bei dem drei Männer lächeln.

Der Kurort liegt auf der Krim. Er heißt Jalta. Die Menschheit schreibt den 6. Februar 1945.

Zu diesem Zeitpunkt hat sich Hitler in Berlin bereits in den »Führerbunker« verkrochen und gibt von dort noch immer irrsinnige Vernichtungsbefehle.

Ach Gott (und die 13 Millionen legen viel in diesen Ausruf!), ach Gott, warum konnten die drei Männer nicht anders in diesen Kurort kommen, als Kurgäste. Sie hätten Skat spielen können, die drei. Der entlaufene Novize aus Georgien, der Josef Dschugaschwili hieß, hätte sich vielleicht nebenbei über den Kaviar beschwert, oder er hätte den Krimsekt gelobt. Franklin D. hätte davon berichtet, wie er seine Kinderlähmung überwand. Und Winston, der Humor hat, hätte über sein Malerhobby oder seinen Eintritt in die Gewerkschaft der englischen Maurer erzählt.

Ach Gott!

Warum rufen wir schon wieder Gott an? Aus Gewohnheit? Aus Gewohnheit! Die drei Männer sind keine Kurgäste. Sie sind Politiker. Sie sprechen nicht über Kaviar und Sekt, Kinderlähmung und Maurer, sondern sie teilen Deutschland. Und sie sagen ja.

Jäh klafft ein abgrundtiefer Riß mitten in diesem Deutschland. Ein Riß, der einige Begriffe sinnlos macht und andere mit neuem Sinn füllt. Ein Riß mit diesseits und jenseits. Jenseits – in Workuta – steht der Sanitäter Borin. Diesseits – in Friedland – ein Priester.

Der Weg von Workuta nach Friedland ist lang.

Elf Jahre lang ist er.

4015 Tage.

96 360 Stunden.

Dieses Buch ist ein Bericht über diese Zeitspanne.

Dieses Buch ist ein Bericht über Friedland.

Ein Bericht. Nicht mehr.

II

Entfernung Schlagbaum – Friedland 5,75 km

Frau Borin ist geflohen. Aus Berlin. Sie weiß nicht, wo ihr Mann jetzt ist. Er war bei der Kurlandarmee. Zuletzt.

Frau Borin ist noch jung. 21 Jahre. Sebastian Borin war Medizinstudent, als sie ihn kennenlernte. Das war vor drei Jahren. Als Sebastian eingezogen wurde, heirateten sie. Zweimal bekam der Mann Urlaub. Dann war das Kind da. Geboren genau am Tage des Zusammenbruchs Berlins: am 2. Mai 1945. Barbara.

Jetzt ist der 20. September 1945. Frau Borin läuft in dieser Minute, nachmittags 16.20 Uhr. Weil der Mann, dem sie 100 Mark für die Grenzführung gegeben hat, es so gesagt hat: »Laufen!«

Sie läuft mit dem Luftwaffenrucksack und dem Säugling, der Barbara heißt. Dem Mann neben ihr fällt es nicht ein, eines von diesen beiden »Gepäckstücken« zu tragen. Jawohl: Gepäckstücke. So hatte der Grenzführer gesagt, mit bedenklichem Kopfschütteln, als er den Rucksack und das kleine Bündel Mensch sah: »Hm, zwei Gepäckstücke! Wird schwer werden!« Frau Borin bot 20 Mark mehr. »Gut also, 100 Mark!«

Warum eigentlich geht Frau Borin schwarz über die Grenze? Zu gleicher Zeit strömen am Schlagbaum Besenhausen Tausende von Menschen über die Grenze zwischen Deutschland und Deutschland. Halt. Wir wollen genau sein in diesem Bericht. Es sind genau 4850 Menschen pro Tag. Tagesdurchschnitt des Jahres 1945.

Und noch einmal: warum geht Frau Borin nicht auch unter dem Schlagbaum her wie die anderen Menschen? Frau Borin hat Angst. Das ist alles. Sie war in Berlin, als die Russen kamen. In einem Bunker am Nikolaifriedhof. Als sie gebar, war eine Siebzigjährige Arzt und Hebamme zugleich.

Zwei Stunden war der Säugling alt, der Barbara hieß. Die Mutter gießt einen Rest dünnen Tee in ihren Handteller und spendet ihrem Kind die Nottaufe. Dabei weint sie. Weil alles so elendig ist und sie ihre eigene Taufe aus dem Familienalbum kennt: Brüsseler Spitze, die Paten in großer Robe, der Domvikar, der das geweihte Wasser über den Kopf der kleinen Elisabeth fließen läßt.

Doch nicht Elisabeth, sondern Barbara Borin heißt der Säugling, der noch nicht sieht. Der nicht sieht, wie drei Russen in den Bunker taumeln. Einer mit einer grellroten Streifschußnarbe über dem rechten Backenknochen. Das Narbengesicht beugt sich über die Mutter, reißt die Reisedecke von ihrem Körper. Die Mutter schreit nicht, sie hat nicht die Kraft dazu. Aber der Russe schreit auf. Kurz und heiser. Er hatte nicht erwartet, eine Kreißende unter der Decke zu finden. Der Blick auf die blutende Frau läßt ihn zurückprallen. Zwei Schritt, drei. Dann fällt der Mann über eine Luftwaffenhelferin, die sich in ihrer Angst in den Beton zu krallen versucht. Mit einem harten Griff reißt das Narbengesicht den Körper des Mädchens herum.

Die Siebzigjährige schreit. Das Mädchen in der graublauen Uniform wimmert erstickt unter dem zerspaltenen Gesicht des Betrunkenen. Der Lärm lockt weitere Russen in den Bunker. Acht. Frau Borin sieht sie alle, weil jeder an ihr Feldbett tritt und dann zurücktaumelt, ohne sie berührt zu haben.

Aber als der Bunker wieder leer wird, nach eineinhalb Stunden, liegt eine tote Luftwaffenhelferin auf dem Betonfußboden. Zerdrückt von betrunkener Lust, erwürgt. Und aus der Siebzigjährigen ist eine Irre geworden.

Elisabeth Borin drückt den inzwischen dreieinhalb Stunden alten Säugling so fest an sich, daß sie glaubt, er sei wieder in ihrem Leibe.

Frau Borin ist in einen Abgrund der Angst geschleudert worden, der nie mehr überbrückt werden kann. Seit dem 2. Mai 1945.

Darum meidet die Frau alle Kontrollpunkte und Schlagbäume, an denen Russen stehen. Die Angst packt sie dann immer derart, daß sie sich erbrechen muß.

»Laufen!« hatte der Mann neben ihr gesagt.

Elisabeth Borin läuft. Sie rennt keuchend. Der Säugling schreit. Einen Atemzug lang preßt die Mutter ihre Lippen auf den Mund des winzigen Mädchens. Das Schreien hört nicht auf.

»Laufen!« ruft der Mann noch einmal. Das Laufen fällt schwer. Jeder Schlag mit dem Rucksack zieht durch das Rückgrat als riesiger Schmerz. Zudem geht es bergan. Pferdeberg heißt der Hügel, über den die Mutter hetzt. 274 m hoch. Über die Kuppe hinweg verläuft die Zonengrenze.

Fichtenzweige peitschen durch das Gesicht der Frau. Ein Blutstropfen löst sich vom Nasenflügel und zieht eine unregelmäßige Rinne bis in den Halsausschnitt.

»Wir können langsamer gehen!« keucht der Mann. »Wir sind in Deckung!«

Die Frau setzt sich eine Minute. Sie atmet hart. Der Mann steht dabei.

»Na ja!« sagt er schließlich. »Kommen Sie, ich nehme Ihnen das Kind ab!«

»Den Rucksack, bitte!« sagt Frau Borin.

»Geben Sie her!«

Die Frau klinkt den Karabinerhaken los und empfindet das Nachlassen des Riemendruckes schon als eine Wohltat. »Und weiter!« sagt der Mann.

Frau Borin steht gehorsam auf. Dabei springt der Knöchelriemen an ihrem Schuh auf. Sie nimmt den Schuh und steckt ihn in die Tasche des Marinekulanis, den sie trägt. Weiter.

»Grenze!« sagt der Mann. »Hier!«

Er gibt der Frau den Rucksack zurück.

»Danke!« sagt die Frau und weiß nicht, ob sie dem Mann die Hand geben soll. Doch dazu müßte sie erst den Rucksack wieder absetzen. So nickt sie dem Grenzführer nur zu und geht dann den Pferdeberg hinunter.

»Ungefähr fünfeinhalb Kilometer!« ruft der Mann ihr noch nach.

»Dann sind Sie in Friedland!« Und nach kurzer Pause: »Viel Glück zum Start im Westen!«

Die Frau hört es schon nicht mehr. Sie ist schon zu weit weg. Der Mann schaut noch eine Weile hinter ihr her. Jetzt dreht er sich um. Er will heute noch mehr Geld verdienen.

Der Mann heißt Kulmbach. Ferdinand Kulmbach und ist 37 Jahre alt. Ein Jahr später stiehlt er die ersten Gepäckstücke der Grenzgänger. Er will schnell reich werden. Und abermals ein halbes Jahr später verhaftet man den Kulmbach in einer Wirtschaft in Kirchengandern. Der Mann hat zwei Frauen ermordet.

Jetzt hat sich Kulmbach noch mit 100 Mark zufrieden gegeben. Frau Borin hatte Glück.

III

Schwester Hedwig und die Gelähmten

Im März 1945 macht Schwester Hedwig in Berlin ihr Examen. Fürsorgerin. Sie wartet danach. Ihre Familienangehörigen will sie treffen, die aus Allenstein geflüchtet sind. Doch dann zwingt man Schwester Hedwig, Berlin zu verlassen. Sie gelangt in das Allgäu. Fragen, Schreiben, Gesuche. Jemand schreibt an den Bischof von Hildesheim, Josef Godehard Machens. Schwester Hedwig wird nach Hildesheim gebeten.
Der Caritas-Direktor von Hildesheim:
»Wollen Sie im Lager Friedland Fürsorgerin werden?«
»Ja!« sagt Schwester Hedwig. Sie weiß nicht, was es ist, dieses Lager Friedland. Aber sie sagt ja.
Friedland.
Schwester Hedwig sieht: Menschen im knietiefen Dreck. Wellblechbaracken, die in den Sumpfwiesen des Versuchsgutes der Göttinger Universität stehen. Im Mastschweinestall ist Essenausgabe und Massenquartier. Im zweiten Stall die Unterkunft für alte Leute und die Ambulanz. Das ist alles.
Das andere Friedland ist das Dorf. Ein paar Bauernhäuser, zwei Gastwirtschaften, eine Ziegelei, eine Postzweigstelle, eine Gendarmerie, ein Bahnhof.
Dieser Bahnhof – erster Anschluß jenseits der Zonengrenze an das Gleisnetz Westdeutschlands – peitscht die Menschen in das Lager hinein.
Hat das andere Friedland etwas mit dem Lager Friedland zu tun?
Man schreibt 1945. An den Bauernhäusern sind viele Türen verschlossen. Das ist die Wahrheit.
»Bitte, geben Sie mir Wasser, Schwester!«
Schwester Hedwig zuckt zusammen. Ein alter Mann hat die Armbinde gesehen, auf der »Caritas« steht. Die erste Bitte im Lager Friedland wird an Schwester Hedwig gerichtet.
»Wasser, bitte!« sagen nun auch einige andere zittrige Stimmen.
»Ja!« sagt Schwester Hedwig. »Sofort!«
Schwester Hedwig läuft, daß der Schmutz um ihre Schuhe spritzt. Sie

klopft an sechs Häuser im Dorf. Nichts rührt sich. Doch, da! Eine Gardine bewegt sich. Aber sie ist sofort wieder reglos.

Im siebten Haus wohnt die Familie Trölsch. Die Türen der Familie Trölsch sind offen.

»Wasser, bitte!« sagt Schwester Hedwig. »Für die Alten! Die verdursten!«

Flaschen unter dem Arm, erreicht Schwester Hedwig wieder den Schweinestall.

»Dank!« flüstert der alte Mann, der zuerst um das Wasser gebeten hat. Der Mann beschlabbert sich in der Gier des Trinkens. Schwester Hedwig hilft ihm.

Schwester Hedwig fragt nicht, wo sie heute nacht schlafen soll oder welche Formalitäten sie beim Antritt ihrer Stellung als Lagerfürsorgerin erfüllen muß. Sie hilft einfach.

∗

Frau Borin hat wieder eine Straße unter den Füßen. Die Straße nach Reckershausen. Dort nährt sie den Säugling. Frau Borin geht weiter. Ihren Schuh hat sie wieder an. Eine alte Haarschleife hat sie um den Spann gewickelt, damit er hält.

Die restlichen zwei Kilometer bis ins Lager fallen der Frau leicht. Sie ist ja so viele Kilometer marschiert.

Im Lager braucht sie nicht viel zu fragen. Eine Schlange steht dort. Eine Schlange von Leuten, die Gepäck bei sich haben. Frau Borin stellt sich an. Ein Jeep fährt vorbei. Der Beifahrer wirft dem deutschen Lagerangestellten einen Packen Papier in den Arm. Die Männer im Jeep sind Engländer.

Sorgfältig nestelt der Lagerangestellte den Knoten an der Kordel los, die um das Papier gewunden ist.

Die Menschen in der Schlange beobachten den Mann. Was wird er mit der Schnur machen? Wenn er sie wegwirft...!

Doch der Mann wickelt das Stück Band um seine Hand, schlingt es zusammen und steckt es in die Tasche. Auch seine Kinder brauchen neue Schnürsenkel.

Dann verteilt der Lagerangestellte die Zettel, die im Papier sind. Auch Frau Borin bekommt so ein Blatt. Darauf steht:

FÜR ANKOMMENDE FLÜCHTLINGE!

Sie befinden sich jetzt in der britisch besetzten Zone Deutschlands. Helfen Sie den Behörden durch Befolgen der Anordnungen, damit Ihnen geholfen werden kann. Sie werden zunächst registriert, ärztlich untersucht und desinfiziert. Sie werden dann verpflegt und durch Sonderzüge oder Autobusse in den Kreis gebracht, der Sie aufnimmt. Nach Ankunft in Ihrer neuen Heimat müssen Sie sich melden beim

> Wohnungsamt,
> Polizeibehörde,
> Arbeits- und Ernährungsamt.

Ohne Befolgung dieser Anordnungen können Sie keine Lebensmittelkarten erhalten. Gehen Sie deshalb sorgfältig mit Ihrer Registrierungskarte um. Versuchen Sie nicht, den Zug oder Autobus zu verlassen, bevor Sie das Endziel, welches Ihnen bestimmt ist, erreicht haben. In der Britischen Zone besteht ein Verbot des Wohnungswechsels ohne Genehmigung der Behörden. Verletzung dieses Gesetzes wird empfindlich bestraft. Wenn Sie wünschen, Ihren Wohnsitz zu wechseln, tragen Sie Ihren Wunsch den zuständigen Behörden vor, die dann Ihren Fall berücksichtigen werden.
Denken Sie immer daran, daß viele andere in der gleichen schlechten Lage sind wie Sie selbst. Irgendwelche Schwierigkeiten von Ihrer Seite können die Pläne umwerfen, die für Sie alle gemacht wurden und allen Teilen Schwierigkeiten bringen.

Die Lagerleitung

• »Das Endziel, welches Ihnen bestimmt ist!« Frau Borin sagt diesen Satz aus dem Zettel noch einmal vor sich hin. »Endziel?«
»Sie sind dran, Mutti!« – Der Ton ist um diese Zeit modern.
»Heißen?«
»Borin, Elisabeth, mit Kind Barbara!«
»Kommen aus?«
»Berlin.«

16

»Wollen nach?«
»Castrop-Rauxel!«
»Buchstabieren Sie mal – so. Und wo ist das?«
»In der Britischen Zone. Ein Bruder wohnt da. Chemiker!«
»Gut. Hier ihre Registrierungskarte! Komischer Name: Castrop-Rei
– nee, Rauxel! Na ja: der Nächste?«
Frau Borin geht weiter. In der Schlange. Zur Entlausung in die
Ambulanz. Ausziehen. Ein kurzer Blick des Arztes auf die mageren
Körper. Ein Raum weiter. Der Desinfektionspuder hüllt den Leib ein.
Frau Borin kommt sich wie in einer Staubwolke vor. Wieder anzie-
hen. Draußen atmet Frau Borin auf. Sie hat drei Papiere in der Hand.
Drei wichtige Papiere. Sie freut sich.

*

Schwester Hedwig hat die alten Leute mit Wasser versorgt und weint
jetzt. Sie denkt an ihre Eltern. Ob die jetzt auch irgendwo auf der Erde
liegen und um einen Trunk Wasser flehen? Der englische Lagerkommandant, ein Captain, spricht die helfende Schwester an:
»Sie sind neu hier? Allright! Gehen Sie gleich zum Zug. Der läuft jetzt
ein!«
Schwester Hedwig läuft zum Bahnhof Friedland hinunter. Und so
sieht in diesen Tagen ein Zug aus: Menschen in den Gepäcknetzen, auf
den Puffern, auf den Dächern der Waggons. Greisinnen sieht die
Schwester. Und sie fragt sich, wie die auf das Waggondach gekommen
sind und sich während der ganzen Fahrt dort anklammern konnten.
Schwester Hedwig hebt eine alte Frau vom Puffer, die sich ihren
zerfledderten Pappkoffer um den Fußknöchel gebunden hat. Die Frau
kann nicht laufen. Sie ist wie erstarrt.
»Uir uerden helfen!«
Die Stimmen gehören Mr. Jahn und Mr. David. Quäker aus Yorkshire
und Canterbury. Die beiden Männer tragen die deutschen Greise und
Kinder.
Nicht, daß der Captain und Lagerkommandant es nicht möchte. Aber
er versteht es nicht, daß Angehörige seiner Nation sich dazu herge-
ben, Deutsche auf den Armen zu tragen. Deutsche, die noch vor acht
Monaten am liebsten auch das letzte englische Haus zerstört hätten.
Deutsche, mit Recht Besiegte und für das von ihnen begangene

17

Unrecht Büßende. Warum soll man ihnen die von Gott auferlegte Buße erleichtern? – Hätten die Germans auch alte Engländer auf den Bahnhöfen von Wakefield oder Kings-Cross in London getragen? Sie hätten es bestimmt nicht getan! glaubt der Captain zu wissen. Aber wir? Wir sind solche Idioten und beugen uns nieder und machen den Leuten den Dreck weg, die unser Land kassieren wollten! Yes, den Dreck machen wir ihnen weg im wahrsten Sinne des Wortes, wie jetzt der Mr. David, der sich nicht scheut, dem kleinen Jungen da die Hose sauberzumachen, die das Kind, auf den mahlenden Puffern stehend und vor Angst, sich während der Fahrt vollgemacht hat.

»It's awful!« sagt der Captain. Es ist schrecklich. Und er sagt noch »Bah!« und geht dann weiter, die kurze Reitgerte in die Achselhöhle geklemmt.

Auch für Schwester Hedwig ist das Bild ungewöhnlich. Sie hat bisher die Besatzungstruppen nicht gerade als Unmenschen kennengelernt. Sie waren aber auch keine Engel. Sie konnten ganz gut mit den Kolben ihrer Karabiner zustoßen und »Come on!« brüllen und »mak snell!« befehlen.

Aber daß sie nur sagen »Uir uerden helfen!« und dann die Gebrechlichen in ihren Armen tragen, zart und vorsichtig, das hat Schwester Hedwig noch nicht erlebt.

Und sie freut sich so, daß sie auf die Quäker zugeht und »Danke schön!« sagt. Glück leuchtet ihr aus den Augen. »Uas ist da zu danken?« fragt Mr. Jahn. »Uir stehen alle in einer Linie, nicht uahr?«

»Ja«, sagt Schwester Hedwig. Und sie denkt: hier in Friedland stehen sie wirklich alle in einer Linie: die Arbeiterwohlfahrt, die Caritas und die Quäker, die Heilsarmee und die Innere Mission, der YMCA und das Rote Kreuz, alle, alle, alle. Sie frieren in den gleichen Wellblechbaracken und stehen vor der gleichen Not.

Schwester Hedwig nimmt das kleine Mädchen, das nach seiner Mutter schreit, auf den Arm und trägt es ins Lager.

Wieder kommt der Kommandant.

»Im Schweinestall liegen die Leute, die mit dem Zug in den Uesten fahren! Schauen Sie zu, daß sie alle am Bahnhof sind. Der Zug geht in einer Stunde!«

Als Schwester Hedwig in den Schweinestall hineinruft: »Bitte zum

Bahnhof gehen! Der Zug fährt in einer Stunde!« da bleiben sechs Menschen liegen. Gelähmte. Amputierte.

Die sechs recken nur die Arme hoch und rufen:

»Wir wollen auch mit!«

Schwester Hedwig besorgt sich eine Karre. Sie bekommt sie bei der Heilsarmee. Es ist ein Wägelchen, in dem sich wohl einmal Kinder gefahren haben. Jetzt muß es zum Transport der Kranken dienen.

Sie hebt den ersten Mann an und in den Wagen hinein. Der Mann ist schwer, obgleich ihm beide Beine bis zu den Oberschenkeln fehlen. Umsichtig bettet die Schwester den Amputierten und geht los, zum Bahnhof hinunter.

Die Karre rumpelt hart bergab. Einigemale zieht der Mann die Luft scharf durch die Zähne. Aber er sagt nichts.

Im Wartesaal legt die Schwester den Mann auf die Bank, die sofort frei gemacht wird. Für eine Sekunde lagen dabei die Arme des Amputierten um den Hals der Schwester. Als der Mann liegt, läßt er die Hände streichelnd von dem Hals heruntergleiten. Das war sein Dankeschön. Er schämt sich, daß er so getragen werden muß.

Noch fünfmal bollert der Wagen über die von der Sonne ausgelaugte Tonerde Friedlands. Dann hat Schwester Hedwig die sechs Menschen im Wartesaal. Damit ist auch die eine Stunde herum. Der Zug kommt noch nicht.

Der Beinamputierte winkt. Die Schwester steht bei ihm. Der Mann flüstert. Die Schwester versteht ihn nicht und muß sich herunterbeugen:

»Ich muß austreten!« versteht Schwester Hedwig. Zwei, drei andere der Gelähmten haben die Bitte des Beinamputierten gehört.

»Ich auch!« sagen sie.

Der Wartesaal ist völlig mit Menschen verkeilt. Gepäckstücke türmen sich. Die Luft wird miefig.

»Ich hole Ihnen ein Gefäß!« sagt Schwester Hedwig und bahnt sich einen Weg durch die Sitzenden, Wartenden.

Die Leute schimpfen nicht. Sie tun überhaupt nichts. Sie sitzen oder stehen. Erst wenn der Zug kommt, werden sie sich bewegen. Aber jetzt sind sie nur zu einem bereit: die paar Quadratzentimeter Boden, auf denen sie stehen, zu verteidigen. Es ist ihr Sprungbrett zum Zuge, zu den rollenden Brettern, die sie herausbringen aus diesem Menschengerümpel, zu dem sie gehören.

Nach zehn Minuten ist Schwester Hedwig draußen. Zehn Minuten hat der sieben Meter lange Weg gedauert.

Am Bahnhof Friedland zieht sich eine Böschung entlang. Böschungen verleiten dazu, etwas hinunterzuwerfen: Dosen, Flaschen.

Die englischen Soldaten, die im Lager Dienst tun – geschlafen wird im Schloß des Barons von Schnehen – haben wirklich eine Menge Konservendosen den Hang hinunterrollen lassen. HAM AND EGGS steht darauf oder BAKED BEANS, CONTENTS 1 LB. 5 OZ. PACKED BY BURNHAM & MORRILL CO., PORTLAND, MAINE. Die Dosen werden zu klein sein. Ich muß so viele wie möglich davon mitnehmen! denkt Schwester Hedwig.

Die Schwester steht an der Tür des Wartesaals. Aber die Menschenmenge muß sich in der Zwischenzeit verdoppelt haben. Es ist beim besten Willen kein Hineinkommen mehr. Mein Gott! denkt Schwester Hedwig. Und laut sagt sie:

»Bitte, machen Sie doch ein ganz klein wenig Platz. Ich muß zu den Gelähmten durch. Sie brauchen mich!«

»Ich würde es gern tun!« sagt die Frau mit dem Säugling am Eingang. »Aber ich kann mich nicht bewegen, Schwester! Sie sehen ja selbst!«

Die Schwester sieht, daß der Rucksack der Frau zwischen den Koffern eines Ehepaares verklemmt ist, daß ein Fuß der Frau unter einem Sack mit sperrigem Gut liegt.

»Ja, es geht wirklich nicht!« sagt Schwester Hedwig. »Aber wenn Sie, Frau... Frau...«

»Borin!« sagt die junge Frau im Marinekulani. »Elisabeth Borin!«

»Wenn Sie vielleicht die Dosen hier weiterreichen wollen. Die Gelähmten drüben auf der Bank brauchen sie, Sie müssen austreten!«

»Gern!« sagt die junge Frau und reicht die Dosen weiter. Sie muß die neben ihr Sitzenden mit dem Ellbogen anstoßen. Da erst lassen die sich erklären, um was es geht, und reichen die Dosen weiter.

Schwester Hedwig sieht nicht, wie die Dosen bei den Gelähmten ankommen. Sie betet nur darum. Und sie wundert sich, daß sie darum betet. Worum habe ich früher gebetet? fragt sie sich. Um eine Stellung, die mich ausfüllt. Um Gesundheit. Um einen guten Mann.

Und worum bete ich heute: daß ein paar leere Konservendosen zum Urinieren bei sechs Gelähmten ankommen! – Das denkt Schwester Hedwig und betet weiter.

*

Die sechs Menschen, die sich ohne fremde Hilfe nicht fortbewegen können, kommen an diesem Tage nicht mehr aus dem Wartesaal des Bahnhofs von Friedland heraus. Als der Zug kommt, hängen zwei Minuten später Trauben von Menschen an ihm. Aus dem Innern der Abteile kommen Schreie. Man drängt, tritt. Und ein Lagerkommandant gibt seine Befehle. »Away with the baggage!« ruft er zu seinen 30 Soldaten. Jemand dolmetscht: »Gepäck! Es darf kein Gepäck in den Zug. Nur Reisende. Befehl!«
Dumpfes Brodeln der Stimmen. Dann fliegen einzelne Stücke auf den Bahnsteig: drei Koffer, ein Handkarren, zwei Ballen.
»All the baggage!« ruft der Captain wieder. Und die deutsche Stimme, die das Schreien des Kommandanten etwas abzumildern versucht, sagt:
»Alles Gepäck! Sie müssen alle Gepäckstücke hierlassen! Es wird kontrolliert. Bitte, seien Sie vernünftig!«
Aber wer ist schon vernünftig, wenn er den letzten Karton mit Wäsche, dem Familienalbum und dem gefütterten Wintermantel von dem gefallenen Onkel Rudolf auf den Bahnsteig werfen soll? Da befiehlt der Captain:
»Go through the compartments!«
Die Jungen aus England durchkämmen die Abteile und tun die Arbeit, die von den Deutschen selbst nicht gemacht wird: die Gepäckstücke fliegen herunter. Einige der Soldaten in Khaki sagen: »Es tut uns leid!« – Es tut ihnen wirklich leid. Es ist verständlich, daß die Leute im Zug sich nicht von ihrem Hab und Gut trennen wollen. Aber der Befehl ist klar und eindeutig. Die Menschen müssen heraus aus Friedland, aus diesem verstopften Eingangstunnel zum Westen. Die Menschen! – Was sind da ein paar Gepäckstücke? – »Wer kümmert sich um die Gepäckstücke, wenn der Typhus im Lager wütet und die Eigentümer der wenigen Habseligkeiten zu Toten macht? Der Lagerkommandant ärgert sich. Dann gibt es internationale Kommissionen und Verwicklungen, und dieser Victor Gollancz, dieser Verleger in

London, schreibt ein neues Buch darüber, daß man die Deutschen anständig und menschlich behandeln soll. Dann braucht man einen Sündenbock, und ich kann auf meine Beförderung zum Major noch ein paar Jahre warten. Nein, sagt sich der Captain. Kein Typhus in meinem Lager wegen der paar Koffer und der Säcke. Also: weg mit dem Zeug! Schwester Hedwig, Mr. Jahn und Mr. David wissen nicht, was sie in diesem Durcheinander tun sollen. Die Gelähmten noch in diesen Wirrwarr hineinzubringen, wäre sinnlos.

Die Lokomotive pfeift.

Da fliegt Schwester Hedwig einer der letzten Rucksäcke vor die Füße. Ein Luftwaffenrucksack mit einem braunen aufgesetzten Flikken. Die Frau, die vorhin am Eingang zum Wartesaal saß, hatte denselben.

Und Schwester Hedwig sieht das Gesicht der Frau durch die leere Fensterhöhle des Abteils schimmern. Der Zug fährt schon sehr rasch. Am letzten Wagen gibt es einen Schrei. Jemand muß keinen guten Halt gehabt haben und heruntergefallen sein. Die Aufmerksamkeit des Kommandanten und seiner Soldaten ist abgelenkt. Mit einem Griff hat Schwester Hedwig den Rucksack hochgezerrt und ihn durch das Fenster gedrückt.

»Danke!« ruft Frau Borin. Aber das Stuckern der Räder über die vernachlässigten Weichenansätze zerfetzt das Wort.

Mr. Jahn und Mr. David haben die Handlung der Schwester gesehen. Einen Herzschlag lang erschrickt Schwester Hedwig. Da lachen die beiden Männer aus England.

Schwester Hedwig lacht zurück.

Vier Soldaten des Captains lachen ebenfalls. Sie haben einige Koffer und Säcke nicht hinausgeworfen. Einfach, weil sie es nicht gekonnt haben, als sie in die erschrockenen Gesichter der Menschen schauten. So haben sie das Gepäck übersehen und nur gehofft, daß der Captain nicht selbst auftauchen würde. Aber er ist nicht aufgetaucht. Darum lachen auch die vier Soldaten.

Was wissen sie von den Sorgen ihres Kommandanten?

*

Das ist Schwester Hedwigs erster Transport. 550 Menschen stecken in und kleben an diesem Zug. 550 Umsiedler, Flüchtlinge, Vertriebene.

Keine Kamera nimmt zu dieser Zeit den Elendszug auf. Keine Kamera der Welt. Der Journalist der großen Blätter von 1945 hat bessere, fotogene Themen.

Spät abends geht Schwester Hedwig noch einmal durch das Lager Friedland, das jetzt ihr Arbeitsplatz ist. Selbst das Elend schläft einmal.

Es ist ruhig geworden in den Schweineställen und um die Wellbleche. Schwester Hedwig geht wieder zu der Familie mit der offenen Tür. Zu Trölschs. »Sie können in der Kammer schlafen!« hat man der Schwester gesagt, als sie Wasser holen kam. Das kleine Geviert – eineinhalb mal eineinhalb Meter – ist leer.

Als Schwester Hedwig sich diagonal in der Zelle auf einen Haufen Stroh legt, schläft sie sofort.

Es schlafen nicht einige Nachtredakteure in Städten, in denen man den Namen Friedland noch nicht kennt. Und es schlafen nicht die großen Rotationen. Und das Buchstabenband um den »Times«-Turm am Broadway schläft nicht.

Die Zeitungen sagen an diesem Abend des Oktober 1945: In Chicago die »Chicago Daily Tribune«: »Hat Franklin D. Roosevelt Fehler gemacht?« In London: »Krupp läßt Haare!« In Tokio: »MacArthur ist kein Japanerfresser.« Und in Moskau: »Kohlenförderung in der UdSSR steigt!«

Unter den Titelzeilen stehen statistische Angaben, Kommentare, Fotos. In der Prawda kommt in dem Artikel über die Kohleförderung häufig der Name Workuta vor. Das also ist die Nacht vom 22. zum 23. Oktober 1945:

Schwester Hedwig schläft bei Trölsch in der Kammer.

Frau Borin sitzt mit dem Säugling auf dem Rucksack, den sie behalten durfte.

Der Lagerkommandant schläft sehr ruhig im Schlosse des Barons von Schnehen. Das Lager des Captains wird vom Typhus frei bleiben.

Und in Workuta füllt der ehemalige Sanitätsunteroffizier Borin die vierte Lore mit Kohle. Der Plennij Borin.

IV

Banditen* karten um den Kopf

Es ist die achte Stunde im zwölfstündigen Arbeitstag des Plennij Borin. Vor dem Deutschen beugen sich die Schultern einer Russin auf und ab. In einem langsamen, aber genauen Rhythmus. Mit einer breiten Schaufel schiebt sie die Kohle hinter sich, die Borin in die Lore karrt. Vor Ort rattert ein Abbauhammer. Die Schulter eines weiteren Plennijs stemmt sich gegen den Griff dieses Arbeitsgeräts. Der Mann am Hammer heißt Lewerenz.

Der Oberkörper der Russin ist entblößt. Nur das graue Gemisch aus Schweiß und Kohlenstaub hat sich in großen Placken auf der Haut abgesetzt.

Niemand empfindet im Schacht von Workuta, daß die Russin halbnackt vor der Kohle kniet. Die Plennjis im Schacht sind ohne Geschlecht. Normales Empfinden ist entweder völlig verkümmert oder ins Maßlose übersteigert. So ist der Hunger zu einer Gier geworden, in der jeder Kubikzentimeter Körper mit Sehne und Muskel schreit.

Die Russin dreht sich herum.

»Pause!« sagt sie und lächelt unter der Schmutzmaske ihres Gesichts. Sie hat das deutsche Wort gelernt unter vielen anderen, so wie die Plennjis Russisch lernten. Die Russin spricht sogar bergmännische Fachausdrücke. Sie sagt »Kumpel« und »Glück auf!« und »Gezähe« und »Hunde«.

»Fuffzehn!« sagt die russische Studentin, die Alja Katajew heißt. Sie stößt Lewerenz an. Von dem weiß sie diese Worte. Lewerenz war Bergmann in Datteln, bevor er Soldat wurde und bevor er ein Geistesgestörter wurde. »Laß, Alja! Soll!«

»Komm, Freundchen Bruno! Brot!«

---

* Außer zahlreichen Straflagern für politische Häftlinge existierten in der Sowjetunion auch »Banditen-Lager«. Hier wurden Mörder zusammengefaßt, die sich eigene Gesetze gaben und mit Härte und Grausamkeit über die politisch Verfolgten und Kriegsgefangenen herrschten, wenn diese mit ihnen zusammengelegt wurden. Die Bezeichnung »Bandit« war offiziell.

»Ah, Brot! Brot!«

Lewerenz wirft sich herum und reißt der Frau die Kruste aus der Hand.

»Iß langsam«, warnt Borin. »Nachher krümmst du dich wieder!«

Lewerenz macht eine Fratze, wie immer in den letzten Monaten, wenn er böse ist. Er faßt sich an die Nase und zieht sie nach links. Dazu streckt er die Zunge heraus.

Auch daran sind Alja Katajew und Borin gewöhnt. So wie Lewerenz seine lichten Momente hat, so hat er auch diese Anfälle von Idiotie. Mal ist er ein Tier, mal ein Mensch, ein großer Mensch, denkt Borin. Klare Schizophrenie. Hatten wir im zweiten Semester. Damals mußten wir in die Nervenklinik, um das zu studieren. Heute brauche ich mich nur umzusehen, wo ich geh und steh.

Die Russin streichelt Lewerenz über das Gesicht. Es soll sich glätten. Und wirklich hört das Zucken auf.

»Gesicht wieder gutt!« sagt Alja.

»Du hast es wieder gut gemacht«, nickt Borin.

»Ja, Alja macht vieles wieder gut«, setzt nun Lewerenz hinzu. Er ist wieder klar. Er kaut langsamer und reißt schon vorher das Brot in kleine Fetzen, damit die wenigen Zähne, die ihm verblieben sind bei den Verhören, nicht so lange zu kauen brauchen.

»Aber Bruno hat gutes Gesicht«, sagt die Russin.

»Das hat er«, bestätigt Borin.

»Verbrechergesicht!« stößt Lewerenz hervor.

»Na, na!« beschwichtigt Borin.

»Wir alle Verbrechergesicht«, sagt Alja ruhig und streicht sich mit einem dunkelroten Tuch den Schmutz von den Brüsten. »Alle verurteilt, alle Verbrecher!«

»Ihr seid keine! Aber ich bin einer!« sagt Lewerenz leise. Borin sagt nichts. Lewerenz ist wirklich ein Verbrecher. Borin selbst hat es ihm ins Gesicht geschrien, als Lewerenz auf der Straße nach Kiwoi Roc die Maschinenpistole in einen Haufen Zivilisten hineinbelfern ließ. In kalter Wut. Die Gruppe hatte wenige Minuten vorher einen alten Stabsgefreiten auf zwei Sandsäcken gefunden. Einen toten Stabsgefreiten, dem die Kehle durchgeschnitten war und dem Blut durch die Hose sickerte.

Alle hatten rasend geschossen, als aus dem Wäldchen die russischen

25

Soldaten kamen, die die Hände hochhielten. Borin, Lewerenz, alle. Diese Schändung eines Kameraden ließ keinen anderen Gedanken aufkommen als den der Vergeltung. Als die russichen Soldaten nur noch dunkle Punkte im Schnee waren, ebbte der rote Rausch zurück. Nur Lewerenz schoß noch. Auf die Leichen im Schnee. Und als er der Gruppe der Greise, Frauen und Kinder ansichtig wurde, steckte er einfach einen neuen Rahmen Munition in die Maschinenpistole und ließ eben diese Greise, Frauen und Kinder in den Schnee sinken. Vier Männer über achtzig, acht Frauen, fünf Kinder.

»Verbrecher!« hatte Borin damals an der Straße nach Kiwoi Roc gerufen. Er sah das Kind, das Blut erbrach in den Schnee hinein, bevor es still war, und er schlug Lewerenz den Lauf der Maschinenpistole herunter und ihm die Faust ins Gesicht. »Du bist kein Soldat mehr, sondern ein schweinischer Verbrecher!«

Wegen Lewerenz und der anderen, die gleich ihm waren, gingen die Überlebenden der Einheit ins Straflager. Deswegen muß ich hier Kohle aus der Erde kratzen, denkt Borin. Deswegen kaue ich manchmal nachts an einem Lederriemen, um den Speichelfluß anzureizen, damit er meinen Magenwänden eine Illusion verschafft. Deswegen hat man mir mit dem Gewehrkolben zwei Rippen gebrochen und mir den Arm ausgerenkt. Deswegen weiß ich nichts von meiner Frau und dem Kind. Deswegen werde ich hier sterben.

Borin sagt nicht laut, was er denkt. Weil er genau weiß, daß es anders ist. Denn der Gedanke in seinem Hirn ist alt. Seit tausend Jahren muß er schon darin herumkreisen. Der Gedanke, dem anderen die Schuld zu geben. Fing das Verbrechen nicht schon da an, als wir die Überläufer aus dem Wäldchen erschossen? Wie kam ich eigentlich damals dazu, dem Lewerenz das Wort Verbrecher ins Gesicht zu schreien? In mich selbst hätte ich es hineinbrüllen müssen, bis ich daran erstickt wäre!

Jetzt bin ich wieder beim mea culpa, denkt Borin und lächelt ein wenig verächtlich. Bei jeder Schicht dasselbe: Anklage, Rechtfertigung, Schuldbekenntnis.

Wenn man hier doch bloß an etwas anderes denken könnte! Zwingen muß man sich dazu, wirklich zwingen. Oh, das kann man!

Borin hält das letzte Klümpchen Brot zwischen den Zähnen und läßt es zergehen. Wie ein Pfefferminzplättchen. Ja, jetzt spürt er deutlich den fad-süßen Geschmack. Nein, erst schmeckt so ein Pfefferminzstückchen scharf. Und dann fade.

Jetzt bin ich richtig dabei, mich zu neuen Gedankenbildern zu zwingen! denkt Borin und freut sich. Pfefferminz, spinnt er weiter. Pfefferminz an der Theaterkasse. Elisabeth und ich. Zweimal Parkett. Das Fräulein an der Kasse – oh, es ist ein hübsches Fräulein, in einem schwarzen Kleid mit weißem Krägelchen – gibt mir zwanzig Pfennig heraus. Zwei Groschen. Da ist vorne eine Zehn aufgestanzt. Und hinten? Ja, was war denn noch hinten auf den Groschen? Zehntausendmal zwischen den Fingern gehabt und jetzt weiß man es nicht mehr! Ist ja auch egal! Durch das Foyer in das Kino. War ich eigentlich beim Kino oder im Theater? Na, nimm mal Theater, Borin. Ich gehe also mit Elisabeth ins Theater. Was wird gegeben? Etwas Lustiges natürlich. Elisabeth lachte doch so gern und so wunderbar! Etwas Lustiges! Ja, was haben wir denn da? Ach, eine Posse! Eine Posse von Nestroy! Natürlich! Da nehmen wir den »Talisman«! Diese nette Perückensache, in der ein Vagabund mit dem knallroten Haar – schön war die Konstanzer Aufführung im Grenzlandtheater. Die hatten vielleicht Perücken! – der die vielen Witwen heiraten soll und erst bei…

Ein schweres Kohlestück fliegt Borin gegen den Arm. »Dawai!« Der Brigadier. Schon kniet die Russin wieder vor der Kohle. Lewerenz, Kumpel aus Datteln und jetzt Kriegsverbrecher, läßt den Abbauhammer tuckern.

Gut, daß der Hammer wieder rattert! denkt Borin. Der zerrattert alles, was an Gedanken im Kopf sich stapelt und mich verrückt macht! Rattere, lieber Bohrer! Rattere los.

Die erste Schaufel Kohle nach der Pause fängt sich ein wenig trübes Licht von der Lampe weg. Einmal blitzt es. Dann kippt das Geblitze in die Lore hinein und wird zu bloßem Dreck.

Borin schaufelt.

*

»Sebastian?«

»Was ist?« fragt Borin.

»Du hast vorhin gedacht!« sagt Alja, ohne in ihrer Arbeit innezuhalten.

»Ja«, sagt Borin.

»An Zuhause!«

»Ja!«

»An dein Mädchen?«

»An meine Frau!«

»Lebt sie noch?«

»Ich weiß nicht«, zögert Borin. Dann sagt er rasch hinterher: »Doch sie lebt. Ich weiß es.«

»Hast du Nachricht?«

»Nein, aber ich weiß es.«

»Das ist schön!« sagt die Russin.

»Ach, Alja! Ich rede mir das ein, daß Elisabeth lebt! Wer weiß, was mit ihr ist und wo sie ist! Ich weiß nicht einmal, ob wir hier leben. Denn wir leben doch hier nicht!«

»Doch.«

»Lebst du denn noch?«

»Ja.«

»In diesem Dreckloch und Höllenschlund?«

»Ja.«

»Dann sage mir . . . !«

Der Abbauhammer von Lewerenz erwürgt wieder alles, was Borin fragen möchte. Der Hammer rattert. Eine Kohlewand fällt hinunter, sackt in sich zusammen. Kohlenstaub wird in den Schacht gepreßt. Grell lacht Lewerenz dazwischen. Singt ein paar Marschlieder. Rattatatatatatata! meckert der Hammer.

». . . denn grau wie die Erde, ist uhuhunser Kleid tam tam tam, graue Soldaten im Sturm schwerer Zeit . . . ein starker . . .«

Rattatatatatata!

». . . meine süße kleine Gerda, Gerda, Ursula, Marie, Maarie jajaja Gerda hoi Gerda Ursula Marie!«

Rattatatatatata!

». . . ja so wie du gebaut bist Heidemarie, Mariechen, wenn wir am Rhein marschieren, Heidemarie, Mariechen, wenn wir den Wein . . .«

Rattatatatatata . . . !

*

»Sebastian, der Fuß! Guck doch mal nach! Da ist mir vorhin 'ne Bohle draufgeknallt, daß ich vor Freude aus den Fußlappen gehopst bin!«

»Frost in der Hand!«

»Die Schaufelkante ist mir in die Ellenbeuge gesaust!« Sebastian Borin, ehemaliger Sanitätsunteroffizier und Medizinstudent, verbindet, streicht Salben, gibt Ratschläge.

Jetzt kommen die Russen. Die sagen meist nichts, sondern halten nur die Glieder hin oder zeigen auf die Stelle, an der es schmerzt.

Fast eine Stunde dauert dieses Helfen.

Dann ißt Borin das, was man ihm als »Honorar« für seine Behandlung gezahlt hat: zwei Möhren, eine Handvoll Maiskörner, einen Becher voll Grütze, drei kleine Fische.

Seine Ration – die Kappussuppe – bekommt Lewerenz.

»Ins Bett!« sagt Borin.

»Jau!« ist Lewerenz einverstanden.

Borin und Lewerenz schlafen bei den Banditen. Eine Gunst. Borin hat sich diesen Vorteil mit seinem Kameraden verschafft, als er den Häuptling durch eine Pferdekur von einer Blutvergiftung geheilt hatte.

Als der Häuptling – Fjodor Denikin hieß er – nach zwei Tagen wieder aufstehen konnte und die Schwellungen der Leistendrüsen zurückgegangen waren, da war er in die Ecke der Banditenbaracke gegangen, hatte mit Sandstein ein Viereck gemacht und gesagt:

»Das dein Kreml!«

Die Banditen hatten den »Kreml« Sebastian Borins respektiert, auch, als dem Fjodor Denikin unglücklicherweise eine Last Ziegel auf den Kopf gefallen war und Michalow Goroschew die Stelle des toten Häuptlings übernahm.

Sebastian Borin hatte Platz in diesem Versteck. Er hatte einen Platz dort für die Pritsche, auf der Lewerenz mit ihm schlief, und für die Kiste mit den paar Tuchfetzen und Pinzetten und Salben.

Der gewaltige Vorteil war, daß Borins Eigentum – ein wenig Kram, den in der Freiheit niemand vom Boden aufheben würde, der aber hier wertvoller war als eine Wohnungseinrichtung – in diesem Versteck für die Banditen tabu war.

Für diesen Vorteil aber lebten Borin und Lewerenz inmitten einer Hölle, im Zentrum des Wahnsinns.

Die Männer mit den tätowierten Adlern auf der Brust waren Mörder. Sie hatten nichts mehr zu verlieren.

Nichts mehr? – Doch! einen zerbeulten Aluminiumbecher vielleicht oder das Leben. Ein Unterschied zwischen den zwei Dingen bestand nicht.

Lewerenz schlief schon, als Borin noch beobachtete, wie fünf Banditen Karten spielten:

»Mein Glückstag ist das nicht!«

»Warte erst mal ab, Alexej!«

»Na, du siehst doch, wie ich verspiele!«

»Die Pechsträhne wird gleich zu einem Ende kommen, Alexej. Oder willst du etwa aufhören?«

»Ach, Unsinn!«

»Was setzt du jetzt?«

»Meine Mütze!«

»Das verlauste Stück Fell?«

»Laß ihn! Also, Alexej, dein Mützchen! Gut!«

Die Karten waren aus einem Pappkarton geschnitten. Auf die glatte Seite hatte Alexej die Figuren gemalt. Es waren schöne Karten. Jeder beneidete ihn darum. Aber das änderte nichts daran, daß Alexej auch dieses Spiel verlor und nach der Pelzmütze sein Hemd und dann die Schuhe und die Hose und die Unterhose.

Die Funken in den Augen der Banditen wurden greller.

»Jetzt mußt du aber aufhören, Alexej!«

»Und gehe morgen nackt zur Arbeit, hä?«

»Na, dann noch ein Spiel! Worum jetzt?«

»Alexejs Karten!« sagte einer der fünf Banditen.

Alexej zögerte.

»Also nicht!« sagte der andere gleichmütig.

»Dann zieh deine Schuhe aus. Sie gehören mir!«

»Und gib mir dein Hemd, los!«

Alexej zog sich aus. Völlig nackt. Er besaß nichts mehr. Der Mann stand in seiner Nacktheit langsam auf und ging an Borins Kreml vorbei zum Bett. Die Karten hatte er in der Hand.

Die Banditen pusteten das kleine Talglicht aus. Da sagte die Stimme des nackten Mannes aus dem Dunkel schnell: »Ich setze die Karten!«

Ein bißchen Gelächter plätscherte durch die Baracke.

»Gut gesprochen, Alexej!«

Das Licht keimte wieder auf. Die Gesichter der Spieler tauchten noch einmal aus dem Dunkel heraus.

Der nackte Mann trat an das unruhige Licht. Er hatte eine dünne Wolldecke um die Schulter gelegt und kniete sich vor das Flämmchen.

Keiner sprach mehr. Die Karten flogen auf die Erde, wurden von raschen Fingern zusammengerafft, breiteten sich zu Fächern.

Kurze Worte. Heiser herausgebellt. Wie ausgespuckt.

Und Karte um Karte.

Dann starrte der Verlierer in die Kerzenflamme. Es war der Nackte, der Alexej hieß.

Der Verlierer sagte – und er sagte es diesmal ohne Zögern –:

»Meinen Kopf!«

»In Ordnung!«

Mischen, Legen und Werfen.

Die fünf Männer spielen ein wenig langsamer. Nicht, weil sie es so wollen, sondern weil der Nackte jetzt das Tempo diktiert. Und das Hirn Alexejs sagt: Langsam! Jeder in der Baracke weiß, was jetzt mit dem Nackten geschieht, wenn er seinen Kopf verliert. Auch Alexej weiß es.

Die Banditen werfen die Karten.

»Verloren!« sagt Alexej und legt die letzten drei der von ihm schön bemalten Spielkarten auf die Erde.

»Losen!« sagt einer der Banditen und läßt die anderen Pinnchen ziehen.

Einer steht auf und sagt:

»Komm, Alexej!«

Der Verlierer geht aus der Hockstellung hoch. Dabei fällt ihm die Decke von der Schulter. Das Talglicht projeziert den Schatten des Nackten riesig an die Wand. Jetzt ist der Schatten weg. Neben dem Licht liegt ein Leichnam, mit durchschnittener Kehle. Kein Stöhnen, kein Bewegen mehr. Nur ein nackter Leichnam.

Der Bandit, der »Komm, Alexej« gesagt hat, nimmt den Körper hoch, wobei er darauf achtet, daß er nicht zuviel von dem Blut besudelt wird.

Die Tür geht. Draußen klatscht der Leichnam in den Schnee.

Der Mann kommt wieder herein. Einer steckt die Spielkarten ein, die einmal Alexej gehört haben.
Das Licht geht wieder aus.

*

Ein Würgen quält Sebastian Borin. Ein Würgen und ein Zittern. Er hat gehört und gesehen. Die Stimmen und den großen Schatten, der plötzlich nicht mehr existierte. Banditenjustiz, denkt Borin. Einmal habe ich mich da eingemischt und bin zusammengeschlagen worden. Was hat das alles für einen Sinn? Wo liegt der Sinn? Herrgott, bitte, wo ist der Sinn dessen, daß ich hier bin. Ich, Sebastian Borin, in Workuta?
Herrgott, bitte!

V

Der Mann, der Pater Leppich heißt

1955 steht im aktuellen Lexikon eines deutschen Verlages: Leppich, Johannes, Jesuit. Geb. 1915 in Ratibor; 1946 wurde Leppich Pfarrer im Flüchtlingslager Friedland. Seit 1948 versucht er in Massenversammlungen die Menschen zur Kirche zu führen.
Ein Satz nur über Leppichs Tätigkeit in Friedland.
Ein Satz, der ein Rahmen ist für dieses Bild:
Pfingsten 1946 stellt sich ein Jesuitenpater bei Schwester Hedwig vor, ein Jesuitenpater mit wenig Gepäck und einer langen Konzertflöte. Leppich fragt: »Haben Sie hier einen Raum für die Meßfeier?«
»Nein!« muß Schwester Hedwig sagen.
Der Pater geht mit Schwester Hedwig durch das Lager. Da ist die Waschbaracke, eine Wellblechhütte, in der die sechshundert Blechdosen für das Essen gewaschen werden. »Hier haben wir unsere Kirche!« sagt Leppich.
Am anderen Morgen um fünf Uhr geht der Pater durch das Lager. Er setzt seine Konzertflöte an den Mund und spielt:
»Lobe den Herren, den mächtigen König...!«
So wird er es von nun an jeden Tag machen. Eine neues Glockengeläute zum Gottesdienst.

Und mit dem Flöten des Paters huscht ein erstes Lächeln über verstörte Gesichter. Die Weise klingt gut. Sie ist besser als Rufen und Rasseln und Befehlen.

Jetzt muß es besser werden, denkt Schwester Hedwig. Jetzt haben wir einen Priester im Lager. Und einige Streifen Wellblech, die sich zum Schutze um das Sanctissimum krümmen.

Leppich besorgt. Er stellt den Altar auf Konservenbüchsen – was man in diesen Jahren nicht alles aus Konservenbüchsen macht! – legt ein Bettlaken über den Altar und bekommt nach seiner ersten Predigt einen Handwagen voll Rüben für die Flüchtlinge. Wohin mit diesen Gaben? In eine Ecke der Wellblechkirche. Die »Gemüseecke« gehört nun für viele Monate zu dem armseligen Kirchlein hinzu. Sie füllt sich immer neu und speist Hunderte.

Zwei Flüchtlinge unterhalten sich.

»Ob es das sonst wohl noch auf der Welt gibt, so einen Rübenverschlag in einer Kirche!«

»Nee!« sagt der andere und zerschneidet eine Möhre, kratzt das Wurmstichige heraus und kaut dann mit Behaglichkeit.

»Vielleicht bei den ersten Christen!« sagt der erste wieder.

»Wir sind immer die ersten Christen«, sagt der andere. Pater Leppich arbeitet hart. Er hält bis 24 Uhr Vorträge und hört bis um 1 Uhr Beichte in der Hütte, in der es nach Rüben duftet.

Dann eilt er – oft schon im Morgengrauen – in das 14 km entfernte Göttingen. Auch dort betreut er die Jugend, die Flüchtlinge, die Entwurzelten. Und wieder zurück nach Friedland: hinten auf einem Leiterwagen, in einem Jeep der Besatzungsmächte, zu Fuß.

Einige Ordensschwestern sind zur Hilfe ins Lager gekommen. Auch sie schleppen Koffer und wuchten Möbelstücke hoch, die einzelne Flüchtlinge bereits mitbringen. Pater Leppich bekommt einen Meßkoffer geschenkt. Zum erstenmal hat das Lager einen richtigen Kelch, ein Meßgewand für seinen Priester.

Ein alter Mann tritt an Pater Leppich heran:

»Ich möchte etwas für die Kirche tun.«

»Das dürfen Sie«, sagt der Pater und denkt, er bekommt wieder einige Rüben.

»Ich möchte die Mutter Gottes malen!« sagt der Mann. Der Flüchtling malt. Mit Tarnanstrichfarbe und Rostschutzlack, mit Mennige und

Wasserfarben schafft er die Madonna der Zeit: eine flüchtende Mutter, die einen Handwagen mit einem Kind darin hinter sich herzieht. Rotkarierte Kissen leuchten heraus.

»Die Madonna ist schön!« sagt ein Kind. »Sie sieht aus wie du, Mutter!«

Der Maler hört es. Dieser Satz eines Kindes ist für ihn das höchste Lob.

Schwester Hedwig näht in diesen Tagen. Sie macht aus Scheuertüchern einen Teppich, mit dem sie die Erde vor dem Altar bedeckt.

Aber die Gemüseecke in der Kirche wird wieder leer.

»Schwester Hedwig, ich habe einen Plan!« sagt da der Pater.

Der Mann, der Pater Leppich heißt, geht über das Land. Er predigt im Eichsfeld, bei Duderstadt.

Wer in diesen Tagen einen Bauern dazu bringt, einen halben Zentner Getreide für die Flüchtlinge abzugeben, dessen Sprache muß ein geschliffener Dolch sein und die einzelnen Worte Meißel, die das Versteinerte zertrümmern und das Lebendige bloßlegen.

Pater Leppich kann das. Er wundert sich selbst darüber, aber er bringt es fertig, daß die Besitzenden weinen und schenken. Er bringt die Satten zur Unruhe und die vor all dem Leid Stummgewordenen zum Aufschrei.

Der Pater erschrickt selbst vor der Macht seines Wortes. Und er nutzt sie.

Er erkennt seine Berufung bei dieser Bettelfahrt durch das Land. Er redet, schuftet, hilft!

Und bricht zusammen. Besinnungslos. Krank.

Im November 1946 wird der Mann, der Pater Leppich heißt, auf einer Trage aus dem Lager Friedland gebracht. Ein junger Mensch hat seine Energie auf diesem Flecken Erde zerschlissen.

VI

Soldaten ohne Gesicht

Schwester Hedwig läßt sich die Nachricht noch einmal sagen. Sie kann noch nicht daran glauben.

Die Sowjetunion will Kriegsgefangene in großen Transporten nach Deutschland entlasssen!

August 1946. Bisher sind entlassene und geflohene Kriegsgefangene vereinzelt oder in Gruppen gekommen.

Jetzt sollen Hunderte auf einmal kommen!

Der Captain läuft durch das Lager. Er telefoniert aufgeregt mit seiner vorgesetzten Dienststelle.

Aber man bestätigt ihm vorläufig nichts. Nur hat er sich durch diese Anrufe einen Colonel zur Inspektion des Lagers auf den Hals geladen.

Inspektionen haben immer etwas zu bedeuten. Aber der Kommandant des Lagers Friedland hat ein gutes Gewissen. Er hat neue Baracken bauen lassen, hat dem tüchtigen deutschen Lagerarzt Dr. Keßler eine ordentliche Ambulanz verschafft und hat sogar Schwester Hedwig ein paarmal geholfen, bei den Flüchtlingstransporten Kranke zu tragen. Das Beispiel von Mr. David und Mr. Jahn hat Schule gemacht. Das Fraternisierungsverbot ist gelockert. Man darf wieder mit Deutschen sprechen, mit ihnen lachen und mit ihnen zusammen eine Zigarette rauchen.

Doch diese großen Haufen von entlassenen Kriegsgefangenen aus Rußland! – Man weiß nicht, wie man sich da verhalten soll, denkt der Captain. Auf jeden Fall brauche ich eine Menge Soldaten für diese Aktion. Soldaten sind immer gut. Wer weiß, was passiert. Auch werden unsere russischen Waffenbrüder in den letzten Wochen so seltsam!

Der Captain bekommt seine Soldiers. 120 Mann. Auch neue Vorräte von Munition und Waffen.

Jetzt können sie kommen, denkt der Captain. Meuterei, Aufstand, Ungehorsam! – Ich bin bereit!

*

Ach, dieses Theater! Worte wie Meuterei, Aufstand und Ungehorsam stehen nicht mehr im Wörterbuch der Soldaten, die in diesem Sommer 1946 den Schlagbaum passieren dürfen.

Schwester Hedwig hatte auch einmal die Geschichte der Römer gelernt. Sub jugum mittere! Unter das Joch schicken! – Sie hat dieses Wort wieder vor Augen, als sie die Kolonne kahlgeschorener Männer herantrotten sieht.

Unter das Joch schicken! – Hatte sich ein gegnerischer Trupp irgendwo in Gallien, Britannien oder Germanien ergeben, dann wurden die feindlichen Soldaten durch ein aus drei Lanzen gebildetes Tor geschickt. Sie mußten vorher ihre Waffen ablegen und sich tief beugen, wenn sie durch dieses niedrige Joch wollten.

In dem Geschichtsbuch von Schwester Hedwig war eine Zeichnung, die dieses Geschehen illustrierte.

Hier gingen auch Menschen durch das Joch. Zerbrochene Menschen. Gesichter aus Knochen. Lumpen um Brust, Bauch und Bein. Menschen, die wankten. Menschen ohne Gesicht!

Selbst der Captain erschrickt. Das hat er nicht erwartet. Das ist ja entsetzlich! Man sieht kein Gesicht von den Heimkehrern. Alle senken den Kopf tief auf die Brust. Den großen, mageren, kahlgeschorenen Kopf. Als ob sie zum Schafott müßten, die Männer.

Der Captain schämt sich, daß er so viele Soldaten bestellt hat, um diese Wracks zu eskortieren. Seine Soldaten kommen sich sehr dumm vor, daß sie diese Gruppe selbst dann noch bewachen, wenn die Männer aus Rußland an den Straßenrand gehen müssen.

Scham und Schmerz brennen in allen Menschen, die am 10. August 1946 diesen ersten großen Transport deutscher Kriegsgefangener aus Rußland sehen.

Und wieder denkt Schwester Hedwig an die Römer:

Finis Germaniae!

*

Großes Geheimnis Zahl! Magische Mathematik!

In Oberprima sitzt ein Schüler, der kein Verhältnis zur Zahl zu haben glaubt. Er bewundert seine Klassenkameraden, die mit trigonometrischen Figuren operieren, die Zahlengebäude aufstellen und sie zu Wolkenkratzern des Denkens türmen.

Der gleiche Schüler braucht die nackte, klare Zahl einige Jahre später dringend, weil das Wort nicht ausreicht. Er braucht sie zur Untermauerung des Wortes. Er braucht sie, um das, was er schreibt, glaubwürdig zu machen.

So sieht der Mensch aus, der im Sommer 1946 heimkehrt. Nicht einer nur, sondern *der* Heimkehrer. Der Lagerangestellte Hirsch klebt das Foto eines entkleideten Mannes in die Chronik des Lagers Friedland und schreibt darunter:

»Plöger, Karl, geb. 22. 1. 1900, Zimmerpolier aus Soest, Feldwebel,

1. Kraftf.-Kp., Versorg.-Btl. Breslau, gefangen 6. 5. 45 in Breslau. 17 Monate in sowjetischer Gefangenschaft im Lager K 6 in Kiew. Waldarbeit.

Größe 1,80m, Gewicht 50 kg.

Verpflegung: Sehr schlecht, nur reine Wasser- oder Gurkensuppe. Nicht eine Kartoffel seit 1 1/2 Jahren! Brot klitschig, zu frisch.

Behandlung: Sehr schlecht. Viel Schläge durch die Russen. Als ich total dicke Beine hatte, kam ich trotzdem nicht zum Arzt. Die Füße platzten, so daß ich ins Lazarett kam, wo ich bis zur Entlassung lag. Wir mußten die Waldarbeit in Holzpantinen oder barfuß verrichten.

Sterbefälle: Etwa 30 Mann in drei Monaten, bei einer Belegschaft von 400 Mann.«

Es sind Männer und Frauen, die so heimkehren.

»Funk, Maria, Größe 1,70m, gefangen in Bukarest als Zivilangestellte beim Art.-Arsenal.

25 Monate in sowjetischer Gefangenschaft, Lg. 1056 Stalino, Schachtarbeit über und unter Tage.

Verpflegung: Schlecht und wenig. Sehr dünne Krautsuppe mit Zusatz von zwei Löffeln Kasch, 800 g Brot, keine Kartoffeln.

Behandlung: Keine Belästigung. Offiziere Haß. Arbeit ohne Rücksicht auf Kleidung. Bevölkerung anständig und oft hilfreich, aber die Jugend verhetzt. Teilweise von Russen geschlagen. Im Lager mit Männern zusammen.

Sterbefälle: In 3/4 Jahren von 240 Insassen 135 gestorben.«

*

Schwester Hedwig hat einen Transport zu begleiten. In die Dortmunder Gegend. Ein paar alte Menschen, die in ihr zertrümmertes Zuhause zurückwollen.

In Bünde sitzt Schwester Hedwig auf dem Bahnsteig. Es gibt wieder einen Fahrplan, der genau eingehalten wird. Die Ausländer, die als Touristen das abgewrackte Deutschland bereisen, wundern sich über die Exaktheit, mit der in diesem Lande wieder Pläne gemacht und eingehalten werden.

Schwester Hedwig hat die Wahl zwischen einem Personenzug nach Hannover und einem D-Zug, der erst in einer Stunde fährt.

Die Schwester geht zum Personenzug. Dummes Gefühl, was habe ich heute denn nur?

Unruhig geht die Schwester durch den Gang bis ans Ende des Zuges. Sie schaut in ein Abteil. Sieht eine alte, kleine Frau mit einer braunen Pelzmütze. Diese Pelzmütze . . .

»Mutter!« schreit Schwester Hedwig.

Die alte Frau dreht sich um und schluchzt.

»Hedwig!« sagt sie nur. Und streichelt ihrer Tochter über das Haar. Es ist der 12. November 1946.

»Wo ist Vater?« fragt die alte Frau nach einer Weile, als sie wieder sehen kann.

»Bei mir«, sagt Schwester Hedwig, die nach allem bestandenen Elend nun wieder zum Kind wird. »Bei mir in Friedland!«

»Bei dir in Friedland.«

Die Mutter von Schwester Hedwig kommt aus dem Internierungslager von Dänemark. Mit einer ihrer Töchter. Jetzt hat sie auch die andere wieder und den Mann.

Der Mann hilft im Lager Friedland.

Für die Mutter von Schwester Hedwig bekommt das Wort Friedland mit einem Male einen besonderen Klang. Eine Melodie schwingt in diesem Wort mit, die sie im Leben nicht mehr vergessen wird.

Und es sind viele, die sich fragen, warum der Ort, der friedliches Land bedeutet, diesen symbolhaften Namen trägt.

Friedland!

Der Lehrer der Dorfschule steht am Fenster. Draußen ziehen die Menschen vorbei. Da geht Schwester Hedwig mit ihrer Mutter und leiblichen Schwester.

Hier drinnen sitzen die Kinder und lauschen.

»Vredelant, so hieß die Befestigung, die Albrecht der Große 1274 an der Leine erbauen ließ. Man brauchte diese Befestigung gegen Hessen und Mainz. 1279 stirbt Albrecht. Friedland bekommt einen Verwalter, einen Vogt. Wir kennen noch die Namen dieser Vögte. Hermann von Stockhausen hieß einer und ein anderer Johann von Rengelderode. So kann man es im Lehnbuch von 1318 nachlesen. Friedland schützte den Hellweg, die große Kaufmanns- und Heeresstraße, die sich von Witzenhausen und weit aus Süddeutschland her an der Burg vorbeikrümmt.

Elwira, sprich nicht!

Ich habe euch hier ein Bild mitgebracht. Einen Kupferstich nennt man

das. So sah die Burg Friedland um 1650 aus. Sie brachte wirklich
Frieden für das Land, das sie beschützte. Jahrhundertelang kam kein
Heerhaufen an dieser Feste vorbei.«
»Wie viele Leute lebten denn damals in Friedland, Herr Lehrer?«
»Das weiß ich sogar sehr genau, Klaus. Es waren 315! Später siedelten
sich noch mehr Menschen im Schutz der Burg an. Auch wurde die
Feste durch neue Wälle und Anbauten erweitert. Dann wird Friedland
– 1406 ist es – ein Geschenk. Herzog Otto schenkt es seiner Gattin
Agnes von Hessen. Diese Morgengabe tritt man später als Pfand ab.
Die Stadt Göttingen überläßt die Burg einem Ritter, der Gunzel von
Grone heißt. Im Dreißigjährigen Krieg aber beschießt Tilly mit vier
Falkonetten die Burg. Für die Feuerwaffen sind die Mauern zu dünn!«
»Waren das Flammenwerfer, diese Feuerwaffen?«
»Nein, Peter. Feuerwaffen hießen damals die Musketen und kleinen
und großen Kanonen. Flammenwerfer gab es damals noch nicht!«
»Mein Papa ist im Flammenwerferstrahl verbrannt! Das hat Mutti
mir erzählt!«
Der Lehrer schweigt betroffen.
Dann sagt er leise:
»Das gab es damals noch nicht, Kind. Gott sei dafür gedankt!«
Was soll ich euch anderes sagen, denkt der Lehrer.
Er fährt fort:
»Danach hat Friedland keinen Krieg mehr erlebt, nicht mehr unmit-
telbar. Ein friedliches Dörfchen mit 391 Einwohnern.«
»Aber die Tiefflieger...?« fragt ein Kind.
»Ach ja!« sagt der Lehrer schnell. »In den letzten Tagen des Krieges
haben doch noch Tiefflieger das Dorf beschossen. Am 7. April 1945.
Ein Mann und zwei Kinder sind dabei umgekommen.«
»Friedel und Karlheinz! Die Hoffmanns waren es!« ruft ein Kind. Es
ruft so wissensfroh wie: 1492 entdeckte Kolumbus Amerika!
»Und am 8. April schossen die Kanonen ins Versuchsgut! Da war der
Herr Klie von tot!« sagt ein Junge barsch.
»Ja, das war der Krieg, der ganz zuletzt doch noch Friedland aufgestö-
bert hat.«
Der Lehrer denkt weiter: Eigentlich hat der Krieg dieses Friedland
doch oft erreicht. Ich müßte den Kindern noch von den Gefallenen
erzählen, dem Blutzoll, den dieses Dörfchen wie jede andere deutsche

Ortschaft in jedem Krieg bezahlt hat. Aber warum soll ich Christa und Erwin und Renate an ihre gefallenen Väter erinnern?

»Und die Toten auf dem Flüchtlingsfriedhof?« fragt da Wolf. »Gehören die auch noch zum Krieg? Der Mann, den man aus der Leine gefischt hat und der so grün im Gesicht war, und die beiden alten Frauen auf dem Acker und die andern?«

Ja, gehören diese Toten des großen Trecks auch noch zum Krieg? Die Frage steht im Schulraum und heischt Antwort.

Da sagt der Lehrer sehr bestimmt: »Ja!« Er wiederholt es: »Ja! diese Toten gehören noch zum großen Krieg!« Es ist immer noch Krieg, denkt der Lehrer dabei und dreht sich wieder dem Fenster zu. Ich brauche nur hinauszuschauen und die Menschen in ihrem Elend vorbeiziehen zu sehen.

Immer noch Krieg.

1946!

Der Krieg spült mit letzten Ausläufern sein Strandgut in den Ort hinein, der Friedland heißt.

VII

In Workuta brüllt die Erde

Borin stolpert über die Spitzhacke und schlägt hin.

»Mach keinen Unsinn!« murrt Lewerenz und hilft ihm auf.

Dieses Aufhelfen ist nötig. Hier im Schacht kann ein Hinfallen das Niewiederaufstehen bedeuten.

»Als ich auf der Erde gelegen habe, hörte es sich so an, als ob die Kohle seufzte!« sagt Borin und spürt, wie der schwarze Schleier vor seinen Augen von roten Punkten durchlöchert wird und schließlich ganz verschwunden ist.

»Die Erde seufzt hier in Workuta nicht«, sagt Lewerenz und klickt einen neuen Einsatz in den Bohrer. »Die Erde brüllt vor Schmerz in Workuta!«

Lewerenz hat das beschwörend gesagt und dabei die Augen weit aufgerissen. Es sieht gespenstisch aus: der hagere Kopf, die Tränensäcke unter den Augen, der weitgeöffnete Mund über der heruntergeklappten Kinnlade.

Alja steht wieder zwischen den Männern:

»Workuta ist Katakombe«, sagt sie.

»Was ist das?« fragt Lewerenz unwillig.

»Die Zuflucht der römischen Christen in der Verfolgung. Unterirdisches Netz von Gängen, gleichzeitig Grabkammern«, erklärt Borin.

»Na ja! Das kommt hin. Grabkammern ist richtig. Hier wird verreckt. Im Bauch der Erde. Und oben am Förderturm kräht kein Hahn nach dir!« Lewerenz spricht es dumpf vor sich hin. »Wenn auf König Ludwig was passierte, Strebbruch oder so, dann war das oben gleich bekannt, und die Frauleute standen ängstlich an der Pförtnerei und riefen deinen Namen. Da warste doch noch jemand, auf König Ludwig. Aber hier wirste immer weniger und spuchtiger und machst auf dem Donnerbalken schon Blut und bist bald einfach nicht mehr da – ach, Mist! Weitermachen, immer weitermachen!«

Borin hat bei dieser Schicht zwei Dinge, mit denen er fertig werden muß. Zwei Gedanken. Den einen will er gleich verarbeiten. Und er fragte auf die Schultern der Russin zu:

»Woher weißt du das eigentlich mit den Katakomben, Alja?«

»Das hat der Bischof uns erzählt.«

»Der Bischof?«

»Alja hat gesagt: der Bischof!« sagt die Russin, dreht sich in den Hüften zu Borin herum und hat ein schönes, tiefes Lächeln im Antlitz. Es ist jetzt wirklich ein Antlitz, das Gesicht des weiblichen Roboters da vor mir. Gesicht kann man da nicht sagen. Das ist zu blaß, zu farblos, denkt Borin.

Alja sagt:

»Ich Verbrecher, du Verbrecher, Lewerenz Verbrecher. Darum kann ich dir sagen: bevor ihr da wart, war ein litauischer Bischof hier unten. Hat die heilige Messe gefeiert mit uns. Wir haben ihm eine Stola gestickt, heimlich. Ich habe noch ein paar Fäden aus meiner Bluse gezogen, damit wir genug Stickgarn hatten. Der Bischof hat die Stola geweiht, hier unten im Schacht. Hat auch die Fäden aus Aljas Bluse geweiht. Und dann hat der Bischof – er war nur mit Wattejacke wie alle, aber man sah doch Bischof! – gepredigt, über die Katakomben.«

»Ja gibt es denn noch Religion hier, einen richtigen Glauben, Alja?«

»Doch«, sagt das russische Mädchen. »Es gibt noch einen Glauben in Rußland. Aber der muß sich ganz tief in die Erde verkriechen. Ganz tief in den Schoß des uralten Mütterchens Rußland. Da wird er eines Tages wieder herauswachsen. Und er wird stark sein und groß, dieser Glaube, diese Religion, weil die Wurzeln so tief reichen.«

»Aber Mädchen«, sagte Borin, und ein Bedauern schwingt in seiner Stimme mit.

Das Mädchen hat diesen Unterton deutlich herausgespürt, und sein Lächeln wird schwerer und trauriger:

»Ich weiß, was du sagen willst, Sebastian. Du denkst: Alja schnappt über, wie ihr immer sagt in Deutschland. Aber Alja hat es auch viel leichter als du und Bruno Lewerenz. Alja hat es leicht, zu glauben, denn Alja weiß! Ich weiß, daß Christus hier unten auf der zwölften Sohle von Workuta ist!«

»Wieso weißt du das?«

»Weil ich ihn hier empfangen habe!«

Borin erschrickt.

»Du hast hier kommuniziert?«

»Da!« sagt Alja.

»Und mit dir noch viele Russen?«

»Und Litauer, ein paar Polen, zwei Chinesen.«

Borin schweigt und grübelt.

Die Russin dreht sich wieder um und kratzt Borin die Kohle hin. Was ist denn jetzt los? denkt Sebastian Borin. Muß ich nach Workuta kommen, um ein neues Christentum zu erleben? Ausgerechnet in den letzten Winkel der Sowjetunion, um da auf eine Christin zu stoßen, wie ich sie sonst nur aus der Bibel kenne?

»Au!« Ein kantiges Kohlestück schabt an Borins Schienbein vorbei und legt unter der Haut sofort ein wenig vom Knochen bloß; so dünn ist das Zellengewebe.

»In Workuta verrecken, wo die Erde brüllt!« sagt Lewerenz in sein Gebohre hinein. »Gute Zeche König Ludwig, tirallala, zwei, drei, vier, jeder brave Musketier...!«

Lewerenz singt schon wieder. Jetzt hat er mir meinen Gedanken mit dem Christentum ganz zur Seite gedrückt. Durch dieses blöde Summen vom Verrecken.

Wenn er noch sterben gesagt hätte! Aber das ist auch wirklich kein Sterben hier. Da muß man wohl krepieren oder verrecken sagen, zu diesem seltsamen Tod, der jeden Tag kommt und sich ein neues

Quentchen Fleisch und ein Stück Sehne und Haut und Herz mitnimmt. Dieser Schleicher Tod, dem es gar nichts ausmacht, wenn hunderttausend Menschen in Workuta einen Todeskampf haben, der drei Jahre dauert.

Und dann das mit den Frauen, die bei der Zeche König Ludwig auf ihre Männer warten.

Warum schreibt Elisabeth nicht? – Ich habe die fünfte Karte nach Berlin geschickt. Lebt Elisabeth noch?

Katakomben! hat Alja gesagt. Wie die ersten Christen, spinnt Borin seinen Gedankenfaden weiter, der so vieles wiederholt. Wie die Martyrer.

Halt! denkt Borin. Das ist ein Kurzschluß in deinem Gehirn, mein lieber Sebastian. Es funktioniert wohl nicht mehr recht. Zum Martyrium gehört die Überzeugung, der Glaube, der das Leiden und selbst das Hingemetzeltwerden verklärt. Ob das wirklich so ein schlimmer Tod war, in der Arena vor den Römern zu sterben? – Da stand man und sang oder sprach mit Gott, und wenn die Bestien kamen, dann war es ein kurzer, gnadenreicher Tod.

Aber hier? Applaus? Hä! Wer hört und sieht etwas von uns? Wer weiß überhaupt, daß ich hier bin? – Na? Da ist Bruno Lewerenz und die Studentin Alja Katajew aus Moskau. Die kennen mich. Aber die werden mit mir hier zugrunde gehen. Wir sind schon auf dem Grunde. Kennt mich der Brigadier? – Gewiß nicht mit Namen. Wenn der Brigadier gleich kommt und tritt mir seinen Stiefel ins Gedärm und ich bleibe liegen und sage »quack!«, dann bin ich weg, und oben ist wie sonst Appell, und in meinen »Kreml« holt sich Lewerenz einen anderen, und niemand weint um mich, und niemand kann sagen: »Der Borin, der ist in guter Haltung gestorben, ein richtiger Martyrer!« Und niemand klatscht.

». . .der Heller ward zu Wasser, der Batzen ward zu Wein, ja Wein, der Heller ward zu Waaaaasser . . . verflixte Kohle, ich werde dir ein Loch in den Hintern bohren, und wenn du noch so hart bist . . . der Batzen ward zu Wein. Heidiheidoheida . . .« schmettert und wettert Lewerenz.

Und niemand klatscht! denkt Borin. Hat sich was mit Katakomben und römischer Arena. Hier ist was anderes. Hier ist der große Ausverkauf des Menschen in Josef Stalins roter Bude! Hier wird

43

Kohle gekratzt für zwei Liter Kappeswasser, und hier wird Blut gekotzt, und hier wird abgetreten, wenn Schluß ist!

Borin fällt in sich zusammen. Er schaufelt weiter seine Kohlebrocken, aber innerlich kippt er ab.

Ach Alja! Du hast es wirklich leichter, denkt Borin und läßt seinen heißen Kopf für einen Schaufelstoß am Stahl der Lore ausruhen. Du weißt, daß Christus hier ist.

Ich armer Hund, ich, der Sebastian Borin, weiß es nicht! Aber ich habe es wohl noch nie ganz richtig gewußt! Borin schlägt den Klotz vom Rade weg und schiebt die Lore an. Es kostet viel Energie, und ihm bleibt kein Spielraum mehr zum Denken.

Nun kommt Borin zurück. Das Denken setzt wieder ein. Es läuft gleichsam an:

Vielleicht habe ich mir den Christus selbst verschüttet! Damals, als ich mir »Begriffe« erklärte. Wie ging das doch noch? – Ah, so: Leben bedeutet das Zusammenspiel und die Abfolge angeborener und bedingter Reaktionen. Der Einwand, daß das Leben mehr sein muß als ein Zusammenspiel von Reaktionen, zeigt, daß der Einwendende nicht weiß um die Vielfalt der Funktionen, die in der Gehirnsubstanz durch Anziehen und Abstoßen kleinster Stoffteilchen Denkvorgänge erregen und Bewegungen auslösen. Dieser Einwand läßt sogar vermuten, daß der Betreffende nicht gewillt ist, die Mühe einer Analyse seines Verhaltens auf sich zu nehmen, um so seinen Begriff Leben zu berichtigen und brauchbar zu machen.

Das war die Begriffsdefinition »Leben«. Hilft sie dir heute, Sebastian Borin, Plennij Borin?

Nein! sagt sich Borin ehrlich.

Aber vielleicht kommt das Gelernte vom Sterben hin. Ich muß es doch noch können! Genauso gut, wie ich den Satz vom Kolbenhalsumfassen beim Karabiner noch auswendig kann. Wie also habe ich damals den Tod gesehen?

Die Gedanken Borins klirren ab wie ein Automat, der seine Münze geschluckt hat:

Folgendes ist empirisch gesichert: Ein Weiterleben in irgendeiner nur entfernt ähnlichen Art, wie wir hier auf Erden leben, gibt es nicht. Es gibt keine Wahrnehmung ohne Sinnesorgane, keinen Gedanken ohne Muskelbewegungen, kein Gefühl ohne Blutgefäßveränderungen.

44

Und es gibt keine Reaktion der Sinnesorgane, keine Muskel- und Sprechbewegungen, keine Blutgefäßveränderungen ohne Nervensystem. Das Nervensystem geht aber genauso wie unsere Sinnesorgane, unsere Muskeln, unsere Sprechwerkzeuge und unsere Blutgefäße im Augenblick des Todes zugrunde. Der menschliche Mechanismus steht still, er funktioniert nicht mehr. Der Tote nimmt nichts mehr wahr, denkt nichts mehr, fühlt nichts mehr, kann nichts mehr tun. Er ist nicht mehr.

Ist das denn noch richtig? fragt sich Borin. Hat das hier unten seinen Sinn?

Ich glaube, ich muß da weiter durchstoßen. Zu einfacheren Sachen, zu Grundgedanken.

In Borin taucht ein Bild hoch:

Der kleine Sebastian Borin im Religionsunterricht.

Der Lehrer:

»Wozu sind wir auf Erden?«

Borin:

»Um den Willen Gottes zu erfüllen und dadurch in den Himmel zu kommen!«

»Gut, Bastian!« hatte der Lehrer gesagt und ihm ein Bildchen geschenkt, worauf stand: »Dem fleißigen Kinde.« Ein Heiligenbildchen.

Also! holt Borin sich in die Realität zurück – und das fällt nicht schwer, weil Lewerenz wieder grölt – Also: Um den Willen Gottes zu tun. Ganz einfach, nicht? Aber da ist schon der Kurzschluß. Denn wie kann das hier der Wille Gottes sein? Wie kann das der Wille Gottes sein, daß wir Menschen in Workuta roboten und dabei vor die Hunde gehen?

Und laut fragt Borin:

»Alja, ich komme nicht mehr zurecht! Warum nicht?«

»Mit dem Schaufeln?«

»Nein, mit meinem Denken. Du, kann das der Wille Gottes sein, daß wir alle hier eingehen?«

»Vielleicht!« sagt die Russin und hält die Schultern still.

»Was, vielleicht! Versündige dich doch nicht, Alja! Da mußt du doch ganz einfach ›nein‹ schreien, auf diese Frage!«

»Weißt du, Sebastian, was Gott mit uns vorhat, gerade hier?« fragt das Russenmädchen, das so demütige bloße Schultern hat.

»Der Bohrer tut's nicht mehr!« Lewerenz reißt das Gerät mit Wucht aus dem Bohrloch, das nicht tiefer werden will. »Wir müssen sprengen!«

Lewerenz stapft nach hinten, zum Brigadier. Er nimmt die Grubenlampe mit. Es gibt nur eine hier vorn.

Borin und Alja sind im Dunkeln. Sie setzen sich auf die Kohle. Sebastian Borin möchte viel sagen. Aber es ist zuviel, darum sagt er gar nichts.

Dieses verdammte Grübeln macht einen noch kaputt! denkt er wütend. Man müßte einfach abschalten können. Klick – aus! So müßte das gehen.

Aber dann fragt Borin doch in das kohlenstaubige Dunkel hinein:
»Kann man denn einmal an der Messe teilnehmen, hier im Schacht? Davon habe ich gar nichts gewußt!«

»Wir haben keine Messe mehr!« sagt es aus dem Schwarz des Strebs zurück. »Man hat den Bischof erwürgt. Mit bloßen Händen erwürgt.«

»Oh!« sagt Borin nur und legt seine Hand dem Russenmädchen auf die Schulter, und er spürt, wie Alja leise weint. Es ist das erste Mal, daß er sie so kennt. Als Frau. Als Frau jetzt, da sie weint.

Lewerenz trägt die Lichtkugel vor sich her. In der Linken hat er Sprengpatronen. Sie sind abgezählt, und er hat einen Wisch dafür unterschrieben. Etwas von dem Sprengstoff nach oben zu schmuggeln, ist bisher noch nicht gelungen. Schon der Versuch ist Sabotage und bringt einem den Hungerkarzer ein. Lewerenz war einmal drin: nackt, im Wasserkeller, im Unrat der Vorgänger. Sein Irrsinn kam damals auf den Höhepunkt.

Der einstige Kumpel aus Datteln beherrscht sein Metier noch so gut wie damals auf König Ludwig. Er ist sein eigener Feuerwerker, der Lewerenz.

Sorgfältig die Patronen in die mit Wasser ausgespülten Bohrlöcher. Jetzt mit Lehm verpappen. Schießdraht daran. »Zurück!« befiehlt Lewerenz!

Gleichmütig stolpern Borin und die Russin nach hinten. Lewerenz kommt nach.

»Alles klar?« fragt Lewerenz. »Ja!« ruft Borin schnell. »Dann will ich mal . . .!«

Da geht es wie ein Riß durch die drei Menschen. Wie ein ungeheures Aufreißen rast es durch den Schacht, durch das ganze Workuta.

46

Brrrruch!

Stempel knacken weg, werden auf die drei Menschen zugeschleudert.

»Hinschmeißen!« brüllt Lewerenz.

»Was ist denn...?« ruft Borin. Aber da kommt mit Wucht die Faust von Lewerenz von irgendwoher und schlägt Borin zu Boden. Borin spürt noch, wie der Körper von Lewerenz auf ihn fällt.

Krrach! Knack knack knack knack!

Knistern und Rieseln. Dreck setzt sich mit ekligem Geknirsche zwischen den Zähnen Borins fest.

Borin speit und fragt mühsam, weil sein Brustkorb eingeengt ist:

»Hast du falsch gesprengt?«

Lewerenz hebt ein wenig den Kopf:

»Überhaupt nicht gesprengt! Das kommt woanders her!«

Und der Kumpel von König Ludwig lauscht aufmerksam in das Schwarz hinein, das den Schacht ausfüllt. Wenn es jetzt plätschert, können wir wie die Ratten ersaufen! Wenn die Luft in die Nasen beizt, verschmurgeln wir bald im Feuer! Also, watt nu?

Lewerenz lauscht auf das Stöhnen der Erde, horcht auf die Zeichen, die die Kohle dem Eingeweihten gibt. Aber es bleibt still.

Doch ist da nicht ein Wimmern?

»Alja!« sagt Borin. »Wo ist die Russin?«

Lewerenz und Borin taumeln hoch. Die Lampe ist weg.

»Ruhig mal!« verlangt Lewerenz.

Wieder ist das Wimmern da.

Dann sind die beiden Männer bei der Russin. Lewerenz fühlt es: eine Bohle klemmt den Arm Aljas ein, und ein Kohleblock liegt auf den Unterschenkeln.

»Sebastian!« stöhnt die Russin. »Versprich mir... aahh!« Wieder das Wimmern.

Um Gottes willen! denkt Borin. Was soll ich dem Mädchen jetzt versprechen? Alja stirbt jetzt. Ich fühle ja hier das Blut auf ihrer Schulter, die immer vor mir war. Und dann verlangt sie eines der berühmten Sterbebettversprechen von mir, an deren Einhaltung schon mancher zerbrochen ist. Soll ich ihr versprechen, wieder an Christus zu glauben? Daran, daß er auch hier unten in Workuta ist? – Bitte, nicht so etwas jetzt! Das mag in einen Film hineinpassen oder in ein schlechtes Buch. Aber hier ist Wirklichkeit, und ich kann nicht...!«

»Versprich mir, daß du wieder nach Hause kommst, daß du dich durchschlägst, Sebastian. Daß du nicht durchdrehst wie Lewerenz oder die andern!«

Obgleich die mit Staub geschwängerte Luft ihn fast erstickt, atmet Borin mit einemmal tief auf.

»Ja, Alja, das kann ich dir versprechen! Das hatte ich sowieso vor. Wieder nach Hause zu kommen. Zu Elisabeth!«

Hatte ich das wirklich vor? fragt Borin. Aber jetzt habe ich es gesagt. Ich will wieder nach Hause. Wo und wann das auch sein mag.

»Quasselt nicht so daher!« kommt die Stimme von Lewerenz begütigend an beide heran. Mit der Stimme quillt Licht auf; Lewerenz hat die Grubenlampe angesteckt.

»Hoch mit dem Balken! Angepackt, Sebastian!« kommandiert der Kumpel.

Ächzend heben die Männer das Holzstück, das früher einer von ihnen schnell gestemmt hätte, Zentimeter um Zentimeter vom Leib der Russin ab.

»Werfen!« Polternd fliegt die Bohle zur Seite.

»Nun nimm die Kohle! Stemmeisen!«

»Ahh, hm!«

Kurz schreit das Mädchen auf.

»Noch einmal! Druck!«

Alja liegt frei. Ganz zart heben die beiden Männer die Russin auf und tragen sie zum Förderkorb.

Eine Arbeitskameradin, eine Mitgefangene ist verwundet. Das denken Lewerenz und Borin.

Ein Roboter ist beschädigt! So sieht es auf der Liste aus, auf der Aljas Name eingekritzelt ist.

Ein Roboter beschädigt?

Nein, 243 Menschen sind an diesem Tage in Workuta angeschlagen, und 113 sind tot!

»Schweres Grubenunglück in Workuta!« würde in einer freien Presse die Schlagzeile dieses Tages lauten.

Aber Workuta liegt nicht dort, wo es eine freie Presse gibt. Darum erfährt die Welt nicht, daß in Workuta wieder einmal die Erde vor Schmerz gebrüllt hat und dieses Brüllen 113 Menschen verschlang, 113 Sklaven des 20. Jahrhunderts.

»Der Mensch Borin ist heute um einen Schritt weitergekommen!«
Diese Schlagzeile würde aber auch nicht in der freiesten Presse der
Welt stehen. Und doch wäre sie so wahr wie die erste Überschrift.
Sebastian Borin, der Sanitätsunteroffizier, ist an diesem Tage des
Jahres 1946 um einen großen Schritt weitergekommen.
Und Sebastian Borin weiß es. Das körperliche Wrack Borin spürt es.

VIII

Stockholms Tidningen

Schwester Hedwig läuft in einen Ruf hinein:
»Da ist ein Mann, der sieht so schlecht aus!«
Alle sehen schlecht aus. Wenn es erst betont wird, muß es sehr
schlimm um den Mann stehen, denkt Schwester Hedwig und folgt
dem Überbringer der Nachricht.
Der Mann, bei dem Schwester Hedwig ankommt, kann nicht mehr
gehen. Er schwankt wie ein Betrunkener, als er es versucht. Trunken
vor Auszehrung, Hunger und Angst.
Wieder muß ein Handwagen heran, der Volkswagen jener Jahre.
Schwester Hedwig setzt den Mann vorsichtig hinein und fährt ihn zur
Ambulanz.
»Sie bringen mir einen Toten!« sagt der Arzt Dr. Keßler nach kurzer,
aber gründlicher Untersuchung. »Ich habe jemanden zur Operation
hier. Schwester, sind Sie so liebenswürdig und bringen Sie bitte den
Mann in die Leichenhalle? Ich will eben die Personalien aufnehmen.
Wissen Sie sie?«
»Der Mann hat seine Registrierkarte bei sich«, sagt Schwester
Hedwig. »Hier: Leonhard Kuckelmann, Arbeiter, geb. 6. 12. 94 zu
Aachen, zuletzt wohnhaft in Eisleben!«
Todesursache: Herzschwäche und Erschöpfung, schreibt Dr. Keßler.
Schwester Hedwig zieht den Handkarren mit dem Toten bergan, zum
Friedhof des Dorfes. Die Gemeinde hat neben dem Totenacker für die
Einwohner Friedlands einen zweiten Friedhof angelegt, zehn mal
fünfzehn Meter, mit Kreuzen, die alle gleich aussehen. Wie ein
Soldatenfriedhof.

Schwester Hedwig dreht sich während des Ziehens um. Der Kopf des toten Mannes baumelt über der Kante des Wagens. Die Menschen, die dem profanen Leichenzug begegnen, erschrecken.

Was soll ich tun? fragt sich Schwester Hedwig. Sie legt dem Toten den Hut über das graue Gesicht und zieht den winzigen Todeskarren weiter.

Die kleine Leichenhalle nimmt den Toten auf. Schwester Hedwig verläßt den Friedhof.

*

Aber im Lager steht eine Frau, die Klara Kuckelmann heißt. Sie hat ein Kind an der Hand und fragt nach Leonhard Kuckelmann aus Eisleben.

»Schwester, ich heiße Klara Kuckelmann. Wissen Sie, wo mein Mann sich aufhält? Er muß heute morgen zum Registrieren gegangen sein!«

Schwester Hedwig hat Angst.

»Wie alt ist denn Ihr Mann?«

»Zweiundfünfzig.«

Das ist er, denkt Schwester Hedwig und weiß nicht, wie sie es der Frau sagen soll.

»Wenn – wenn Sie bitte einmal mitkommen wollen, Frau Kuckelmann? Ihr Mann ist... aber vielleicht ist er es nicht.«

»Was ist mit meinem Mann?« sagt die Frau sehr schnell, und ihre Hand zuckt dabei zum Mund.

»Es ist heute einem Mann sehr schlecht geworden. Er ist...!«

Schwester Hedwig kann das Wort immer noch nicht sagen.

»Kommen Sie.« Das sagt die Schwester leise und schlicht und faßt eine Hand der Frau. »Ich führe Sie hin!«

Wieder der Pfad zum Friedhof hinauf. Frau Kuckelmann wagt nicht, in die Leichenhalle einzutreten. Sie bleibt in der Tür stehen. Schwester Hedwig zieht die Decke vom Gesicht des Mannes weg.

»Das ist er«, sagt die Frau. »Das ist Leonhard.« Kein Schluchzen, kein Erschrecken mehr. Nur Leere.

Das Kind zerrt der Mutter die Hand.

Schwester Hedwig kommt wieder aus der Kapelle heraus. Und da sagt die Frau ganz langsam, aber betont zu der Schwester:

»Ich kann nicht an meinen verstorbenen Mann herangehen. Bitte verstehen Sie das. Aber ich bin jetzt allein mit dem Kind und habe so gut wie kein Gepäck. Würden Sie wohl...?«

»Bitte, sprechen Sie nur«, sagt Schwester Hedwig, die froh ist, daß die Frau vor ihr nicht zusammenbricht in Fassungslosigkeit.

»Würden Sie wohl meinem Mann den Anzug ausziehen? Das ist jetzt unsere einzige Habe. Ich brauche den Anzug. Für das Kind. Verstehen Sie das bitte!«

Schwester Hedwig versteht. Sie weiß, was heutzutage ein Anzug wert ist. Auch der Anzug eines Toten.

Als Schwester Hedwig den Toten entkleidet, denkt sie an eine Zeitschrift, die ihr einer der englischen Soldaten vor wenigen Tagen geschenkt hat. »Life« stand auf dem Titelblatt. Und im Innern war ein Bericht über die Beerdigung eines Jazzmusikers. Auch der Name des Beerdigungsinstitutes stand dabei. »Rugleigh-Brothers«. Man hatte dem Toten ein Lächeln ins Gesicht geknetet und ihn mit dem schwarzen Abendanzug auf weiße Seide gebettet. Das war sehr eindrucksvoll: das dunkle Gesicht, die schneeweiße Seide.

Schwester Hedwig zieht dem toten Herrn Kuckelmann den grünen Anzug aus. Die Aufschläge der Hose sind zerschlissen und verschlammt. Als die Frau den Anzug ihres Mannes von Schwester Hedwig über den Arm gelegt bekommt, weint sie. Jetzt erst.

*

Es ist 1947. Wir essen zerbröckelndes Maisbrot und lassen immer noch die Uniformstücke umfärben. Auf den Bahnhöfen stolpern wir über den Schutt. Aber ab und zu fährt ein internationaler Schlafwagen über die Gleise. Da sieht man hinein. Gutgenährte Soldaten sind in den Zügen. Sie führen Fleischstücke zum Mund und trinken Cocktails.

Wir frieren noch mehr. Staatsanwälte stehlen eine Aktentasche voll Kohlen von Güterzügen.

Wir sind schlechte Verlierer. Die Zeit pervertiert.

Doch laß uns nicht ungerecht sein! In einem der Schlafwagen sitzt Herbert Hoover aus den USA. Der Mann kann etwas und ist ein großartiger Wirtschaftsexperte. Als er 1928 Präsident der USA wird, hat er Pech. Die Wirtschaftskrise kommt. Sie schafft in den USA 13 Millionen Arbeitslose. Die spucken aus, wenn sie den Namen Hoover hören. Und weil man so unzufrieden ist, kommt 1932 Franklin D. Roosevelt, unser Mann aus dem Kurort Jalta, auf den amerikanischen Präsidentenstuhl.

Der Expräsident Hoover ist immer noch ein ausgezeichneter Wirtschaftsboß. Im Februar 1947 bereist er Deutschland im Auftrage des amerikanischen Volkes. Hoover sieht uns frierend auf dem Schuttbahnhof stehen. Und er sieht noch mehr. Die Augen dieses Mannes haben bereits viel Not gesehen. Er hat schon nach dem 1. Weltkrieg das Quäker-Hilfsprogramm für Mittel- und Osteuropa organisiert. Doch hier? Im Deutschland von 1947?

Hoover geht durch Kinderheime und sieht Kinder mit Greisengesichtern. Er sieht, wie ein Straßenbahnschaffner die Zigarrenkippe aufhebt, die der Ex-Präsident wegwirft.

Hoover fährt in die USA zurück und sagt im Weißen Haus: »Dieses Elend in Deutschland wird auf uns zurückprallen. Tun wir drei Dinge, und das Land ist in der Lage, sich selbst zu erhalten: eine eigene Regierung wählen lassen, die Demontagen einstellen und die Wirtschaft Deutschlands ankurbeln!«

Kein Beifall. Aber das Wort ist gesagt.

Es geschieht noch einiges, während Schwester Hedwig dem Toten Kuckelmann den Anzug vom Leibe nimmt:

Die USA fordern Frankreich, Belgien und Luxemburg zur Entlassung der ihnen übergebenen 674 000 deutschen Kriegsgefangenen bis zum 1. 10. 1947 auf. – Warum nicht auch die Sowjetunion?

Am 27. März bildet sich in den Westzonen ein parlamentarischer Rat.

Am 1. März gibt es ein Flüchtlingsgesetz, das die Vertriebenen rechtlich der einheimischen Bevölkerung gleichstellt.

Am 23. April 1947 einigen sich die Außenminister der »Großen Vier« über die Entlassung aller deutschen Kriegsgefangenen. Am 31. 12. 1948 soll auch der letzte ehemalige deutsche Soldat zu Hause sein.

Merken wir uns dieses Datum gut!

Und zum Schluß des Jahres 1947 rasch noch zwei Meldungen hintereinander:

In Nürnberg Eröffnung des Prozesses gegen Alfried Krupp.

Zwei Tage später:

Ruhrkohleverwaltung geht in deutsche Hände über.

*

Im Mastschweinestall von Friedland schreit eine Frau: »Ich will nicht mehr weiterleben!«

Schwester Hedwig kniet sich neben die Frau und redet ihr zu. Die Frau schüttelt nur den Kopf.

Wieder das Gestöhne:

»Ich will nicht mehr leben. Ich will tot sein!«

»Passen Sie bitte auf die Frau auf. Ich hole den Arzt!« sagt Schwester Hedwig zu den alten Leuten.

Im Laufen denkt sie: Was ist denn nun mit der Frau? – Theater? Oder will sie wirklich...?

»Herr Doktor Keßler, im Mastschweinestall...!«

»Ja, ich habe schon gehört, die lebensmüde Frau. Ich komme mit, selbstverständlich!«

Im Stall:

»Warum wollen Sie denn nicht mehr weiterleben?«

»Lassen Sie mich in Ruhe. Lassen Sie mich! Ich will sterben!«

Der Arzt dreht sich um und will sagen:

»Die Spritze mit dem...!«

Da springt die Frau auf, noch bevor der Arzt zugreifen kann. Sie rennt aus dem Stall hinaus und reißt sich während des Laufens das Kleid vom Leibe. An der Leine, dem Flüßchen, streift sie das letzte Zeug vom Körper und springt in das Wasser.

Da sind auch die anderen herangekommen. Man will nachspringen. Aber das ist nicht nötig. Die Leine ist an dieser Stelle nur armtief. Die Frau hockt sich zusammen, damit ihr das Wasser bis zum Halse reicht.

Da bringt die Kälte des Wassers – es ist Januar und Vollmondnacht – die Frau wieder zur Besinnung. Sie läßt sich bereitwillig herausführen, eine Decke umhängen und zur Unterkunft zurückführen.

»Warum ist sie ins Wasser gegangen?« fragt ein Journalist mit ausländischem Akzent die Schwester Hedwig. »Ich weiß es wirklich nicht!« sagt Schwester Hedwig. »Manche glauben, daß die Last zu schwer ist, die sie tragen müssen. – Aber es ist keine Last zu schwer!« setzt die verarbeitete Schwester hinzu.

Der Mann macht sich einige Notizen.

Und geht weiter durch das Lager, um den Transport mit entlassenen deutschen Kriegsgefangenen aus der Sowjetunion zu sehen. Mit diesem Auftrag ist er aus Stockholm nach Deutschland gekommen. Der Journalist heißt Christen Jäderlund und arbeitet für die »Stockholms Tidningen«.

Schwester Hedwig geht neben dem Mann aus Stockholm her. Sie braucht nichts zu sagen, als der Transport mit den Rußlandheimkehrern eintrifft. Der Journalist Jäderlund macht sich auch keine Notizen mehr. Er schaut nur. Nachbar Rußland, denkt der Journalist, das machst du aus den Menschen!

Wenig später fliegt Jäderlund nach Stockholm zurück. Er hat ein Inferno gesehen. Die »Stockholms Tidningen« bringt Jäderlunds Bericht mit Fotos aus Friedland als Leitartikel.

Der Milchhändler Hansson kauft sich für 20 Öre ein Exemplar der Zeitung, die ihm die Titelzeile entgegenruft:

Tyska krigsfangar hem fran sowjet som vandrande benrangel.

Das heißt:

Deutsche Kriegsgefangene heim von den Sowjets als wandernde Gerippe.

Milchhändler Hansson vertieft sich in den Bericht. Er liest:

»Zu hunderttausend kommen Kriegsgefangene als wandernde Skelette vom Kaukasus, aus dem Ural und Sibirien heim nach Deutschland. Die harte Arbeit, die primitiven Wohnverhältnisse und die Hungerkost haben in ganz kurzer Zeit auch den Robusten die Kraft genommen, und die Tuberkulose herrscht fürchterlich in ihren Reihen.

Der Verschleiß bei der Sklavenarbeit ist in der Sowjetunion so groß, daß für jedes Kontingent arbeitsuntauglicher Kriegsgefangener, das in die Heimat entlassen wird, die dreifache Zahl Zivilarbeiter zu den Sowjets deportiert wird. So halten die Sowjetbehörden Schritt mit der großen Sterblichkeit in den Arbeitslagern.

In den Krankenbaracken werden die Arbeitsuntauglichen aussortiert. Es geht einfach und primitiv zu. Die Gefangenen defilieren in Nacktparade vor russischen Ärzten. Diese werfen nur einen Blick auf das Becken der Männer. Im Zweifelsfalle kneifen sie sie in die Schenkel. Besteht der Schenkel nur noch aus dünnen Muskeln und Knochen und fehlt jede Spur von Fett, so werden sie heimgeschickt.

Die meisten haben unter strengster Bewachung in Riesenlagern für 30 000 bis 40 000 Mann gelebt, entweder zusammen mit russischen Strafgefangenen oder in Einzellagern in den großen Deportationsgebieten. Sie haben in Wäldern, beim Straßenbau, auf Ölfeldern oder in Gruben gearbeitet.

Viele kommen aus Lagern im Samaragebiet an der Wolga, Deportationsgebiet 100 km nach allen Seiten, mit Samara als Mittelpunkt. Dort sind Städte und Dörfer, die erst vor zwei Jahren gebaut sind. Die Stadt Kusnezk an der Wolga beherbergt 30 000 Einwohner, alles russische Strafgefangene: Raubmörder, Diebe, politische Deportierte und Arbeitsscheue. In den Dörfern haben die meisten Lautsprecher, aber die Kommissare verfügen über den zentralen Empfangsapparat.

Die Ration in den Arbeitslagern ist 600 g Brot täglich, enthaltend 300 g Mehl, und ein Halbliter Suppe oder »Kasch«, enthaltend zwei Eßlöffel Gerstengraupen. Extrarationen gibt es auch für überschrittenes Arbeitssoll: 30 g amerikanischen Speck im Monat, 160 g Zucker für 10 Tage, 600 g Tabak für vier Monate.

In den Krankenbaracken teilen die Schwerstkranken mit vier Mann eine Pritsche unter gemeinsamer Decke. Die nicht ganz so Kranken müssen Nächte und Tage sitzend oder stehend in den Baracken zubringen, da nicht genug Pritschen da sind. Offiziell sollen die Kranken Extrarationen haben, um wieder instand zu kommen: 15 g Fett, 16 g Zucker und 5 g Tabak täglich. Sie dürfen froh sein, ein Drittel oder die Hälfte davon zu erhalten.

Das System fordert seine Sporteln. Der Vorratsverwalter in der nächsten Stadt fordert sie, die Chefs der Eisenbahn und Autotransporte ebenso. Dann die Wachmannschaft und das Küchenkommando, und zuletzt von allen lesen die russischen Krankenschwestern die Fleischbrocken aus der Suppe, bringen Roggenbrot von Hause mit und tauschen es gegen das Weizenbrot des Krankenhauses um und essen die Früchte auf.

Man rechnet, daß ein Drittel von denen, die ins Krankenhaus eingeliefert werden, überlebt. Die Transporte heim nach Deutschland sind insofern riskant, als sie oft monatelang aufgehalten werden. Normalerweise, wird versichert, sterben 50 bis 150 Mann von einem Transport von 1500 Kranken. Die Leichen werden der Einfachheit halber in den Toiletten gestapelt, bis der Zug hält . . .«

»Drei Liter, Herr Hansson, bitte!«

»Sofort!«

Milchhändler Hansson legt die »Stockholms Tidningen« auf die Glasplatte. Das muß ich unbedingt zu Ende lesen. Das ist furchtbar! –

Ich werde die Zeitung auch zu Gösta schicken. Nach Chicago. Und ich dachte, bloß die Deutschen wären grausam.

Weiß und sahnig fließt die Milch in die große Flasche.

IX

Frau Borin und die 80 DM

Ein Reagenzglas zerklirrt. Bis zu Elisabeth Borin scheppern die Glasteilchen hin.

»Na, du, das ist aber das vierte Glas heute! Was ist denn los?«

»Also, 'ne schicke Bluse kauf' ich mir zuerst. Was Seidiges. Die kann doch nicht so teuer sein, was?«

»Mehr als die vierzig Mark wird sie wohl nicht kosten, Mädchen!« lacht Frau Borin und führt ihre Analyse zu Ende. »Und beim nächsten Gehalt kannst du dir schon den ganzen Kleiderschrank vollhängen!«

»Den muß ich aber auch erst noch kaufen!«

»O weh! Das reißt schon mehr ins Geld!«

»Laß ihn dir doch schenken!«

»Fein, Elisabeth! Aber – schenkt man sich denn so was? Kleiderschränke? – Du, du machst dich lustig über mich!«

Die Fünfzehnjährige im weißen Kittel tut beleidigt.

»Aber, wer wird denn!« sagt Elisabeth und lacht noch mehr. »Auf jeden Fall kriegst du den Kleiderschrank, wenn du mal heiratest.«

»Ich heirate nie!« ruft das Mädchen mit der Entschiedenheit dieses Alters. »Solche Männer, pah!«

»Die werden aber auch bei dir vorsichtig sein müssen«, lächelt Frau Borin. »Heute hast du vier Reagenzgläser zerbrochen! Wenn es im Haushalt pro Tag vier Teller sind... na, ob da der Kleiderschrank zusammenkommt?«

»Das gleicht sich wieder aus, Elisabeth, wenn es jeden Tag vierzig Mark gibt!«

Jetzt lachen beide, das Mädchen, das im Stickstoffwerk Castrop-Rauxel Chemikerin werden möchte, und die junge Frau, die dort Laborantin ist. Das Medizinstudium hat Frau Borin geholfen, hier durch ihren Bruder Arbeitsplatz und Stellung zu bekommen.

»Leider geht dieser 21. Juni heute abend schon zu Ende!«

»Aber am nächsten Ersten, da gibt's schon wieder Pinke-Pinke!« freut sich das Mädchen.

»Dann will ich mal meinen großen Waschkorb nehmen und das viele Geld abholen«, beendet Frau Borin das muntere Gespräch.

»Tschüs!« ruft das Mädchen und wirft Elisabeth Borin ein Kußhändchen nach. »Brich nicht zusammen unter der Last des schnöden Mammons!«

*

Frau Borin fragt den Abteilungsleiter:

»Herr Dr. Körzgen, kann ich vielleicht für eine Stunde Urlaub bekommen? Sie wissen doch, dieses seltsame Kopfgeld. Meine Buchstabengruppe ist um diese Zeit aufgerufen.«

»Aber selbstverständlich, Frau Borin!« Dr. Körzgen nimmt die Arbeitsbrille ab und legt die Aufstellung zur Seite. »Ich selbst liege nur im guten Mittelfeld, da hat's noch eine Weile Zeit. Das hat mich im Pennal früher stets beruhigt, daß ich nicht gleich zu Beginn an die griechische Übersetzung kam. Darf ich auch an Sie die Frage richten, was Sie mit dem Geld für eine erste Anschaffung beabsichtigen? Das ist ja das große Rätsel des ganzen Labors, ach was sage ich, von ganz Castrop-Rauxel, oder noch umfassender, vom kompletten Deutschland!«

»Leider nicht komplett!« sagt Frau Borin.

»Ach, ich vergaß, Sie sind Berlinerin. Doch diese Trennung wird auch einmal aufhören.«

»Ach! Aber was die erste Anschaffung angeht: eine Riesenpuppe für Barbara! Doch selbstverständlich nur eine, die Mama sagt!«

»Viel Spaß bei diesem Kauf!« wünscht Dr. Körzgen der lachenden Frau. Und er sieht ihr nach, als sie mit raschem Schritt aus dem Labor eilt.

*

Elisabeth Borin geht durch die Lange Straße, die sie schon oft den »Kurfürstendamm Habinghorsts« genannt hat. Die Schaufenster-Gucklöcher – in Bretterverschalungen zumeist – sind gefüllt mit Dingen, die man schon Jahre hindurch nicht mehr gekannt hat:

Ledermappen und elegante Schuhe, hauchzarte Strümpfe und blitzende Küchengeräte.

Wo mag das nur die ganze Zeit gesteckt haben? fragt sich Elisabeth Borin. Aber das soll meine Sorge nicht sein. Jetzt ist es schließlich da.

Die Zweigstelle der Sparkasse zwischen dem Kolonialwarengeschäft und der Metzgerei Herdmann ist nicht überfüllt, wie Elisabeth Borin es sich vorgestellt hat. Sie ist schon in zehn Minuten an der Reihe und bekommt achtzig Mark ausbezahlt.

»Daß Sie mir Ihrem Kind aber auch das Geld auszahlen!« spaßt der Angestellte.

»Wird besorgt! Genau vierzig Mark!«

Die große Puppe ist bald eingehandelt. Und die paar Schritte zur Nordstraße, in der Frau Borin eine winzige Zweizimmerwohnung hat, sind bald zurückgelegt. Um so eher, wenn man etwas Schönes mitzubringen hat.

Barbara jauchzt auf, als die Puppe in ihren Armen liegt.

»Sssssöön!«

Da klingelt es.

»Herr Dr. Körzgen! Nanu, ist das Labor in die Luft geflogen?«

»Ja, beinahe, Frau Borin! Jedenfalls sieht das schöne Laboratorium aus wie nach einer Schlacht. Die wenigsten haben heute daran gedacht, ihre benutzten Geräte wegzuräumen. Sie zählen natürlich zu den berühmten Ausnahmen. Fast wäre es eine Wohltat für mich, wenn Sie auch ein einziges Mal etwas liegenlassen würden.«

»Unberufen!« sagt Frau Borin froh. »Doch kommen Sie bitte herein. Darf ich Sie mit Tochter Barbara bekannt machen? – Mit Mamapuppe, wie angekündigt!«

»Tatsächlich! Und dazu noch so eine hübsche! Wo das alles mit einemmal herkommt! Man steht und staunt!«

»Genau das gleiche habe ich mir auch gedacht!«

»Frau Borin . . .«

»Nehmen Sie doch bitte Platz, Herr Doktor.«

»Danke schön, ja. – Ich – ich komme mir wie ein Primaner vor, Frau Borin. Ich hätte heute eigentlich mit Blumen erscheinen müssen. Sie wissen, ich bin ein seltener Typ, nicht gerade bestechend im Äußeren – oh, wehren Sie nicht ab, ich habe einen Spiegel zu Hause. Und die Streifschußnarbe am Kinn macht mich nicht anziehender. Aber trotzdem: wenn alles so einfach wäre wie früher, würde ich Sie jetzt gefragt haben, ob Sie meine Frau werden wollen. Aber es wird uns wohl nicht so simpel gemacht heute. Darum frage ich ehrlich und ernst: Warten Sie noch auf Ihren Mann?«

Frau Borin schaut nicht auf. Sie errötet nicht und wird nicht unruhig. Sie behält den Blick auf ihr Kind gerichtet. Und sie nimmt kaum die Lippen voneinander, als sie sagt:

»Ja.«

Dr. Körzgen sinnt diesem Ja gleichsam nach.

Dann fragt er.

»Haben Sie eine Nachricht von ihm seit...?«

»Seit November 1944 nicht mehr, nein.«

»Darf ich noch etwas mehr sagen, oder möchten Sie, daß ich jetzt gehe, Frau Borin? Ich würde nämlich gern noch etwas hinzugesetzt haben.«

»Das dürfen Sie, Dr. Körzgen. Und ich höre Ihnen gern zu.«

»Ich habe meine Frau im Krieg verloren. Bombenangriff auf München. Zu ihrer Beerdigung bekam ich Urlaub; ich war damals noch in Italien. Unsere Ehe war glücklich, aber kinderlos. Leider. Vielleicht wäre da heute auch manches anders.

Meine Arbeit hier füllt mich aus. Man hat nicht mehr so furchtbar große Bedürfnisse, wenn man vierzig ist, und auch der Ehrgeiz wird ganz hübsch beschnitten. Aber ich kenne Sie nun zwei Jahre lang, Frau Elisabeth. Ich habe Sie einfach lieb. Vor einigen Monaten schon wollte ich Ihnen das sagen. Um ehrlich zu sein: ich habe es nicht gewagt. Einmal, weil Sie bei aller Fröhlichkeit so unnahbar sind, so wunderbar unnahbar, aber zum andern auch, weil die Zeit krank war. In sich krank. Die Ordnung war so zerstört, daß man nichts mehr zu planen wagte, was ein Leben lang hätte andauern sollen. Aber – das ist nun wohl dumm von mir formuliert – diese paar Mark, die wir heute bekommen haben und von denen Sie Ihrem Kinde die Puppe kaufen konnten, lassen mich daran glauben, daß wieder die Dinge an ihrem rechten Platz stehen. Ich – ich –!«

Dr. Körzgen lacht leise. Es ist wie ein Hüsteln. Dann: »Ich möchte auch uns wieder an diesem rechten Ort stehen sehen, Sie, Ihr Kind und mich. Verstehen Sie das?«

Drängend, wie in großer Qual hat Dr. Körzgen die letzten Worte herausgepreßt. Jetzt legt er das heiße Gesicht in seine schlanken Hände, die unaustilgbare Spuren von Säure-Verätzungen tragen.

»Meine Ehe ist diese große Ordnung, in die Sie sich und uns hineinstellen wollen, Ernst!« Unwillkürlich gebraucht Frau Borin den Vornamen des Mannes, der sein Herz vor ihr bloßgelegt hat. »Sie ist die Ordnung, an die ich mich geklammert habe diese wahnwitzigen Jahre hindurch. Besonders aber von dem Augenblick an, als vor meinen Augen Menschen zerbrochen wurden.«

Frau Borin stockt. Aber ihr Schweigen ist lebendig, von Erinnerung und Unruhe durchpulst. Dann sagt Elisabeth Borin leise weiter:

»Es war und ist nicht leicht, an diese Ordnung zu glauben, wenn der liebe Mensch nicht da ist, der dieses Geordnete darstellt, es verkörpert. Vorstellung und Erinnerung sind nicht zeitfest. Trotzdem, Ernst, ich liebe Sie nicht, ich darf Sie nicht lieben!«

»Elisabeth!«

»Das ist die Wahrheit.«

»Aber – lassen Sie mich an diese Furchtbarkeiten rühren – wenn Sie sich an einen Toten klammern? Denn es muß doch schon Gewißheit sein, daß Ihr Gatte nicht mehr lebt. Diese Jahre ohne Nachricht...!«

Elisabeth beugt sich zu ihrem Kind hinunter und legt Barbaras Kopf an ihre Wange. Die Frau weint. Ohne Tränen, nur mit zuckendem Mund.

Dr. Körzgen steht auf, schwerfällig, als trage er eine Last auf den Schultern.

»Ich hatte gefürchtet, daß es so kommt«, sagte der Mann. »Doch gehofft hatte ich...! Werde ich Sie nun quälen, wenn wir weiter zusammenarbeiten müssen im Labor? – Ich könnte für mich gut eine Versetzung be...!«

»Aber ich bitte Sie, Herr Doktor, lassen Sie uns das doch nicht zu einer Entfremdung im Beruflichen auswachsen lassen. Wir sind doch keine Kinder mehr!« – Wir sind leider keine Kinder mehr, denkt Elisabeth Borin sofort an das Gesagte heran.

»Vielleicht halten Sie mich nun für hartnäckig oder ungezogen, Frau Borin, aber ich bin es nicht. Ich bin nur geduldig. Ich möchte Sie bitten, daß ich warten darf. Warten auf – auf eine Berichtigung Ihres Standpunktes, den ich verstehe und achte. Warten auf eine Nachricht vielleicht, die alles ändert für Sie – und – für mich. Darf ich das?«

Frau Borin ist ganz still. Sie kann nichts erwidern. Leise klickt die Tür ins Schloß.

*

Dr. Körzgen denkt, als er in die Straßenbahn steigt: Es ist die Zeit, die uns zerfrißt. War das richtig, was ich gemacht habe? – War es zu früh? – Ich hab' dich doch wirklich lieb, Elisabeth! – Aber ich bin auch so plump in diesen Dingen. Was würde ich denn sagen, wenn ihr Mann nun doch zurückkehrt? – Dann müßte ich mich schämen. Aber das andere, das Wahrscheinlichere? – Dann vertropft Jahr um Jahr. Ich könnte uns bald ein Häuschen bauen, irgendwo am Rande dieser Stadt, am Schellenberg oder nach Henrichenburg hinauf. Uns: dir und mir, Elisabeth! – Warum ist alles so verworren?

*

Elisabeth Borin denkt, da der Mann gegangen ist:
Es war ein Mann in meinem Zimmer, ein Mann, den ich schätze. Ein Mann, der sich gequält, zu mir bekannt hat. Aber was ist unser bißchen Wehtun und Quälen gegen das, was Sebastian vielleicht auszuhalten hat. Körzgen war taktvoll. Er hätte ja auch sagen können: das ist alles nicht so schlimm, Frau Borin. Sie lassen eine Verschollenenanzeige erscheinen. Einige Formalitäten. Was martern Sie sich mit einem Schemen ab? – Aber nein, er ist gegangen. Mit dieser Frage, die noch hier im Zimmer ist.
Wenn das Kind doch schon größer wäre! Ich bin noch zu allein. Ich kann mich nicht aussprechen. Das wird es sein! Wenn man jemandem einmal dieses Nicht-mit-sich-Fertigwerden beichten könnte!
Beichten? Warum nehme ich das nicht wörtlich? Warum vertraue ich diese Dinge, mit denen ich nicht fertig werde, nicht einem Priester an. Das Gebet für Sebastian allein tut es wohl nicht. Ich weiß, er hat nie davon gesprochen. Aber wir müssen davon sprechen, wenn Bastian wiederkommt.
»Ach Herrgott, wenn Bastian wiederkommt!« Elisabeth Borin hat es so jäh und fordernd herausgeschrien, daß Barbara erschrocken zu ihrer Mutter aufsieht.

X

»Kriegen wir den Kaplan durch den Winter?«

Schwester Hedwig wehrt ab, ein wenig verlegen:
»Nein, da gehen Sie mal hin, Herr Konschak! Sie sind Rheinländer,
und der neue Kaplan ist es auch. Wenn Sie ihn abholen, fühlt er sich
bestimmt ein wenig heimisch. Einen Schrecken wird er ohnehin
bekommen, wenn er seine Behausung sieht!«
17. Januar 1948, nachmittags.
Konschak sieht unter den Aussteigenden einen jungen Priester in
einem Gummimäntelchen. Das muß er sein! denkt der Caritashelfer
und geht an der Sperre auf den Kaplan zu.
»Se wollen wohl innet Lajer jonn?«
»Ja!« sagt der Kaplan erfreut. »Sie sind Rheinländer? – Dann muß es
ja klappen!«
Konschak nimmt das Köfferchen des Kaplans. Es ist nicht schwer. Das
Gepäck der Menschen wird immer geringer. Der Kaplan kommt mit
seinem Begleiter in das Lager der 246 Nissenhütten. So viele Well-
blechbaracken haben die Engländer zu diesem Zeitpunkt aufgestellt.
»Sie bekommen anderthalb Ring!« sagt der Helfer Konschak stolz.
»Was bekomme ich?« fragt der Kaplan.
»Anderthalb Ring!«
»Was ist das, bitte?«
»Ach so, das ist eine viertel Nissenhütte. Eine ganze besteht aus sechs
Blechringen!«
»Aha!«
Hoffentlich kriegen wir den Kaplan durch den Winter! denkt Kon-
schak.

*

Der Kaplan, der durch den Winter kommen soll, steht unter seinen
»anderthalb Ring«. Das ist die Einrichtung seiner Hütte V 9, seiner
Wohnung: ein Feldbett, ein Schemel mit einer Waschschüssel, eine
Leiste, über der eine Decke hängt.
Da zuckt der Kaplan zusammen.
Die Wellblechbude rattert unter harten Schlägen. Wozu ist nur die

Decke mit der Leiste da? fragt sich der Kaplan. Ach so! Der Kleiderschrank. Vorsichtig schiebt er die Wolldecke hoch. Da hat er den Kleiderschrank in der Hand.

Bauz bauz bauz bauz!

Das harte Hämmern hört nicht auf. In der anderen Hälfte der Baracke, nur durch eine tarnfarbene Zeltbahn abgeteilt, sitzen die Lagerschuster. Durch die Luke der Nissenhütte haben sie gesehen, daß ein Kaplan, ein »Neuer«, ins Lager gekommen ist.

»Na, dem wollen wir mal einheizen!« sagt einer, legt ein Stück Eisen auf den Pinnfuß und schlägt zu.

Das ist keine Gehässigkeit, sondern eher eine gemütliche Bärbeißigkeit. Wir wollen mal sehen, wer du bist, Schwarzrock! Ja, so etwa heißt das betont laute Hämmern.

Und unter dem Dröhnen der Schusterhämmer und des gerillten Bleches setzt sich der Kaplan für einen Verschnauf auf das Bett. Was habe ich gesehen? fragt sich der Mann im schwarzen Rock. Ich habe einen Stall gesehen, in dem es nach verfaulten Rüben stinkt. In diesem Stall muß unser Gott wohnen!

Eine Kirche will ich bauen hier auf diesem Boden, eine würdige Wohnstätte und ein Mahnmal zugleich. Und die Menschen, die in den gleichen Blechdingern leben müssen? – Auch sie müssen da heraus. Der Geistliche sieht seine Aufgabe so plastisch vor sich, daß er erschrickt vor ihrer Riesenhaftigkeit.

Ein Stoßgebet.

Dann geht der Kaplan zu dem Waschbecken und reinigt sich die Hände, die bei dem Rundgang durch das Lager und dem Zupacken schmutzig wurden. Nach eineinhalb Stunden wird der Kaplan sich wieder die Hände waschen und nach einer Stunde darauf wieder und zehn-, fünfzehnmal am Tage. Der Geistliche kann sich nicht an den Dreck gewöhnen. Nicht an den Dreck des Lagers Friedland. Er will sich nicht von dem Schmutz überwältigen lassen, der nun tagtäglich auf ihn eindringen wird.

Die Handwaschung ist auch hier in der rostigen Hütte ein Zeichen. Aber ein anderes als vor zweitausend Jahren.

Immer noch hämmern die Lagerschuster in der Lust am Lärm und in der kindlichen Freude, der Arbeit des neuen Priesters einen gesalzenen Beginn zu verschaffen. Die Lagerschuster kennen den Menschen

Dr. Krahe noch nicht. Den Menschen und Priester, der jetzt in das Lager Friedland geht.

*

»Wir haben einen neuen Kaplan!« sagt Schwester Hedwig zu den Trölschs. »Jetzt können wir die Messe wieder im Lager feiern und brauchen nicht mehr die zehn Kilometer zu laufen!«

»Wer ist das denn, dieser neue Geistliche?« fragt Frau Trölsch.

»Josef Krahe heißt er und Doktor ist er sogar. Noch jung. Hoffentlich schafft er es hier!« Schwester Hedwig schwenkt eine Weile den Kopf bedenklich hin und her. »So schlimm, wie es hier ist, wird der Dr. Krahe es bestimmt nicht erwartet haben!«

Ach, Schwester Hedwig, was weißt du vom Dr. Krahe in diesem Augenblick, wo du das sagst. Später hörst du das bißchen Wortgerippe und Zahlenmaterial seines Lebenslaufes, und der sieht so aus:

Josef Krahe wurde am 21. August 1914 in Efferen bei Köln geboren. Er studierte Theologie am Germanicum in Rom, wo er am 27. Oktober 1940, dem Christkönigsfest, zum Priester geweiht wurde. Zwei Jahre später erarbeitet er sich an der Gregoriana den Dr. theol. und kommt nach Villip bei Bonn zur Aushilfe. 1942 wird er Kaplan in St. Marien in Neuß. Hier gilt seine Hauptsorge den Fremdarbeitern. Am 2. Juli 1945 wird er der erste hauptamtliche Seelsorger des Siegburger Krankenhauses und des Hauses zur Mühlen und zugleich Subsidiar an St. Servatius. Nebenamtlich gibt er Religionsunterricht am Jungengymnasium und steht in der Jugendseelsorge.

Das ist der Lebenslauf dieses Neulings für Friedland. Ein Lebenslauf, auf wenige Zeilen zusammengepreßt. Vielleicht ist – wie bei vielen Lebensläufen – nicht so wichtig, was in ihm steht, sondern das, was zwischen den Worten schwingt.

Es steht nicht darin, daß Josef Krahe als Mensch so beliebt ist, daß die Menschen seines früheren Wirkungsbereiches ihr zweites Hemd verschenken, als Krahe von der Not in Friedland berichtet. Es steht aber auch folgendes nicht darin:

1947 glaubt der junge Priester, daß er nicht genug tue. Er glaubt, daß er den Raum der Arbeit, den seine Weihe abgesteckt und ihm zugewiesen hat, noch nicht ganz ausfüllt.

1947! Gefangenennot, die deutsche Soldaten auch in Frankreich schmachten läßt. Fremdenlegion oder Tod werden oft als einziger Ausweg gesehen.

Der Kaplan Krahe bittet seinen Bischof, den Kölner Kardinal, um die Erlaubnis, als Austauschgefangener weggehen zu dürfen. Der Kardinal leitet das hochherzige Angebot seines jungen Priesters weiter. Es zerschlägt sich am Widerstand der Besatzungsmächte.

Da brennt im Osten der Himmel vor dem Flüchtlingselend. Die Dreiländerecke zwischen Niedersachsen, Hessen und Thüringen hat nicht genug Menschen und Mittel, diese Not zu steuern. Vor allem aber fehlen Priester. Josef Godehard Machens, der Bischof von Hildesheim, schickt Brandbriefe an seinen einstigen Studienkameraden, den Kölner Kardinal Josef Frings.

»Ein Priester für Friedland, bitte!«

Auch die ausgeblutete Kölner Diözese ist arm an Geistlichen. Doch das niedersächsische Diasporagebiet hat selbst eine Reihe von Pfarrstellen unbesetzt. Die Priester im besten Alter standen an allen Fronten dieses Krieges, wurden verwundet, fielen. Der spärliche Nachwuchs muß erst herangebildet werden. Doch da steht immer noch der flammende Satz:

»Ein Priester für Friedland, bitte!«

Kardinal Frings erinnert sich sofort an den jungen Kaplan, der bereit war, das Los des Austauschgefangenen auf sich zu nehmen. Er schickt den Priester, den er dort am rechten Platz glaubt, nach Friedland, den Kaplan Dr. Josef Krahe.

Der Kardinal wird diese Verbindung mit seinem jungen Priester an der großen Grenze des Westens niemals abreißen lassen. Und acht Jahre später...!

Aber greifen wir nicht vor. Noch ist der Kaplan erst einen Tag im Lager Friedland. Es nützt nichts, daß er seine Hände so gründlich gewaschen hat; beim Ausräumen der Rübenreste im Stall Gottes, beim Wegtragen des riesigen englischen Hotelherds und beim Schleppen des Gepäcks werden sie sofort mit einer Dreckkruste überzogen. Doch der Kaplan packt zu.

*

Warum bekomme ich die Augen nicht auf? denkt der junge Priester. Es liegt etwas wie eine Last auf ihnen.

Doch nun gelingt es. Der Kaplan sieht die wellige Blechkuppel über sich. Wie in einer Tonne, denkt er noch. Dann sieht er die Sterne durch klaffende Risse im Blech. Die Tonne ist von innen weiß, mit Rauhreif ausgeschlagen. Dieser Rauhreif liegt auch auf der Decke, die der Kaplan über sich gebreitet hat.

Ich kann mich nicht bewegen! denkt Krahe, der erst sehr langsam in die Wachheit sich hineinzwingt. Sieht so der Erfrierungstod aus, oder was ist los mit mir?

Da gehorchen die Glieder wieder: ein Arm, die Hände, der Hals. Krahe streckt die Hand nach der Waschschüssel aus. Nur ein dicker Klumpen Eis füllt die Rundung der Schüssel.

»Ist ja interessant!« sagt Krahe. Er gewöhnt sich dieses Wort im Lager an, wie das Händewaschen und das immerwährende Bereitsein. Krahe wird nicht sagen, das ist gut oder jenes schlecht. Er wird nur diesen Ausspruch parat haben, wenn andere fluchen oder die Aufgabe, die sie in der Hand haben, fallen lassen. Fallen lassen, weil sie ihnen zu schwer erscheint.

Oh, dieser Kaplan kommt durch den Winter! Nachdem er mit vor Kälte zitterndem Körper die Messe in der Rübenhütte zelebriert hat, schreibt er Briefe. Dankesbriefe auf fünf kleine Spendenpäckchen, die er vorfindet. Er klagt nicht, er wird nicht grundsätzlich, sondern er stellt nur einige der Bilder hin, die täglich vor sein Auge kommen.

»Ein evangelischer Heimkehrer sitzt vor mir, der völlig aufgelöst zu sein scheint. Nachdem er sich etwas beruhigt hat, erzählt er stockend von den grauenhaften Erlebnissen der letzten Monate: ›. . . von April bis Dezember bin ich jede Nacht zur Vernehmung gerufen worden. Man gab mir eine Flüssigkeit zu trinken, der eine bestimmte Menge Salzsäure beigemischt war. So wurden die Schleimhäute meines Rachens völlig zerstört. Ich konnte in diesen Monaten kein Stück Brot essen, ohne daß mein Rachen blutete. Aber ich habe durchgehalten. Ich wußte eines ganz klar: Zu Hause beten meine Frau und meine Kinder für mich. Das hat mir Kraft gegeben.‹«

Krahe schreibt:

»Welch ein Leben haben diese Menschen hinter sich! Da stehen vor mir Großmutter, Mutter und Kind. Die Großmutter ist 65, ihre Enkelin zehn Jahre alt. Die Mutter erzählt mit monotoner Stimme: ›Nach der Verschleppung starb auf der Fahrt nach Sibirien mein jüngstes, eineinhalb Jahre altes Kind. Als der Zug hielt, habe ich am Rande des Schienenweges mit eigenen Händen ein Grab gebuddelt, dem Kind das Nachthemdchen angezogen und den kleinen Leichnam in die Grube gelegt. Der Zug fuhr weiter. In Sibirien stirbt mein dreijähriger Junge an Gehirnhautentzündung. Nun bringe ich mein ältestes Kindchen mit zurück. Wie wird unser ferneres Leben sein?«

Krahe steht auf, schlägt sich die klammen Hände ein paarmal um den Körper und schreibt weiter:

»Ein langer Düsseldorfer läßt am Schlagbaum sein Holzköfferchen auf den Boden poltern und fällt mir um den Hals. ›Herr Pfarrer, wissen Sie eigentlich, was Sie uns tun?‹ Ich schaue ihn etwas verwundert an. ›Ja‹, sagt er, ›wir haben jetzt monatelang zu zehn und zwölf Offizieren den Pflug gezogen, wurden vor die Egge gespannt wie ein Stück Vieh. Und nun geben Sie uns die Hand! Wir sind wieder Mensch unter Menschen.‹«

Immer noch schreibt der Priester unter der Last der gesehenen Ereignisse weiter:

»Unvergeßlich ist jener Heimkehrertransport aus Polen von 780 Mann. Keiner war dabei, der nicht immer wieder geschlagen worden wäre, keiner, dem nicht einige oder alle Zähne ausgeschlagen worden waren. Unsagbare Grausamkeiten hatten sie so sehr erniedrigt, daß sie aber auch gar nichts mehr an Menschenwürde zu besitzen scheinen. Ich sehe noch den Vater und den Sohn vor mir: der Sohn schaut mit seinen 43 Jahren älter aus als der 67jährige Vater. Er zittert an allen Gliedern, seine Sprache ist völlig gelähmt, der Vater muß Auskunft geben über seinen Sohn. Das hat teuflische Bosheit aus einem kraftvollen Manne gemacht: ein menschliches Wrack. – Darf man das überhaupt veröffentlichen? Da geht der polnische Soldat mit der Kolonne deutscher Kriegsgefangener über Land. Am Wegesrand steht ein Kreuz. Der Soldat macht halt, stellt seinen Karabiner hin, nimmt den Stahlhelm ab und bekreuzigt sich wohl ein dutzendmal. Dann nimmt er den Karabiner auf und schlägt auf die Rücken der Kriegsgefangenen, daß einige unter den Schlägen zusammenbrechen.«

Es fällt dem jungen Priester nicht leicht zu schildern, wie das Zeichen des Kreuzes von der Grausamkeit nicht verstanden wird. Aber es ist die Wahrheit.

Und die Wahrheit schont niemanden in jenen Landstrichen. Sie schont auch Gott nicht.

Krahe schreibt, schlägt sich die Finger warm, schreibt.

∗

Die Briefe erschüttern. Die Menschen, die sie lesen, können nicht anders als geben für die Geschlagenen, die aus russischer Steppe zurückkehren.

Da wird ein Fahrrad gespendet, damit Schwester Hedwig die von ihr Betreuten rascher erreicht, da schenkt die Neußer Feuerwehr ihrem Dr. Krahe einen alten Sanitätskraftwagen. Dieser Sanka ist Gold wert für die ersten Überlandfahrten Krahes.

Was wird gegeben? – Alles!

Eine junge Ärztin aus Münster schreibt an Dr. Krahe:

»Ihre Worte von der leiblich-seelischen Not im Durchgangslager Friedland haben mich erschüttert. Ich bin Ärztin ohne Bezahlung. Aber vor einigen Tagen habe ich Blut gespendet für unsere Kinder, und dieses ›Blutgeld‹ soll für unsere ärmsten Deutschen sein. Es ist ja nur ein Blutströpfchen! – Wir haben sie nicht vergessen, die Ärmsten der Armen!«

Ein Kumpel aus Essen schickt 2 DM und schreibt dazu: »Sie sind vom ersten Wochenlohn nach acht Monaten langer Arbeitslosigkeit.«

Eine ältere Frau aus Köln schickt 5 DM und schreibt: »Ich habe heute zum Namenstag die 5 DM geschenkt bekommen. Ich bin alt und brauche nicht mehr viel zum Leben. Nehmen Sie dieses Geld für unsere Männer, die aus der Kriegsgefangenschaft kommen. Es soll ihnen ein Zeichen sein, daß wir sie nie vergessen haben.«

Und es ist nicht so, daß man das Leid Friedlands nicht auch bis zur höchsten Spitze der Kirche Christi miterlebt. Der apostolische Nuntius Muench kommt in das Lager Friedland und schickt bald nach seinem Besuch eine große Kleiderspende der USA ins Lager und 2500 Paar neue Schuhe.

Krahe ist ein Stück Friedland geworden.

XI

Ein Monat Leben für den Plennij Borin

»...Dieses Deutschland hat abgewirtschaftet. Monopolkapitalistische Kriegstreiberei versucht unser Vaterland aufzuputschen, damit es wieder gegen die ruhmreiche Sowjetunion anrennt. Das machen wir nicht mit, Kameraden! An der Seite der großartigen Sowjetunion, Kameraden...!«

»Hör auf mit Kameraden! Die Kameraden sind alle gefallen!«

»Dreigroschenjunge!«

»...an der Seite der freien Sowjetunion wollen wir...!«

»...sehen, daß wir uns den Bauch vollschlagen mit Fressalien, die wir als Spitzel kriegen!«

»Verräter!«

»Lumpen!«

Scharf und giftig stechen die Zwischenrufe der Plennjis in das teigige Gesicht des Redners hinein. Aber es sind nur einzelne, die es wagen oder für notwendig halten, die Wort-Orgie des Mannes am Rednerpult zu stören. Viele sind nachdenklich. Sollte man nicht einfach mitmachen, zum Schein, damit man sich mal wieder den Magen füllen kann? Mit den Wölfen heulen! Und hier heulen die Wölfe, daß es eine Lust ist! Wölfe und Hyänen, Spitzel und Funktionäre, Brigadiers und Bonzen! Verfluchter Hang zum Leben! Für ein paar ordentliche Schalen Suppe – aber dick! – bin ich bereit, zu sagen: »Jawoll, ihr lieben Leute! Die Sowjetunion ist die freieste Nation der Erde, und der liebe Gott weiß alles, aber Stalin weiß alles besser! Einverstanden und mir völlig klar. Die Pest demjenigen an den Hals, der nicht ja und amen dazu sagt, daß Rußland – einschließlich Workuta – ein, nein *das* Paradies ist. Gut, und nun der Fraß! Heran mit ihm!«

Für dieses kurze Credo kann man sich eine Spanne Leben erkaufen.

*

Sebastian Borin steht unter den Plennjis, die sich das Gerede des Politruks anhören müssen. »Der Deutsche ist des Deutschen ärgster Feind!« Das ist eines der geflügelten Worte in jedem Teil Rußlands, in dem Kriegsgefangene stecken. »Bei den gefangenen Japanern in Rußland ist so etwas nicht möglich.«

Sebastian Borin hört nicht aufmerksam zu. Weder auf die Reden noch auf die Zwischenrufe. Sebastian Borin ist müde. Statt des Gehirns glaubt er eine Bleimasse hinter der Stirn zu haben.

Ob das vom Hunger kommt, die Schwere im Kopf? denkt er. Das verwirrt sich alles! Mal möchte man in flammender Empörung diesem Schwätzer am Rednerpult widersprechen! Freiheit in Sowjetrußland? – Heute morgen haben sie wieder sieben Tote verscharrt!

Von diesem breiigen Denken bis hin zu einem Ausruf ist ein langer Weg. Borin bleibt stumm. Er sagt in seiner Müdigkeit nichts.

Was soll ich auch sagen? Alle diese Worte, um die man nun schon seit drei Jahren diskutiert: Sozialismus, Weltverbrüderung, Freies Deutschland, Kapitalismus! Das macht einen immer noch mehr krank, dieses Gelabere!

Vor allem glaubt man nichts mehr in Workuta! Das ist das Schlimmste! denkt Borin.

»Große Fresse!« sagt Lewerenz neben Borin als Kommentar zur Rede des Politruks.

»Ja, die hat er wohl!« sagt Borin.

»Der hat heute morgen seine fünf Portionen gekriegt, sonst könnte er nicht so ausdauernd quasseln!«

»Fünf Portionen! Junge, die einmal haben!«

»Oder ein kaltes Kotelett in der Rauschenburg! Borin, was konnten die dir ein Kotelett machen! Booch, so groß wie 'ne Kohlenschüppe. Börskens und ich fuhren da oft nach Schicht mit'm Motorrad rauf. So ein Stück Fleisch und dann ein Bierchen hinterher! Wenn das in der Kehle zischte – ha, so pschschschsch! Junge!«

Lewerenz ist ganz in Verzückung.

Borin sagt:

»Das ist wohl vorbei, Bruno!«

»Jau, das ist vorbei! Ade Rauschenburg bei Datteln, ade kaltes Kotelett!«

»Warum ist diese Welt für uns versackt, Bruno?«

»Weil die anderen uns vergessen haben!«

»Wer, die anderen?«

»Na, deine Frau und meine Kumpels von König Ludwig und Deutschland überhaupt!«

»Du mußt recht haben. Wir sind für Deutschland nicht mehr da!«

»Hau ab! Sebastian! Der Brigadier kommt auf uns zu. Der will was. Sicher sollen wir uns wieder in so 'ne Liste einschreiben, oder ihm gefallen unsere Nasen nicht!«

Die beiden Männer drücken sich durch den Barackenraum. Da beeilt sich der Brigadier und erreicht die Männer und faßt an den zerfetzten Uniformärmel Borins.

Er reißt Borin herum:

»Was willst du?«

Wut steht im Blick Borins. Da sagt der Brigadier:

»Ein Paket für dich, Borin!«

»Was?«

»Ein Paket für Sebastian Borin. Aus Deutschland. Warte mal: Absender Aloys Fischer, Freiburg.«

»Ein Paket aus Deutschland!« sagt Borin, ohne richtig zu begreifen, was er da sagt. »Ein Paket aus Deutschland!«

Borin boxt den Brigadier in die Seite. Was ist so ein Brigadier, was ist ganz Workuta gegenüber diesem Wort:

»Ein Paket aus Deutschland!«

»Das bedeutet...!« stammelt Lewerenz.

»Das bedeutet: man weiß, daß ich hier bin! Man weiß, daß der Plennij Borin lebt! Lewerenz, Mensch, alter Kumpel: irgendwo in der Heimat weiß man von uns. Man hat unsere Namen und Adressen! Weißt du, was das heißt?«

»Das heißt, es gibt wieder etwas zu spachteln!« sagt Lewerenz und verdreht die Augen.

»Das bedeutet mehr, Bruno! Das bedeutet: wir sind keine Nummer mehr, keine Sache! Wir sind wieder Menschen, Lewerenz. Menschen mit Taufnamen und Familiennamen!«

Borin schreit es in die Baracke hinein, laut und durchdringend:

»Wir – sind – wieder – Menschen!«

Da brandet wieder die Skepsis heran:

»Vielleicht ist es nur ein Propagandatrick von den Iwans!«

»Also, jetzt leck mich...!« brüllt der Brigadier. »Du hast ein Paket. Los, abholen das Ding. Muß in deiner Gegenwart geöffnet werden!«

Borin geht mit. Wie im Traum. In dem Zimmer, in das man ihn führt, liegt es auf dem Tisch: das Paket aus Deutschland, mit Borins Anschrift.

»Mensch!« sagt Borin und muß sich hinsetzen. Es ist kein Stuhl da für Sebastian Borin. Aber der Mann muß sich hinsetzen. Da hockt er sich einfach auf den Fußboden und legt den Kopf auf die Knie.

»Mensch!« sagt Borin noch einmal.

∗

»Ich habe noch ein paar Namen von Kameraden, die drüben im gleichen Schacht gearbeitet haben. Und da war noch in letzter Sekunde der Granateinschlag, bevor ich in Gefangenschaft kam. Der Winters und der Waldemar Okler und Fritz Volkmar sind dadurch zerrissen worden!«

»Wir haben den Suchdienst im Lager«, sagt der Pfarrer Dr. Krahe. »Ich führe Sie hinüber. Sie werden den Angehörigen dieser Kameraden sehr helfen!«

Suchdienst! Kartei der Schicksale!

»Was soll ich Ihnen sagen?« fragt der Heimkehrer Frau v. Rosen, die hinter den Karteikästen steht.

»Ihre frühere Feldpostnummer«, bittet die Frau. »Wir können Ihnen dann eine Liste mit den Gesuchten Ihrer früheren Einheit vorlegen und die Bildkartei!«

»Also: 02384!«

»Schauen Sie sich bitte schon mal die Bildlisten an. Ich suche inzwischen die Aufstellung der Gesuchten zu Ihrer Feldpostnummer!«

»Aber...!«

»Kann ich Ihnen noch helfen?« fragt Frau v. Rosen.

»Das bin ich ja! Da auf dem Bild! Ich werde selbst gesucht! Und den da, den kenne ich! Borin heißt er, glaube ich. Balthasar Borin oder Bastian Borin. Den habe ich gesehen. Noch vor einem Monat. In Workuta...!«

∗

»Borin, Sebastian.«

Im Werthmannhaus von Freiburg steht ein Angestellter. Er heißt Aloys Fischer und ist erst vor kurzer Zeit aus Rußland zurückgekommen.

Jetzt heißt das Ressort des schwarzhaarigen, südländisch aussehenden Mannes Betreuung der deutschen Kriegsgefangenen in Rußland.

»Borin, Sebastian«, sagt Aloys Fischer noch einmal und überträgt den Namen von der Karteikarte auf die Paketadresse.

In dem Paket an Borin sind:

800 g Fett, 200 g Schokolade, 40 Zigaretten, 1000 g Mehl, 500 g Zucker und 250 g Butter.

Es ist wenig, aber mehr darf man zunächst nicht senden. Der Caritasangestellte Fischer schreibt nicht nur seinen Namen auf die Absenderrubriken. Er schreibt als Verwandter der Kriegsgefangenen. Man schreibt aus Rußland zurück: »Lieber Onkel Fischer, danke schön für Deine wunderbare Gabe!« »Liebe Frau Christl Nächstenlieb, heißen Dank für...!« »Frl. Cari Tas, meine Kameraden und ich...!«

Täuschung, um verhungernde Menschen am Leben zu erhalten. Täuschung, um noch mehrere Monate Sein geschenkt zu bekommen. Aloys Fischer hat durch den Suchdienst eher die Anschrift Borins bekommen als Frau Elisabeth Borin aus Castrop-Rauxel.

✳

Bitte, Sie könnten nun einige Seiten beim Weiterlesen überschlagen. Aber tun Sie es nicht. Es wird mit einigen dürren Zahlen das Hohelied der Menschen zu singen versucht, die im Lager Friedland arbeiten. Und hier sind die Personen gemeint, die tagtäglich in den Hütten sitzen und unter Wellblech Menschen aufspüren wollen, die 7000 Kilometer entfernt leben.

Und es gibt eine Geschichte des Suchdienstes, die in den Tagen des Zusammenbruchs anfängt und mit den Pappschildern fragender Angehöriger aus dem Heute nicht aufhört.

Am Anfang des Jahres 1948 bestand die Kartei der Zonenzentrale in Hamburg aus 8 464 111 Karten, davon enthielten 3 768 564 Karten Angaben über erfaßte Personen (sogenannte Stammkarten von lebenden und verstorbenen Personen) und 4 694 574 enthielten Angaben über gesuchte Personen (Suchkarten).

Halt! Sie haben diese Zahlen überflogen und nicht in sich eindringen lassen.

Bedenken Sie: jede Zahl ist ein Schicksal. Vielleicht ist auch Ihr Schicksal darunter. Lesen Sie langsamer! Wie gesagt: es sind nicht Marken, Autos oder Kilometer, sondern Menschen.

Jeden Monat in den Jahren 1947, 48, 49 gehen rund 100 000 Suchanträge ein.

2 542 340 Personen bekommen in diesen Jahren Auskunft aus der Suchkartei.

1948 werden durch den Suchdienst 746 920 Menschen mit ihren Angehörigen in Verbindung gebracht.

1947 werden im Arbeitsbereich der Hamburger Suchdienstzentrale 27 303 Kinder mit ihren Familien zusammengeführt.

1948 kamen 9170 Kinder aus dem Osten dazu. Eine besonders schwierige Arbeit: von vielen Kindern kennt man bei Beginn der Suchaktion nicht einmal den Namen. Aber auch eine besonders schöne Arbeit; denn hier wird noch ausgetauscht. Der Suchdienst der Sowjetzone arbeitet mit den westlichen Diensten zusammen.

Der Mensch wiegt langsam mehr als 1945. Körperlich? Auch. Manche Karikaturisten der emporschießenden Illustrierten leben zwei Jahre lang nur von Witzen, die sich aus der Situation dick werdender Menschen ergeben.

Aber wir meinen auch, daß der Mensch in anderem Sinne mehr wiegt. In Friedland wird ein Fernschreiber aufgestellt (langsam rollt die Demontage aus und die deutsche Produktion an). Auch stellt die Rhein-Armee Flugzeuge zur Verfügung, die zwischen Berlin und Hamburg oder München Heimkehrer-Suchanträge befördern. Die Ergebnisse werden durch Kuriere nach den Entlassungslagern in Frankfurt (Oder) und Pirna (Sachsen) gebracht.

Am 31. Dezember 1948 wird der Bild-Suchdienst – durch den Borin gefunden wird – gerade ein Jahr alt. Den Bild-Suchdienst gibt es nur im Lager Friedland. 115 640 Bild-Suchanträge sind bei ihm eingegangen. Diese Bilder wurden bis zum Stichtag 124 291 Heimkehrern vorgelegt. An gesicherten Ergebnissen wurden Unterlagen gewonnen über 825 Personen, die noch in Gefangenschaft ohne Verbindung mit ihren Angehörigen leben, dabei sind zehn Frauen.

Aber – da ist auch die Nachricht über die Toten. Zumeist Menschen, die erst in den letzten Jahren in der Sowjetunion neben ihren Kameraden starben. Die Gefallenen, die deutschen Gefallenen in Rußland? – Panzerraupen ebneten die Gräber ein, wenn sie als die deutscher Gefallener erkennbar waren.

1386 Tote! Als der Heimkehrer den Namen »Borin« sagt, notiert man zwei Meter weiter: »Karl Berenbrock aus Münster, tot. Gestorben in Workuta an Hunger und Mißhandlung.« 1386 Tote!

Die Nachrichten bringen Gewißheit.

Sie bedeuten für die Angehörigen, wenn der Schmerz hinwegdämmert, Erlösung.

Aber um die Lebenden kümmert man sich wieder mehr. Man kann es jetzt. Man hat die Mittel dazu. Bedenken Sie: Flugzeuge, nicht zum Töten, sondern zum Retten. Fernschreiber, nicht zur Befehlsübermittlung, sondern zur Aufklärung von Einzelschicksalen.

Die Anschriften werden in die Karten gestanzt, durch die Telefone gesprochen, am Lautsprecher gehört.

Darum kann Aloys Fischer in Freiburg Pakete zurechtmachen. Und wie die Caritas, so macht es Bischof Heckel vom Evangelischen Hilfswerk, so macht es das Deutsche Rote Kreuz, und so macht es die Arbeiterwohlfahrt.

Weil in Friedland ein Finger auf ein Bild zeigte, packt in Workuta der Plennij Borin ein Paket aus, das einen Monat Leben bedeutet.

XII

Die andere Seite

»Das war mächtig ergiebig!«

»Ja«, sagt Schwester Hedwig. »Von diesen Blaubeeren können wir eine ganze Kompanie ernähren.«

Die Schwestern haben Blaubeeren von Leuten des Dorfes gespendet bekommen. Die kleinen Früchte werden sofort zu Marmelade verkocht. Schwester Hedwig deckt ein Tuch über die Wanne.

Die Nissenhütten leben auch des Nachts. Aus fauligen Bohlen pfeift es durchdringend: Ratten! – In das wenige, das selbst das Elend noch besitzt, schlagen sich spitze Zähne: Ratten! Ein geisterhafter Hexentanz unter dem verrostenden Blech.

Am anderen Morgen ist das Geschirr, das Schwester Hedwig bereits für das Frühstück aufgestellt hatte, mit blauen Spuren und Mustern überzogen.

»Eklig!« ruft Schwester Hedwig nur.

Dr. Krahe, der hinter der Schwester in die Hütte getreten ist, sagt: »Wir müssen hier heraus. Die Ratten nehmen überhand!«

*

Auf der einen Seite rackern sich die Menschen bis zum physischen Zusammenbruch ab. Die Ordensschwestern, die zu Dr. Krahe gestoßen sind, Schwester Luciana und Rigoberta, Schwester Benigna und Rudolfa, sie waten durch den Schlamm des Lagers. Bis zu den Hüften ist das Ordenskleid mit Friedlands Erde bedeckt, wenn sie die Karren ziehen und Koffer tragen. Da ist der Lagerleiter Krause, der als Deutscher in einer schwierigen Situation steht. Alle Pflichten, die mit dem Lager zusammenhängen, hat er; alle Rechte aber behalten sich die Engländer vor. Da ist in der Abteilung Reiseverpflegung der Angestellte H. Kolditz, selbst mager wie ein Strich, der bis in die Nacht hinein Portionen ausgibt und sich dann in das Brotfach zum Schlafen legt, weil der letzte Zug nach Göttingen schon abgefahren ist. Und der zum Lagerpfarrer gewordene Dr. Krahe hat sich inzwischen wohnungsmäßig »verbessert«; er kann nämlich in den Pferdestall einziehen. An der Stelle, wo noch vor wenigen Tagen ein Fohlen geworfen wurde, steht sein Bett.

Das ist die eine Seite des Lagers. Hunderte von Menschen, die sich aufreiben.

Und die andere Seite?

*

Vor dem Pferdestall, in dem Lagerpfarrer Krahe haust, hält ein Wagen mit abgeblendeten Lichtern, morgens zwei Uhr.

»Kommen Sie heraus, Herr Doktor!«

»Wer ist draußen, bitte?«

»Ein Freund von Ihnen! Rasch, kommen Sie!«

»Aber kommen Sie doch morgen früh! Gehen Sie zur Lagerleitung und lassen Sie sich für die Nacht ein Quartier geben.«

Schweigen, Tuscheln, Räuspern. Dann:

»Kommen Sie heraus, wir brauchen Sie!«

Krahe kommt nicht.

Als ein Lagerwächter auf der Straße erscheint, heult der Motor auf, und der Wagen mit den abgeblendeten Lichtern verschwindet: Richtung Zonengrenze.

Drei Männer stehen eines Abends vor dem Lagerpfarrer:
»Wir schlagen Sie tot! Warten Sie nur: kaputt!«
In der Nacht darauf jagt eine Bierflasche, mit Sand gefüllt, durch das
Fensterchen Dr. Krahes und zerbricht mit dumpfem Knacken am
Kopfende des Bettes.

*

Einer der Lagerhelfer, »Jockel« genannt. In der Bekleidungsbaracke
stauen sich neben den deutschen die polnischen und tschechischen
Flüchtlinge. Da kommt ein Tscheche zu Jockel, bittet um Hose und
Jacke. Der Tscheche wird bleich, als er das Gesicht des Helfers sieht.
Der Lagerhelfer Jockel kommt erregt zum Pfarrer:
»Da steht der vor mir, der am Ende des Krieges in unserer sudeten-
deutschen Heimat meine Frau und meine Kinder geschlagen hat.
Dann hat er sie aus dem Hause gejagt, um sich selbst hineinzusetzen.
Er will eine Hose, einen Rock. Was soll ich tun?«
Darauf der Lagerpfarrer ruhig:
»Gehen Sie zurück in die Bekleidungsbaracke und tun Sie das, was das
Herz Ihnen befiehlt.«
Jockel geht zurück. Sehr langsam.
Dann sucht er die beste Hose, den schönsten Rock aus für den Feind
von damals, der jetzt als Heimatloser vor ihm steht.

XIII

Nachwuchs für Workuta

Die Grubenlampe baumelt noch ein wenig her und hin. Dann liegt der
milchige Schein ruhig auf den Gesichtern Borins, Lewerenz' und
Aljas, um deren Schulter noch ein schmutziger Verband gewickelt ist.
Doch noch ein viertes Gesicht ist da.
Ein sehr junges Gesicht.
Das Gesicht eines Sechzehnjährigen.
»Jetzt kannste erzählen«, sagt Lewerenz. »Jetzt kannste beichten.
Hier vor Ort haben die Wände keine Ohren wie da oben in der
Baracke, wo hinter jedem ein Spitzel steht und du nicht weißt, ob sie

dir nicht beim Schlafen ein Mikrophon an den Hintern montiert haben!«

Der Sechzehnjährige bleibt still.

»Nu hör mal . . . !« will Lewerenz barsch anfangen. Da winkt Borin ab.

»Laß mal, Bruno. Also Junge, hör zu. Es stimmt, was der Lewerenz sagt: hier hört keiner etwas, als die, die das hören müssen, was du zu sagen hast. Wie kommst du hierher? – Was ist los mit Deutschland?«

Der Junge zögert immer noch.

»Die – die Russin da!« sagt er.

»Die gehört noch mehr zu uns als mancher, der unsere Sprache spricht«, sagt Borin.

»Was soll ich sagen?« dreht sich der Junge aus dem Blick Borins heraus. »Paragraph 57, Spionage, Sabotage . . . !«

»Den Gummiparagraphen kennen wir!« sagt Borin. »Schon oft von gehört. Aber was war wirklich?«

»Wirklich? Ha! Wirklich war ein riesiger Schädel auf einem Transparent!«

»Was für 'n Transparent?« fragt Lewerenz.

»Der Kopf von Stalin war darauf gemalt. Groß wie eine Zimmerwand!«

»Und wegen Schnurrbart-Jupp biste hier? Das mußte uns mal genauer verklaren!«

»Das war vor zwei Monaten«, sagt der Junge. »Die FDJ hatte einen Umzug gemacht bei uns.«

»Was ist das, FDJ?«

»Freie Deutsche Jugend soll das heißen«, sagt der Junge.

»Das ist in der Ostzone die Staatsjugend.«

»So wie die Hitlerjugend bei uns früher, wat?« fragt Lewerenz.

»Wie war denn die?« fragt der Junge zurück.

»Den Verein kennste nicht?« fragt Lewerenz erstaunt.

»Ach so, du bist ja erst . . . na, erzähl mal weiter.«

»Die hatten also einen Umzug gemacht bei uns mit ›Bau auf‹-Gesang und so.«

»Wie ist das denn mit dem Wiederaufbau?« fragt Borin.

»Lassen doch weiter . . . !«

»Und bei diesem Zug führten die Jungens Transparente mit. Da waren die Köpfe drauf von den Russen und dem Pieck und dem Grotewohl . . .«

»Wer ist dat...?«

»Schnauze!«

»Aber ich hab' immer nur den Stalin gesehen. Als die Russen bei uns waren, war Vater schon ein Jahr lang tot. Gefallen bei der Invasion. Nur ein Bild hatten wir noch. Vater in Uniform, 'ne schwarze Schleife am Rahmen. Dann stampften die Russen rein und sahen das Bild von Vater. Und einer von den Burschen riß es von der Wand, zerstampfte das Bild, spie drauf und...!«

»Und?«

»Und hockte sich hin und machte seinen Unrat auf die Scherben. Auf Vaters Bild!«

»Schweinehunde!« knurrte Lewerenz und spuckte aus.

»Der eine nahm währenddessen aus seiner Tasche eine russische Zeitung und riß ein Foto von Stalins Gesicht heraus und pappte die Fetzen an die Stelle, wo Vaters Bild gehangen hatte. – Heulend stand ich dabei!«

»Saukerle!« spuckte Lewerenz wieder.

»›Das ist jetzt dein Vater!‹ sagte der Russe zu mir und deutete auf das Zeitungsstück. ›Nicht deutscher Soldat! Stalin dein Vater jetzt!‹ Und beide lachten und gingen wieder, und das Abbild meines Vaters lag unter dem Kot des Russen. Was soll ich da weiter erzählen. Ihr könnt euch denken, woran ich jedesmal erinnert wurde, wenn ich irgendwo das Bild Stalins sah. Und ich sah es immer häufiger in der Zone. Als der Umzug war, stellten die FDJ-Jungens abends das Transparent ab, unserm Haus gegenüber. Da stand es, und ich mußte immerzu draufschauen. Das überlebensgroße Gesicht grinste mich an, mit einem Lächeln, das ›väterlich‹ sein sollte. Und da bin ich nachts hingegangen mit einem zusammengeklebten Stück Papier, wo ich ›nein!‹ drauf gemalt hatte. Das Papier habe ich auf den Lächelmund unter dem Schnurrbart geklebt. Dann hatten sie mich. Die Blauhemden. ›Schändung!‹ brüllten einige, und da schlugen sie los und traten mir in die Seite, als ich lag, bis die Vopos kamen, die Volkspolizisten, die mich hochrissen und zur Wache brachten. Und da waren Russen. Die fragten mich und hauten mir mit einem Koppel über die Oberschenkel. Und einmal schmissen sie mich gegen den glühenden Kanonenofen – hier, da seht ihr noch den Placken von neuer Haut – und sagten immer bloß: ›Du hast aus Westdeutschland Geld dafür gekriegt, du Propagandaspitzel! Los, Geständnis! Wer ist noch in dem Spionagering, Hä? Gestehen!‹ Und wieder die Koppelschläge vorne über die Oberschenkel!«

»Und da hast du...?«

»Da habe ich gestanden, daß ich Geld bekommen hätte dafür; vorne blutete alles!«

»Und was war dann?«

»Verurteilung zu 25 Jahren Zwangsarbeit!«

»Und sechzehn biste?« fragt Lewerenz.

»Ja«, sagt der Junge.

Lewerenz steht auf, geht zu seinem Abraumhammer und läßt ihn rattern. Erstaunt hört der Junge, wie Lewerenz singt: »Der Gott, der Eisen wachsen ließ, der wollte keine Knechte... bumbumbum, ob's stürmt oder schneit, ob die Sonne uns lacht...!«

Da bricht Lewerenz ab und läßt den Abraumhammer verstummen und sagt heiser:

»Dann ist jetzt Rußland in Deutschland?«

»In dem Stück, aus dem der Junge kommt, ja!« sagt Borin.

»Nicht Rußland!« sagt da Alja. »Nicht Rußland«, sagt sie leise und wie entschuldigend. »Bolschewismus, aber nicht Mütterchen Rußland.«

»Nachwuchs für Workuta«, sagt Borin. »Sechzehnjährige Deutsche in die russischen Kohleschächte! Was ist denn los mit der Welt?«

»Durcheinander!« sagt Lewerenz und singt: »Haut 'se, haut 'se immer in die...!«

»Lewerenz?« sagt Borin.

»Was willste?«

»Den Jungen nehmen wir zu uns in den Kreml.«

»Klarer Fall!« sagt Lewerenz.

*

Im Kreml liest Borin zum 24sten Male:

»Bastian, Du Lieber,

es ist alles nicht mehr so schwer, seitdem ich weiß, daß Du lebst. Ich kann wieder beten. Wie Du auch wiederkommen magst, komm! Bitte, bitte komm! Ich schicke Dir Bilder von uns, von Barbara und mir. Hoffentlich bekommst Du sie. Lebe für uns, bitte lebe!«

Und Sebastian Borin schreibt zurück:
»Lisa,

ich lebe! Ich komme zurück! Glaub fest daran! Ich habe Euch so lieb!«
Mehr darf der Plennij Borin nicht schreiben.
Aber habe ich nicht alles gesagt? fragt sich Borin.
Bevor er einschläft, hört er neben sich die schnellen, leichten Atemzüge des Jungen.
Kinder atmen doch sonst tiefer und schwerer, denkt Borin. Der Junge atmet so hoch und leicht wie ein Greis. Wie atme ich denn eigentlich? Wie gut hat Elisabeth neben mir geatmet. Und wie werde ich einmal wieder neben ihr atmen? Ich bin so alt geworden. Wie wird das einmal sein, wenn ich hier herauskommen sollte?
Hier herauskommen! Das mit dem Beten, das hat Elisabeth gut gesagt. Ich will das auch tun, für sie und Barbara! Schöner Name, Barbara! So sollte das Kind heißen, wenn es ein Mädchen werden sollte. Aber Beten, wie ist das eigentlich? »Abends wenn ich schlafen geh, vierzehn Englein um mich stehn!« Borin hat es wirklich ganz leise vor sich hin gesprochen. Jetzt lächelt er und denkt weiter: Vierzehn Englein! Das trifft sich hübsch, wenn ich an die Banditen um mich herum denke. Vierhundert Mörder liegen hier, da ist kein Platz mehr für vierzehn Englein.
Wie betet man eigentlich, wenn man größer wird? Da habe ich zu Hause wohl noch einiges nachzuschlagen, wenn . . . ! Es muß doch Gebete für Erwachsene geben, nicht nur für Kinder. Wie würde man sagen? Also los, Borin! Wie würdest du beten, wenn du müßtest? – Dann würde ich so anfangen:
»Herr Gott!«
Da kann man sich anklammern. Und jetzt weiter . . . und jetzt weiter . . . weiter . . .
Borin schläft. Zwischen Lewerenz aus Datteln, einem sechzehnjährigen Greis im Schonbereich, im Asyl zwischen vierhundert Banditen. Sebastian Borin schläft.

XIV

Ein Stück »Zeep« von Dr. Krahe

Heimkehrerinnen! Ein besonderes Kapitel in der Chronik Deutschlands.

Die Heimkehrerinnen aus Rußland kommen zu Dr. Krahe, zum Lagerpfarrer. Das, was sie erlebt haben, wollen sie keinem Menschen mitteilen. Aber der Mann im Priesterrock hat für sie einen Sonderstatus.

Diese Frauen erzählen:

»Ich heiße Helga Nordhagen. Bin aus Elbing, geboren am 26. 10. 26. Nach dem Einmarsch der Russen wurden wir zur Kommandantur geholt. Ein Offizier sagte mir, ich solle auf den Major warten. Bald kamen noch mehr Mädel. Wir mußten essen und Wodka trinken. Sie zwangen uns dazu und hatten an der Tür einen Soldaten postiert, damit wir nicht fliehen konnten. Nachher wurden wir vergewaltigt. Manche Mädchen wurden von den Russen 25- bis 30mal an einem Tage mißbraucht. Ein 13jähriges Kind haben sie vergewaltigt, splitternackt ausgezogen und dann zur Mutter zurückgeschickt. Wir kamen dann nach Soldau. Dort wurden uns die letzten Habseligkeiten von Polenfrauen abgenommen. Die Toten – wir hatten viele damals – wurden auf einen Dunghaufen vor unserer Scheune geworfen. Im Lager Kupesk am Ural, in das ich dann kam, starb die Hälfte der eingewiesenen Frauen. In Karabasch, dem nächsten Lager, mußte ich mit einem 25 Pfund schweren Hammer Steine klopfen. Andere arbeiteten im Woroschilow-Schacht über Tage. Sie mußten Bau- und Stempelholz, Stämme von drei bis vier Meter Länge und 35 cm Durchmesser verladen. Vergewaltigt wurden wir in Rußland nicht mehr.«

Furchtbares und Gutes steht in diesen Berichten nebeneinander.

»Herta Plewa aus Kamitten bei Königsberg, geboren 7. 6. 17. Als mich die Russen nach ihrem Einmarsch in einen Stall brachten, in dem etwa 200 Frauen lagen, mußte ich erst an drei Leichen vorbei. Alle Frauen wurden vernommen. Dabei lagen auf dem Tisch Rohrstock und Gummiknüppel. Allen dichteten die Russen die Parteizugehörigkeit an. Alle wurden geschlagen, bis sie zugaben, was man ihnen in den

Mund gelegt hatte. Selbst meine 54jährige Mutter haben sie geschlagen, bis ihr Rücken völlig blutunterlaufen war. Ein Mädchen mußte den Oberkörper entblößen und wurde so lange geschlagen, bis es zugab, daß – Himmler ihr Vater sei. Ich kam hinterher vier Wochen nach Tapiau in ein Gefängnis, von dort nach Rusha in ein Kolchose-Lager. Da habe ich in der Landwirtschaft gearbeitet und meine Norm erfüllen müssen, aber ich wurde dort wie ein Mensch behandelt.«

So kommen sie zum Lagerpfarrer, und der Lagerpfarrer Dr. Krahe kommt zu ihnen. Es ist Anfang 1950. Die seelsorgerische Betreuung ist nun ganz auf Dr. Krahe und den evangelischen Pastor Lippert übergegangen. Beide Geistlichen verbindet eine beispielhafte Arbeitskameradschaft, wie man überhaupt angesichts der ausgemergelten Heimkehrer nur die große Arbeit an diesen Menschen kennt und keinen konfessionellen Hader.

Dr. Krahe steht am Schlagbaum. Nun wieder der Heimkehrerinnen-Transport. Die Frauen, die herantrotten, haben versteinerte, männlich harte Gesichtszüge. Wie gemeißelt, wie mit Beton ausgegossen. Sie sagen nichts. Ihnen ist gleichgültig, was mit ihnen geschieht. Wenn man sagt: »Stehenbleiben!«, dann stehen sie wie an den Fleck gebannt. Keine Bewegung. Nichts.

Aber da sieht eine der Frauen in den Uniformfetzen den Priester am Schlagbaum stehen, den Lagerpfarrer, der diesen Elendszug empfängt. Und sie sieht Schwester Hedwig in moderner, fraulicher Kleidung.

Da schreit die Heimkehrerin leise auf, schaut an sich herunter, streicht mit fahrigen Händen über die rauhe Männerkleidung und sagt: »Was haben die mit uns gemacht? – Was haben die mit uns gemacht?«

Unter den Heimkehrerinnen ist eine Holländerin. Sie liegt auf einer Bahre. Die Frau ist vom Tode gezeichnet. Eine faulige Niere ist ihr entfernt worden, die andere ist ebenfalls krank. Dazu geht der Atem röchelnd, von Husten unterbrochen: hochgradige Lungentuberkulose.

Die Holländerin möchte zum Lagerpfarrer. Man trägt sie hin. Da liegt sie vor Dr. Krahe. Sie starrt ihn an. Wartet.

Was soll ich machen? denkt Krahe. Ich muß den Bann lösen, der über ihr liegt. Aber wie?

Und dann läuft der Priester plötzlich von der Bahre weg in die

Bekleidungsbaracke und ist nach einigen Dutzend Sekunden wieder an der Trage.

»Hier, nehmen Sie bitte. Da ist zuerst einmal ein Stück Seife für Sie!« Was soll das? Warum dieses lächerliche Stück Seife für die sterbenskranke Frau? – Und doch preßt die Holländerin die Seife an ihr Herz und an die Lippen. Es ist ihre Muttersprache, die sie auf der Verpackung lesen darf. Die Sprache, die sie mehr als ein Jahrzehnt lang nicht gehört hat! Lagerpfarrer Krahe hat gut gewählt. Er hat sich in einem Zeitbruchteil in die Lage dieses Wesens auf der Trage versetzen können.

Muttersprache!

Die Holländerin liest es mit zuckendem Gesicht:

»De bijzondere zachtheid van de zeep is te danken aan de lanoline, die de huid voedt en doet opfleuren. Het heerlijke, frisse parfum geeft een gevoel van welbehagen en ontspanning!«

Der einfache Werbetext kommt der Heimkehrerin vor wie einige Kernzeilen aus den Klassikern der Weltliteratur. Sie liest die Worte ganz langsam.

Jetzt lächelt sie zu Dr. Krahe hinauf. Gelöst.

Der Lagerpfarrer beugt sich zu der Frau hinunter, die bald sterben wird.

»Ich möchte Sie noch sprechen, Herr Pfarrer, allein – allein sprechen!«

»Ja«, sagt Dr. Krahe.

Der Priester greift zu seiner Stola.

Auch die Geschichte des Stücks Seife aus Holland gehört in das Geschichtsbuch der Zeit.

Das Stück Seife, das die Holländerin an die bleichen Lippen preßt, lag in einem Liebesgabenschiff. Der Reisepaß Dr. Krahes ist abgegriffen und mit Dutzenden Visa versehen. Holland steht darin am häufigsten. Und gerade das kleine Holland, das Deutschland nicht in bester Erinnerung haben kann, hilft diesem zweigeteilten Lande. Eine Predigt des Lagerpfarrers aus Friedland und die sofortige Reaktion des »Speckpaters« Werenfried van Straaten haben das unmöglich Scheinende möglich gemacht: Holland packt ein ganzes Schiff für Friedland voll und schickt es den Rhein hinauf nach Köln.

Da liegen die Liebesgaben eines Volkes, das den Haß aus seinem

Wörterbuch gestrichen hat, in der Rhenus-Halle am Kölner Hafen.
Dr. Krahe bestürmt die Engländer:
»Ich brauche Fahrzeuge. Holland hat für Friedland gespendet. Wir
müssen die Sachen sofort abholen.«
»Allright, allright! Uieviel Uagen brauchen sie?«
Als Schrittmacher fährt Dr. Krahe zwei Tage später vor einem Konvoi
englischer Fahrzeuge einher.
Die englischen Offiziere und Soldaten gehorchen dem »German
Camp Priest« aufs Wort.
Und die Tommys staunen. Was hat dieser Lagerpfarrer nicht alles
zusammengepredigt? In die Fahrzeuge werden eingeladen: 2500
Stück Seife (darunter ein Stück, das ein Menschenkind erschüttern
sollte). 120 kg Reis, 134 kg Corned Beef, 500 Beutel Puddingpulver,
54 kg Milchpulver, 400 Pfundpakete Mondamin und Mehl und Zucker
und Gemüse und hunderterlei Dinge.
Man muß solche Mengen aufzählen. Im Lager weiß man, was
Mengen bedeuten, und man weiß dort immer noch um den Wert eines
Gramms. Denn vor nicht allzu langer Zeit haben Schwester Hedwig
und die Ordensschwester Luciana noch zusammengestanden und zu
Weihnachten einer kleinen Zahl von heimkehrenden Soldaten ein
Festmahl bereiten können, das aus 50 Päckchen Puddingpulver und
einer Menge Milch bestand. Nichts anderes: nur Pudding. Und die
Soldaten haben sich lachend damit den Magen gefüllt und dieses erste
Liebesmahl in Freiheit nicht mehr vergessen.
Der Konvoi rattert zurück. In einer Kurve am Briloner Berg kann der
Fahrer Konschak wegen der Vereisung den Wagen nicht mehr halten.
Der Sanka rutscht ab und liegt neben der Straße in einem Loch fest.
Sofort ist Krahe aus dem Wagen und winkt den hinter ihnen
aufkommenden Engländern zu: »Stopp!«
Zu spät! Ein Wagen nach dem anderen rasselt in das vereiste Loch
hinein. An ein Hinauskommen ist zunächst nicht zu denken.
Die Dämmerung kriecht heran.
»Pause machen!« sagt Krahe. »Im Ort Quartier suchen!«
»Allright!«
Lagerpfarrer Krahe und Konschak stapfen über das Feld nach Brilon
hinein. Es ist Samstag abend. Schon spät. Wo kann sich ein Pastor
schon Quartier suchen? Beim Pfarrer des Ortes.

»Selbstverständlich können Sie hier übernachten!« sagt der Pastor des Dorfes bei Brilon. »Ich habe schon viel von Friedland und der Not dort gehört!«

Krahe lächelt: »Da kann ich morgen früh ja gleich eine Predigt über Friedland halten!«

»Genehmigt!« lacht da auch der Pfarrer.

Am anderen Morgen horchen die Pfarrkinder des Dorfes auf wie selten zuvor. Was sagt der junge Geistliche, der wohl zur Aushilfe da ist:

»...Dann aber durften wir Jahr für Jahr mehr sein: die Boten der Liebe der Heimat. Die Gaben, die uns gegeben wurden, durften wir weiterreichen. Wir sorgten und sorgen noch für alles, was Heimkehrer und Vertriebene brauchen. Wir geben das Handtuch und die Seife, Zahnbürste und Schuhriemen, Taschentücher und Socken. Wir helfen mit Unterwäsche und Oberbekleidung. Daß wir dabei für den Mann die Zigarette und die Zigarre nicht vergessen, ist klar. Für die Frau Schokolade und Kaffee, für das Kind Süßigkeiten und Spielzeug. Staunen, Freude, leuchtende Augen! Das ist schönster Dank. Ein Mann, ehemals Admiral, weint, als ich ihm eine Zigarre anbiete. ›Ich habe so gern früher geraucht. Acht Jahre habe ich in der Gefangenschaft immer wieder überlegt, wo ich wohl die erste Zigarre wieder rauchen werde. Und das ist jetzt bei Ihnen.‹ Kinder kommen, sie kennen keine Schokolade, keine Apfelsine. 12- und 14jährige Mädchen, die jetzt aus Zentralasien kamen, hatten noch nie einen Ball gesehen. Eines dieser Kinder klopfte ganz zaghaft an meine Tür: ›Ich suche Weihnacht!‹ Ich verstand es zuerst nicht, ›ich suche Weihnacht!‹, aber dann begriff ich es. Andere Kinder hatten gerade von mir Schokolade, Bonbons und Spielzeug bekommen!«

Die Menschen in der Kirche bei Brilon senken die Köpfe. Sie schämen sich, denn schon ist die Sattheit wieder unter die Leute gekommen und das Hasten nach dem Immer-Mehr! Das Ohr hat die Feinheit des Hörens verloren für den Ausruf des Nächsten, die Hand ist zwar fleißig bei der Arbeit, aber verkrampft im Geben.

Der Lagerpfarrer von Friedland geht von der Kanzel und feiert mit den Pfarrkindern das Meßopfer. Die letzten Worte des Lagerpfarrers von Friedland stehen noch lange in der Barockkirche:

»Woher die Spenden kommen? – Ich weiß es oft selber nicht. Der Geist der Liebe, Gott selber, rührt die Herzen der Menschen an.«

Als Dr. Krahe mit seinem Konvoi nach Friedland weiterfährt, hat sich ein weiterer Lastwagen an die Autokette gehängt; die Spenden der Dorfgemeinde bei Brilon.

✳

»Die Nackten bekleiden!« – Wie schwer war die Erfüllung dieses Wortes in den ersten Jahren des Lagers. Jetzt wächst das Werk und die Möglichkeit zur Hilfe. Auch 1948 hatte der Lagerpfarrer eine Caritas-Bekleidungskammer; aber das war der Raum unter seinem Feldbett, wohin manchmal für eine Nacht ein abgetragener Mantel oder ein paar Jacken kamen, die dann gleich am nächsten Morgen ausgegeben wurden.

Nun aber werden die ersten Nissenhütten abgerissen und Baracken errichtet, die den Friedländern, dem Lagerpersonal wie Paläste vorkommen. Eine Bekleidungsbaracke entsteht. Schwester Hedwig braucht nicht mehr nur zu sagen: »Ich habe einen Mantel für Sie!« sondern sie kann fragen: »Paßt Ihnen dieser Mantel? Sonst probieren Sie doch bitte einen anderen an!«

Der Lagerpfarrer von Friedland versucht, zu den Mitmenschen vorzudringen, zu jenen Menschen, die Kühlschränke und Fernsehtruhen in ihre Zimmer stellen, und nur 20 Pfennige geben, wenn die Helfer der Caritas sammeln.

Man kann die Menschen an den Fingern der Hände aufzählen, die sich mit ihrem ganzen Sein für Friedland einsetzen. Aber die wenigen Persönlichkeiten und Institutionen schaffen viel. Das »Huisvestingkommittee« in Holland spendet der Caritas in Friedland zwei Barakken, später gesellt sich Schweden mit der Gabe eines Holzhauses hinzu.

Alle Organisationen, die mit Friedland verbunden sind, schaffen in verstärktem Maße, als sie es bisher konnten. Oberschwester Charlotte vom Roten Kreuz, die mit Schwester Hedwig im Dreck des Schweinestalls angefangen hat, steht weinend bei der Eröffnung des »Rückkehrerheimes«, der Rote-Kreuz-Baracke. Die Innere Mission im Lager errichtet eine Glocke auf einem Backsteinfundament. Diese »Glocke von Friedland« begrüßt von nun an jeden einlaufenden Transport. Doch es ist und bleibt die kleine Spende des einzelnen, die dieses Wirken ermöglicht. Es ist und bleibt das Kleidungsstück, die Mahlzeit, die dem Heimkehrenden und Flüchtling unvergessen bleiben. Auch hier soll das Wort durch die Zahl ersetzt werden.

Allein in der Zeit vom 30. 11. 49 bis 30. 4. 50 wurden in der Caritas Friedland abgegeben:

1638 Paar Schuhe, 4048 Paar Socken, 1243 Unterhosen, 1384 Unterhemden, 1715 Oberhemden, 1994 Hosen, 1402 Jacken, 435 Mäntel, 485 Westen, 994 Handtücher, 1042 Krawatten, Taschentücher.

Während der gleichen vier Monate wurden an Frauen ausgegeben: 955 Paar Schuhe, 326 Paar Strümpfe, 1557 Schlüpfer, 1804 Hemden, 987 Blusen, 861 Röcke, 2526 Kleider, Schürzen, 884 Pullover, 589 Unterröcke, 316 Stück Nachtwäsche.

Und Kinder bekamen:

508 Paar Schuhe, 452 Paar Strümpfe, 191 Schlüpfer, 177 Unterhemden, 240 Oberhemden, 588 Pullover, 290 Jacken, 260 Mäntel, 604 Hosen, 525 Westen.

Auch hier wieder: niemand hat das Recht, über diese Zahlen hinwegzulesen. Was hier gegeben wird, ist nichts staatlich Organisiertes. Die Belegschaft einer Schokoladenfabrik im Rheinland arbeitete vor Weihnachten jeden Tag eine Stunde lang für das Lager Friedland, und die Produktion dieser Stunde an Pralinen und Schokolade wurde vom Besitzer der Firma kostenlos zur Verfügung gestellt. Frau Lörkes in Stuttgart-Vaihingen schickt den Anzug ihres gefallenen Sohnes.

Wissen Sie, der Sie dies lesen, wie schwer sich Frau Lörkes von diesem Anzug getrennt hat? – Wissen Sie, daß es das einzige Kleidungsstück war, das noch an den bei Tobruk Gebliebenen erinnerte? Daß die Mutter den Anzug einige hundertmal gestreichelt hat, wie damals, als der Sohn noch mit diesem »besten Stück« zur Christel Pühlwerg in der Rotenbergstraße ging? Daß Mutter Lörkes den Anzug viermal wieder zurückgehängt hat in den Schrank? – Und ihn endlich doch einpackte und nach Friedland schickte, weil vor den Toten die Lebenden kommen?

XV

Zivilcourage bei Operation Link

»Vater, es geht nich mehr!«

»Muttel, ich kann nich weg hier! Es ist doch unser Haus. Alles im Stich lassen?«

»Karl, nu sei vernünftig. Sollen sie dir denn noch einmal eine Bierflasche über den Kopf schlagen, bloß, weil du ›guten Morgen‹ gesagt hast?«

»Vielleicht hört das mal auf, Maria.«

»Aufhören? Ganz Liegnitz kocht schon seit Jahren! Gestern du, morgen ich! Sie schlagen uns, wenn ich draußen aus Versehen noch ein deutsches Wort sage. Und selbst in der Kirche von den Kanzeln dieser Haß! Ich habe so etwas in einem Gotteshaus nie für möglich gehalten. Ich kann das nicht mehr aushalten, Karl!«

»Aber alles hierlassen...?«

»Was lassen wir denn wirklich hier? In dem baufälligen Haus können wir verhungern! Fritz hat eine schöne Wohnung in Köln, und auch bei Schramowskis könnten wir unterkommen. Die haben vor drei Jahren fortgemacht, und jetzt haben sie schon ein Milchgeschäft eingerichtet.«

»Ich weiß nicht, ich weiß nicht!«

»Aber Karl, willst du der Letzte in Liegnitz sein? Sollst du vor dem Kogut, dem wir früher oft geholfen haben, auf den Knien liegen, bloß weil er jetzt Bürgermeister ist? Und soll ich mitansehen müssen, wie sie hier unsere Ordensschwestern behandeln? Und unsere Mädchen? Hast wohl vergessen, was Berta uns hier vorgeheult hat vor ein paar Tagen?«

»Ja.«

»Stellen wir nun den Antrag?«

»Ja!«

»Im Ernst?«

»Ja, Maria!«

»Dank dir, Karl!« sagt die Frau. »Dank dir, Alterchen. Ich hätte es hier nicht mehr ausgehalten. Danke.«

Stichwort »Operation Link«.

Wie Karl und Maria Tesching sitzen viele Deutsche in den polnisch besetzten Gebieten um den Tisch, auf dem nicht mehr viel steht. Auch diejenigen, die aus der Zwangslage heraus für Polen optiert haben, erkennen nun ihre Situation als unhaltbar.

Die deutschen Männer und Frauen wollen wieder ihre Sprache sprechen dürfen, ihre Kinder in deutsche Schulen schicken können und ganz einfach unter Deutschen leben. Alles das können sie in den von den Polen besetzten Gebieten nicht mehr.

Doch es ist nun alles nicht mehr so einfach wie beim Zusammenbruch. Damals zog man los auf den großen Treck nach Westen. Einfach weg, nur fort! Heute aber braucht man als Deutscher einen Packen Genehmigungen, wenn man etwas tun will. Vor allem aber braucht man diesen Papierwust, wenn man nach Westdeutschland will.

Die Deutschen wollen hinaus aus unserem Land? fragen sich die Polen. Warum nicht? Laßt sie gehen und vor allem die Kinder und Frauen und die Alten. Dann wird das Land endlich von den Deutschen gesäubert.

Zwischen polnischen, englischen und deutschen Stellen wurde eine Vereinbarung getroffen. Vorerst sollten 25 000 deutsche Männer, Frauen und Kinder aus dem Raum östlich der Oder-Neiße-Linie in die britische Zone geleitet werden. Die Regierungen kabelten. Das Internationale Rote Kreuz in Genf half. Persönlichkeiten der Kirche in Berlin fanden Wege, die Rückführung über Widerstände hinweg möglich zu machen.

»Operation Link!« sagten Minister.

»Operation Link!« sagten die deutschen Aussiedler und legten ihre Sehnsucht nach einem neuen, besseren Zuhause in das Wort. Denn dort, wo sie waren, galten sie als Vertriebene, Verbannte im eigenen Heim.

Aber es gibt eine Zonengrenze. Es gibt die Grenze, die das Land zerreißt.

Am 3. März soll unter dem Stichwort »Operation Link« die »Durchschleusung« in den Westen hinein beginnen.

So sieht ein Bericht über jenen 3. März 1950 aus:

»Aus irgendwelchen Gründen hatte die Sowjetzonenregierung wohl Befürchtungen, der Übernahme der Transporte am britisch-russischen Schlagbaum könnten Schwierigkeiten entgegentreten. So kam der Lagerleiter des Lagers Heiligenstadt (Sowjetzone) zum Lagerleiter des Lagers Friedland, um die technische Seite der Angelegenheit zu besprechen. Außerdem erschien der Caritasdirektor von der Hauptvertretung Berlin im Lager Friedland, um im Auftrage des Innenministeriums der Sowjetzonenregierung, Abt. Bevölkerungspolitik, über eine reibungslose Durchführung der Operation Link zu beraten. Ein anderer Weg schien zur Regelung dieser Fragen nicht möglich, da zwischen der Regierung der DDR und der Bundesrepublik keine offizielle Verbindung besteht.

Der Autopark des Lagers Friedland sollte mit Genehmigung der russischen Kommandantur von Heiligenstadt über die Zonengrenze zum Bahnhof Arenshausen fahren dürfen, um dort die Aussiedler und ihr Gepäck zu übernehmen und nach Friedland zu fahren. Am 3. März, morgens um 8 Uhr, standen 686 Aussiedler mit ihrem Gepäck auf dem Bahnhof in Arenshausen, drei km auf östlicher Seite der Zonengrenze. Am Schlagbaum standen die Wagen des Lagers Friedland. Dazu ungewohnt viele Menschen: der Flüchtlingsminister Albertz von Niedersachsen, der Vertreter des Bundesvertriebenenministers, der Regierungspräsident von Hildesheim, Regierungsbeamte, die Lagerleitungen, die Vertreter der Hilfsverbände im Lager Friedland und etwa 70 Pressefotografen.«

Dieser Teil des Berichtes ist die Einleitung zu einer düsteren Szene. Aufgeregt fuchteln die englischen Offiziere mit den Listen umher: »Hier, diese Namen stimmen nicht überein. Die Menschen, die drüben warten, stehen nicht auf den Listen der Operation Link!«

In Eile überprüfen Lagerleiter Krause, Lagerpfarrer Dr. Krahe und der Minister Heinrich Albertz von Niedersachsen die Liste. Tatsächlich, nur etwa ein Fünftel der in Arenshausen Wartenden gehört zur Operation Link!

»Also, nichts wird übernommen, you understand?«

»Aber es sind doch ausgewiesene Deutsche, die einen wie die anderen! Man kann diese Menschen jetzt nicht einfach zurückschicken! Begreifen Sie das doch bitte!«

»Da gibt es nichts zu begreifen. Ich habe meine Befehle! Und die lauten: die auf dieser Namensliste stehenden deutschen Aussiedler zu übernehmen. Und nun kommen noch viermal soviel Namen hinzu, die niemand kennt!«

»Aber...!«

»No!«

Die »höheren Dienststellen« werden zitiert und auch angerufen. Um 11 Uhr teilt der englische Abschnittskommandant von Goslar mit: »Ich habe mit meiner Dienststelle in Lübbecke gesprochen und auch mit dem britischen High Commissioner selbst. Der Hohe Kommissar gibt um 12.30 Uhr seine Entscheidung durch. Diese ist dann endgültig! You hear, this is final!«

Auf die Minute genau kommt der Bescheid vom Petersberg:

»Der Transport wird nicht übernommen!«

Irgendwo sagt jemand:

»Sauerei!«

Man will Deutsche daran hindern, nach Deutschland zu kommen. Auf dem Petersberg, Sitz der Alliierten Hohen Kommission, hat man das letzte Wort.

Hat man es wirklich?

Was jetzt geschieht, ist nicht abgesprochen und nicht vorbereitet. Es kommt einfach aus dem Impuls der Männer, die vor Erregung zittern vor dieser Ungeheuerlichkeit, daß Heimatlose nicht über eine Grenze dürfen, die die Willkür errichtet hat.

Lagerleiter Richard Krause springt auf den Kotflügel des ersten Lastkraftwagens.

»Los!«

Minister Albertz reißt eigenhändig den Schlagbaum hoch. Atemlose Spannung! Der Lastwagen mit dem Lagerleiter von Friedland rast unter dem Schlagbaum durch, ein zweiter, ein dritter, ein vierter, jetzt drei Omnibusse! Durch!

Erst hinter dem dritten Bus gelingt es dem Grenzkontrolloffizier, den weiß-roten Schlagbaum senken zu lassen. Proteste! Schimpfen! Minutenlanges Wortgefecht.

Telefonate.

Da kommen schon die ersten Busse zurück. Sie laden die Aussiedler am Schlagbaum ab, wenden und holen im Pendelverkehr die anderen. Verwirrt stehen die Umsiedler am Schlagbaum. Was geschieht nun mit uns? Läßt man uns hinüber? Karl Tesching streichelt seiner Frau über den Arm.

»Wird schon werden, Mutter!«

Jenseits des Schlagbaumes schreit der Grenzoffizier:

»Ich protestiere gegen Ihr eigenmächtiges Vorgehen, Herr Minister!«

»Das dürfen Sie, aber die Aussiedler müssen herüber! Auf meine Verantwortung!«

»Dann müssen wir aber zum mindesten das Gepäck kontrollieren!«

Der Minister schaut zum Lagerpfarrer hinüber. Der schüttelt nur den Kopf über diesen Satz. Der Minister: »Schämen Sie sich nicht, diesen Menschen das armselige Gepäck durchschnüffeln zu wollen?«

»Aber ich habe strikte Dienstanweisung...!«

»Mutter, was ist los? Warum streiten die sich über uns? Mein Gott, was haben wir denn getan? Sind wir Verbrecher?«

»Ruhig Karl, ruhig!«

»Aber das ist entsetzlich! Dieses Geschrei um uns! Du, die wollen uns gar nicht drüben haben, die wollen uns...!«

»Karl!«

Maria Tesching will ihren zusammensinkenden Mann stützen, kann ihn aber nicht halten und fällt mit ihm zusammen zur Erde.

»Karl!«

Die Frau schreit es so laut heraus, daß selbst das Stimmengewirr am Schlagbaum verstummt.

»Karl! Komm zu dir, bitte! Mach doch nur einmal die Augen auf. Ich hole sofort Wasser, sofort, Karl! Bitte...!«

Maria Tesching ruft und stammelt.

Der Mann Karl Tesching, 59 Jahre alt, ist tot.

Die deutsch-deutsche Grenze hat ihn getötet. Todesursache: Herzmuskelschwäche. So steht es wenig später auf dem Untersuchungsbefund des Arztes.

Die Aussiedler kommen über die Grenze. Ihr Gepäck – ein Bett, ein Tisch, ein Stuhl und für die ganze Familie ein Schrank sind zugestanden – wird unkontrolliert nachgefahren. Bei vielen gibt es nichts nachzufahren. Sie haben ihren Hausrat bereits in den vergangenen fünf Jahren verkaufen müssen, um ihr Leben zu fristen. Frauen, die durch Gefängnisse und Lager gegangen waren – ein ganzes Lager von Frauen und Kindern bei Lissa war aufgelöst worden – tragen ihr Hab und Gut in der Markttasche bei sich.

Schwester Hedwig und Dr. Krahe stützen Frau Tesching und bringen sie über die Grenze.

Da prescht der Residenzoffizier von Göttingen heran und ruft: »Zurück! Die Übernahme ist nicht gestattet!«

Niemand schaut auf. Niemand bleibt stehen. Niemand achtet auf den gestikulierenden Fremden.

Um 16.30 Uhr sind alle Aussiedler im Lager Friedland. Auch Karl Tesching, den Schwester Hedwig in das Leichenhaus bringt.

In der nüchternen Sprache des Transportführer-Protokolls spiegelt sich dieser Auftakt der Operation Link so: »Die Zusammenstellung des Transportes begann am 20. 2. 1950 und erfolgte im Durchgangslager Breslau-Hundsfeld.

Die Stärke des Transportes betrug 664 Personen, wovon zwei Personen als Kranke zurückblieben.

Beim Grenzübergang in Forst (Lausitz) waren ein Toter, in Heiligenstadt zwei Kranke und beim Grenzübergang Besenhausen ein Toter zu beklagen. Weitere 13 Personen waren für die russische Besatzungszone bestimmt, so daß die Zahl des Transportes 645 betrug. 44 Personen wurden dem Transport aus dem Lager Bitterfeld in der russischen Besatzungszone angegliedert, die aus Resten der in der russischen Besatzungszone eingetroffenen Transporte stammen.

Der Abreisetag aus Breslau-Hundsfeld war der 27. Februar 1950. Verpflegung war ausreichend und verhältnismäßig gut.

Für die Eingliederung in den Transport waren ausschlaggebend:

1. Die englische Ausreisegenehmigung (Permit) aus Warschau oder
2. Die Zuzugsgenehmigung, die bei der Umsiedlungsstelle in Lodz gegen einen Repatriierungsschein umgetauscht wurde.

Bei der Mitnahme von Gepäck und Möbeln wurden keine Einschränkungen gemacht. Polnische Währung wurde den Flüchtlingen in Forst (Lausitz) gegen Ostgeld eingetauscht. Es sind einige Fälle bekanntgeworden, in denen Flüchtlingen ihre Sparkassenbücher abgenommen worden sind.

Im allgemeinen ist die Erlangung eines Permits sehr schwierig, da diese durch die zuständigen Landratsämter ausgehändigt werden und in Fällen, in denen die polnische Verwaltung Wert auf die Arbeitskraft, besonders Facharbeiter, legt, ohne entsprechendes Bestechungsgeld nicht erhältlich. Ganz anders liegt der Fall, wenn sich

Flüchtlinge zum Ausreisen melden, die Vermögen oder Grundbesitz nachweisen. Diese Personen werden innerhalb weniger Tage in das Durchgangslager eingewiesen.

Friedland/L., den 6. 3. 1950«

*

Gibt es Nachspiele zur Zivilcourage weniger beherzter Männer an der Zonengrenze?

Ja, es gibt sie. Die Hohen Kommissare befürchten Unruhen. Der Grenzschutz wird mit Polizei verstärkt. Einige Panzerspähwagen fahren an der Grenze auf. Und Lagerleiter Krause erhält drei Tage Grenzverbot von den Engländern!

Und das andere Nachspiel – tragischer Epilog – sieht der Flüchtlingsfriedhof von Friedland. Der Friedhof mit den 55 uniformiert aussehenden Holzkreuzen.

Montag nachmittag. Rechts und links von Maria Tesching stehen Lagerpfarrer Dr. Krahe und Schwester Hedwig. Hinter den dreien die Schar der Ausgewiesenen.

Vor allen klafft das Grab, das Karl Tesching aufnimmt, den Mann, dem eine wahnwitzige Grenze im wahrsten Sinne des Wortes das Herz brach.

Warten! Warten der Menschen, die mit Karl Tesching gekommen sind.

»Brüder!« sagt der Lagerpfarrer. Und selbst die Männer schluchzen, als dieses Wort auf sie zukommt wie ein Mensch mit ausgebreiteten Armen. »Brüder in Christo!«

Hier am Grabe rennt sich der Haß zu Tode. Hier ist kein Raum mehr für Gedanken der Rache oder Worte des Zorns.

Hier ist nur Raum für Trauer.

Aber trotz der großen Trauer um den Toten sind die Aussiedler am Grabe glücklich.

Der Lagerpfarrer hat »Brüder!« gesagt.

»Gehen wir«, sagt der Lagerpfarrer leise zur Schwester Hedwig. Sie sind neben der Frau des Verstorbenen jetzt die einzigen Menschen am Grabe.

Nun steht Frau Maria Tesching allein an dem Erdloch, aus dem der dunkle Sarg und der hellgelbe Lehm schimmern.

»35 Jahre lang waren wir zusammen, Karl. 35 lange Jahre. Warum mußtest du mich jetzt allein lassen, Väterchen? – 35 lange Jahre!« Zu den 55 Kreuzen des Flüchtlingsfriedhofes kommt ein neues.

XVI

Die Kinder mit der großen Angst

Der Lagerpfarrer tritt aus der Wellblechkapelle. Ein Junge läuft fort, als er den Priester sieht.
Dr. Krahe nimmt den Jungen bei der Hand und streichelt ihm über das Haar. Der Junge zittert. Sein Herz schlägt schnell wie das eines gefangenen Vogels.
»Angst hab' ich! Angst hab' ich! Angst hab' ich!«
Dr. Krahe nimmt den Jungen mit in seine Nissenhütte. »Na, so schlimm wird's doch nicht sein! Hier: vier hübsche bunte Bonbons – die magst du doch, nicht wahr? – und acht Plätzchen!«
Der Junge kann nicht zählen. Er hat noch nie in seinem Leben eine Schule gesehen. Aber er sieht das rote und blaue Papier um die Bonbons und die lustigen Zeichnungen darauf. Auch ist das Gesicht des Lagerpfarrers da, das ihm nur Gutes sagt.
»Du brauchst doch vor mir keine Angst zu haben.«
»Aber die Russen, die Russen!« sagt der Junge.
»Die sind weit«, sagt Dr. Krahe.
»Die sind immer bei mir!« stammelt der Junge. »Die stoßen mich!«
»Hier dürfen die Russen dich nicht stoßen«, sagt Krahe.
»Aber sie haben mich soviel herumgestoßen und gejagt. Jetzt bin ich neun Jahre alt. Es ist lange her, da haben die Russen Papa geholt und später die Mutter.«
»Wo warst du denn da?«
»Im Samland. Und dann war ich immer nur in Lagern, und niemand wollte mich. Weggeschickt hat man mich nur immer und gesagt: ›Jetzt mußt du dahin und dann dahin und dann dahin.‹ Auch wenn ich geweint habe.«
Weggeschickt! denkt der Lagerpfarrer. Das verstehen sie wohl heutzutage. Einen kleinen Menschen wegschicken wie ein Postpaket, nur,

damit man das Wesen los ist. Und langsam geht er mit dem Kleinen zur Kapelle zurück. Etwas von der Angst des Jungen ist aus den Augen herausgenommen.

»Ist da drinnen der liebe Heiland?« fragt der Junge vor der Kapelle.

»Ja«, sagt Krahe erstaunt. »Woher weißt du denn das?«

»Als ich sooo klein war, da nahm Vater mich zur Kirche und sagte mir: ›Wir wissen nicht, Junge, was morgen kommt. Aber eines vergiß nie. Wenn du in eine Kirche kommst und siehst am Altar das ewige Licht, dann weißt du, da ist Gott.‹«

Und der Junge schaut zum Lagerpfarrer empor und sagt: »Dann habe ich ja in Friedland meinen Vater wiedergefunden!«

In der Nacht schreibt der Lagerpfarrer zu seinen Aufzeichnungen: »Das ist alles, was der Junge vom Glauben weiß. Nur ›da ist Gott!‹ Er hat in den letzten fünf Jahren nichts mehr davon gehört. Er kann auch noch nicht lesen und schreiben, wie fast alle, die mit den Kindertransporten nach Friedland geschickt werden. Und der Junge ist nicht einmal der schlimmste Fall. Mit einigen älteren Kindern kam kurz vorher ein kleines Wesen zu uns ins Lager. Wir wissen nicht woher. Auch die anderen Kinder können es nicht sagen. »Edgar!« Das lallte er nur. Die Ärzte im Lager nehmen an, daß Edgar vier Jahre alt ist. Er kann kaum auf seinen schwachen, stockdünnen Beinen stehen. Das Bäuchlein wölbt sich dick vor. Er weiß nichts von seinen Eltern, seinem Geburtsort, kennt weder seinen Namen noch den Tag seiner Geburt. Ein namenloses Kind unserer Zeit, von der Bosheit der Menschen auf die Straße geworfen.«

*

Was wissen diese kranken, kleinen Erdenwürmer von Jalta und Potsdam, was wissen sie von den Männern, den lächelnden Männern der Krim oder dem Polit-Gangster Hitler, der die eigentliche Ursache, die Ur-Person ihres jetzigen Elends ist? Sie wissen nichts! Sie fühlen nur die große Angst, die tief im Herzen sitzt. Aber jetzt denkt man wieder an sie und hängt ihnen Schilder um den Hals mit ihren wirklichen oder erfundenen Namen und stellt sie zu Kolonnen zusammen. Kinderkreuzzüge!

Kinder, von denen jedes einzelne ein Kreuz schleppt, ein unsichtbares Kreuz, das Erwachsene ihnen aufgehalst haben.

Da sind Sperrgräben an der Zonengrenze ausgehoben worden. Die Kluft, die durch Deutschland geht, hat sich im Verlaufe der Jahre nicht eingeebnet, sondern sie ist tiefer geworden. Es scheint immer noch leichter, Sperrgräben zu schachten, als Brücken zu bauen.

Gerade als die Kinder aus dem Osten kommen, klaffen die frisch ausgeworfenen Sperrgräben.

Regen klatscht herunter. Matsch. Der Acker an der Grenze wird zu einem Schlammfeld.

Schwester Hedwig faßt zwei der Kinder, die mit suchenden Augen über die Sperrgräben hinwegblicken, bei der Hand.

»Müssen wir da hinüber?«

»Ja, Kleines, wir müssen über den Acker!«

»Durch den Schlamm?«

»Ja, wir müssen durch den Schlamm. Glaubst du, daß du es schaffst?«

»Na sicher!«

»Ja, dann mal los!«

Eifrig stapfen die Kinder neben Schwester Hedwig her. Aber der Lehm klebt an den Schuhen und wird zu klumpigen Stelzen. Eines der Kinder stürzt hin. Das Köfferchen springt auf. Etwas Kleidung liegt auf dem lehmigen Acker.

»Tante!« ruft das Kind verzweifelt, in dessen Gesicht der Regen Furchen durch die Schmutzkruste zieht.

»Ich bin ja schon bei dir!« sagt Schwester Hedwig und hebt das Kind auf und stopft die Kleidungsstücke wieder in das Köfferchen hinein.

»Du hast deine Marke verloren!« sagt Schwester Hedwig und hebt das Blechschildchen auf.

In das Metall ist eingestanzt:

Ursula Ehleben
geb. 2. 9. 40
in
Mohrungen

Auf der Rückseite:

Meine Eltern
wohnen in
Lübeck
Holstenstraße 1–3

»Du heißt Ehleben? Dann sind deine Eltern schon im Lager, Ursula!«

»Da freue ich mich aber!« lacht das Kind.

Der Junge an der anderen Hand der Schwester fragt: »Ich heiße Klaus Dombrowski. Sind meine Eltern auch schon da?«

»Ich weiß es nicht, Klaus!« muß Schwester Hedwig sagen. Endlich ist sie mit den Kindern und dem bißchen Gepäck an allen Sperrgräben an der Zonengrenze vorbei. Schwester Hedwig hebt die Kinder in den Bus.

*

Auch Klaus Dombrowski wird im Lager registriert, untersucht, mit guten Dingen gefüttert, die er jahrelang entbehren mußte. Schwester Hedwig drückt ihm sogar einen riesengroßen Teddy in den Arm.

Aber Klaus Dombrowski schaut die anderen Kinder an, die von ihren Eltern geholt werden.

»Warum kommt meine Mutti nicht, Tante?« fragt er Schwester Hedwig.

»Wir bringen dich zu ihr, Junge!« sagt Schwester Hedwig.

Eine Rote-Kreuz-Schwester bringt den Jungen nach Hamburg. Unterwegs erzählt sie ihm alle Märchen, die sie kennt. Das Abteil ist erfüllt mit Schneewittchen und Hänsel und Gretel und dem Rotkäppchen und dem Wolf und den sieben Geißlein. Als die Schwester gar noch die Geschichte vom tapferen Schneiderlein folgen läßt, lacht der Bub so hell, daß alle Mitreisenden noch tagelang froh an dieses schöne Lachen denken müssen.

Hamburg. Alstergasse.

Ein Emailleschild »Eduard Dombrowski«.

Die Schwester klingelt.

Das ist die Mutter, weiß die Schwester sofort, als eine Frau die Tür öffnet. Dem Jungen wie aus dem Gesicht geschnitten! Aber – die Schwester stutzt – wahrscheinlich ist die Frau doch nicht die Mutter? – Denn nicht die Spur eines Lächelns, nicht der Schimmer einer Freude zeigt sich in dem Gesicht der Frau.

Die Schwester nestelt an ihren Papieren.

»Sind Sie Frau Klara Dombrowski?«

»Ja! Was wollen Sie?«

»Ich bringe Ihnen Ihren Jungen, Frau Dombrowski! Er ist heil und pumperlgesund wieder da nach seiner langen, langen Reise!«

Die Frau in der Türfüllung schaut die Schwester unsicher an. Dann gibt sie ihrer Stimme eine künstliche Festigkeit:

»Ich kann den Jungen nicht brauchen, Schwester! Ich lebe jetzt mit einem anderen Mann zusammen als mit dem, von dem der Klaus ist. Und von dem neuen Mann hab' ich schon zwei Kinder! Wie gesagt, den Jungen kann ich nicht brauchen. Schon die zwei anderen Bälger sind andauernd krank. Husten und spucken nachts immer ins Bett. Baldwin kann das nicht vertragen. Da wird er immer so wütend von.«

»Wer ist das, Baldwin?« fragt die Schwester.

»Na, mein neuer Mann natürlich. Der würde mir ein Dingen an den Kopp schmeißen, wenn ich ihm nun noch mit dem Jungen käme.«

»Aber es ist doch Ihr Kind, Frau Dombrowski!«

»Schon! Aber warum haben Sie den Jungen denn nich da gelassen, wo er war? Schließlich ham wir hier auch nich das Paradies. Es ist überall gleich besch...!«

»Und wo soll ich jetzt mit dem Jungen hin, den ich Ihnen von Friedland bis hierher gebracht habe?«

»Gehen Sie zu meiner Mutter. Die wird ihn wohl nehmen!« Die DRK-Schwester sieht, daß jedes weitere Wort Verschwendung wäre.

»Wiedersehn!« und »Komm, Klaus«, sagt die Schwester und nimmt den Jungen mit den traurigen Augen, der fassungslos auf die Frau starrt, die seine Mutter sein soll, wieder bei der Hand.

Als beide schon auf dem Treppenabsatz sind, ruft die Frau der Schwester nach:

»Nich dasse denken, ich wär ne Rabenmutter, nee! Aber die Zeiten, wissense, die Zeiten! Und Männer können furchtbar wild werden, wenn es um die Blagen geht. Der Baldwin würde vor Zorn gleich durch die Decke. Nee, nee Schwester! Es ist schon das beste für's Kind, wennse es zu meine Mutter bringen! Also nochmals: Docksteg 45a!«

Draußen weint der Junge in seiner Verlorenheit. Die Schwester tupft ihm die Tränen ab.

»Komm, Bub, deine Großmutter ist gewiß lieber zu dir!«

»Ist das so eine Großmutter wie beim Rotkäppchen, die der Wolf zuerst gefressen hat und die doch dann wieder heil war und Kuchen aß und Wein trank und fröhlich war?«

»Ja! Genau so eine!«

»Dann geh ich mit!« sagt der Kleine tapfer und unterdrückt die Tränen, die wieder von neuem fließen wollen.

Die Großmutter ist wirklich eine liebe Frau.

»Kommen Sie doch bitte herein mit dem Klaus, Schwester«, sagt sie und wischt mit dem Putzlappen über einen Stuhl. »So, setzen Sie sich erst mal, Schwester. Und du, Klaus, kommst auf das Sofa. Du bist doch der Klaus, nicht wahr?«

»Ja, Oma!«

»Achgottchen, jetzt sagt er auch schon Oma zu mir!« sagt die alte Frau. »Wissen Sie, wir haben schon nicht mehr geglaubt, daß der Junge noch mal Hamburg findet!«

Diesmal müßte ich eigentlich ein Beispiel aus dem Märchen parat haben. Hänsel und Gretel, die nicht mehr nach Hause finden sollen, denkt die Schwester.

»Ich mache Ihnen mal erst einen Kaffee«, fängt die alte Frau wieder an. »Einen Nescafé! Das ist jetzt herrlich mit den kleinen fertigen Packungen. Heißes Wasser drauf und schschsch! – Alles fertig. Was hat man sich früher mit der Mühle abplacken müssen! – Und du, Klaus, magst du Kakao?«

»Ja, Oma!«

»Nun sag doch nicht immer Oma zu mir, huch!« sagt die alte Frau. »Mir ist dabei so schwummerig zumute!«

Die Großmutter geht zum Herd und macht sich an einem Topf mit heißem Kaffee zu schaffen. Dann sagt sie ernst und klar zu der Schwester:

»Ich weiß, Sie waren bereits bei meiner Tochter, bei der Klara! Und sie will den Jungen nicht haben, nicht wahr?«

»Ja!« sagt die DRK-Schwester, die nach der vergeblichen Lauferei mit dem Jungen erschöpft dort hockt und dem Klaus nur mechanisch über das Haar streichelt.

»Und ich will Ihnen sagen, was hier los ist: die Mutter ist mannstoll! Ihre Wohnung ist ein besseres Absteigequartier. Sie haßt Kinder, aber bekommt sie. Und nun zu mir! Klipp und klar: ich kann den Jungen nicht hier halten. Ich muß schon die zwei anderen von ihr großziehen. Können Sie das bei 57,48 Mark Rente? Wenn jetzt noch Klaus hinzukommt, nagen wir an der Tapete, allesamt!«

»Aber das Kind kann doch nicht auf der Straße liegen!« ruft die Schwester.

»Es muß zu seiner Mutter zurück. Vielleicht, wenn Klaus von seinem Leidensweg erzählt, daß Klara dann anders wird! Vielleicht, daß sie dann Schluß macht mit dem verrückten Rennen und ordentlich wird!«

Die Schwester wird nicht ungeduldig. Für mich ist das nur eine Stunde des Nichtbegreifens, aber für den Jungen wird es wohl ein Leben lang so anhalten, das Gefühl, nirgendwohin zu gehören. Das denkt sie.

»Komm, Klaus, wir wollen wieder zu deiner Mutter gehen.«

»Da möchte ich aber nicht hin, da nicht! Ich möchte hierbleiben! Hier ist es gut. Ich möchte hierbleiben!«

»Geh nur mit, Klaus!« sagt die Großmutter und tritt nahe an den Jungen heran. »Du kannst mich dann besuchen, öfter, wenn du willst. Komm nur bald.«

Und dabei denkt sie: Nein, komm nicht, Klaus. Ich behalte dich ja dann doch hier, wenn du ankommst mit den blauen Flecken, die dir Baldwin geschlagen hat. Ich päppele dich dann genauso schlecht und recht wie deine Geschwister, die mir deine Mutter an den Kochtopf und in mein Bett geschickt hat, damit ihres frei ist. Komm nicht, Klaus, ich gehöre zu den Leuten, die nicht nein sagen können. Bleib bei deiner Mutter, Klaus!

»Komm nur bald!« sagt die Großmutter wieder laut, von einem unerklärlichen Impuls getrieben.

»Ja, Oma, ich komme bald«, sagt der Junge.

Die Schwester ist wieder bei Klara Dombrowski.

»Na ja, dann muß er halt bleiben«, sagt die Mutter und zieht den Jungen zu sich in die Küche. Die Tür schlägt zu. Die DRK-Schwester steht draußen.

Noch einmal öffnet sich die Tür einen Spalt weit.

»Und übrigens Danke schön, Schwester, daß Sie mir den Jungen gebracht haben. Wiedersehen!«

Die DRK-Schwester geht zum Bahnhof zurück.

»Na, wie war die Begleitung nach Hamburg«, fragt eine Kollegin, als die Schwester wieder im Lager Friedland ist.

»Furchtbar«, sagt sie.

»Wieso?«

»Die Kinder büßen«, sagt die DRK-Schwester nur. »Die Kinder büßen für alles.«

*

Dieses Jahr 1950 bringt mit der »Operation Link« und unorganisierten Transporten 39550 Vertriebene nach Friedland und damit nach

Westdeutschland. Diese Zahl ist nicht groß, wenn man die 819 000 Vertriebenen dagegenhält, die der Treck von September 1945 bis August 1946 in den Westen brachte. Doch ist die Zahl immer noch riesig, wenn man die kleiner und kleiner werdende Gruppe der Heimkehrer dagegenhält.

Mit Schmerz und Unruhe sieht man das langsame Stoppen der Heimkehrertransporte Ende 1950. Viele Länder haben inzwischen – nach fünf Jahren seit Kriegsende! – die deutschen Kriegsgefangenen entlassen.

Sie waren da, auch krank zwar, auch gebeugt unter der Last des Gefangenenloses, aber doch besser ernährt und gekleidet. Es sieht seltsam aus in Friedland, wenn die Kriegsgefangenen aus den USA und aus England mit prallgefüllten Seesäcken den Schlagbaum in Richtung Ost passieren, wo die Angehörigen zu Hause sind, und der Elendsstrom aus dem Osten den Kontrast dazu bildet.

Aber wenn sie doch wenigstens kämen, elend, krank, aber nur da sind! Die Registrierungskolonne im Lager Friedland wird unter dem Ansturm der – nicht aus Rußland kommenden – deutschen Rückkehrer zu einem fliegenden Kommando. Am 31. Dezember 1950 trifft in Hamburg die »Dundalk Bay« ein, das frühere Frachtschiff »Nürnberg« mit 400 Deutschen aus China. Man will diese Menschen sofort in ihre Aufnahmegebiete schicken und registriert sie durch eine Abordnung des Lagers Friedland gleich an Bord.

Aber Rußland! Was ist los mit der Sowjetunion?

Der Halt der Transporte gibt zu einer Welle von Gerüchten Anlaß. »Schweigelager hinter dem Ural!« – »Millionen arbeiten noch von unseren Deutschen in russischen Fabriken!«

»Die Sowjets brauchen Faustpfänder!«

*

Die Tür zur Wellblechhütte des Lagerpfarrers ist nicht lange zu. Frau Krüger.

»Ich war schon zehnmal beim Suchdienst. Wie kann ich denn meinen Heinz wiederfinden, Herr Pfarrer?«

Und sehr schnell – weil sie diesen Satz schon tausendmal gesagt hat – leiert die Frau herunter:

»Leutnant Heinz Krüger, geb. 24. 3. 1919 in Eberswalde, Heimatanschrift Breslau, Clausewitzstraße 4, Feldpostnummer 19812 A, vermißt seit 14. 1. 45 bei Radom, Polen. Er war Adjutant beim Abteilungsstab Artillerie der 214. Infanteriedivision.«

Danach sieht sie den Lagerpfarrer groß und suchend an. Diese suchenden Augen quälen Dr. Krahe in diesen Jahren. Viele solcher Augenpaare gibt es. Zu viele. Dr. Krahe weiß um die Wirrnis des menschlichen Herzens, die durch das Wort »Nichtwissen« entsteht. Er weiß auch, daß neunzig von hundert Frauen vergeblich nach ihren Männern und Söhnen fragen. Denn die Million Kriegsgefangenen in Rußland, die noch dort leben und arbeiten sollen, gibt es nicht. Es gibt wohl Millionen deutscher Soldatengräber dort, die als Gräber von keinem Menschen mehr aufzufinden sind, weil »Dynamo Moskau« darauf Fußball spielt und Bulldozer darüber hinwegschaufeln und Betonpaläste darüber erbaut werden.

Kein Mensch wird wissen, ob der Leutnant Heinz Krüger noch lebt oder bereits mit der russischen Erde eins geworden ist. Niemand als der, für den ich hier unter dem Wellblech hause, denkt der Lagerpfarrer.

Die sowjetische Nachrichtenagentur TASS streitet am 5. Mai 1950 ab, daß noch Kriegsgefangene in Rußland festgehalten werden. Es gebe nur noch wenige deutsche »Kriegsverbrecher« in sowjetischen Lagern.

Damit hat sich ein wartendes Volk zufrieden zu geben!

Aber das tut es nicht. Dr. Krahe hat mit vielen heimkehrenden Kriegsgefangenen gesprochen, stundenlang. Auch er hat Zahlen und Meldungen zusammengestellt. Konkrete Angaben. Lagerpfarrer Krahe weiß durch die Kombination und Analyse der Heimkehrergespräche mehr über russische Zwangslager als die Sowjets selbst. Dies ist, was Lagerpfarrer Dr. Krahe Ende 1950 weiß:

1. Das Lager Mohaisk (7435/15) wurde aufgelöst – aber 207 Gefangene wurden verurteilt und kamen ins Gefängnis nach Moskau.
2. Das Lager (7959) in Riga wurde aufgelöst. 111 Mann wurden entlassen, 189 ins Gefängnis überwiesen.
3. Im Offizierslager Bprowitschi bei Moskau (7270/1) verblieben nach Abgang der Entlassenen Ende März noch 550 Gefangene.
4. Lager Orel (7406) wurde aufgelöst. 53 Mann kamen ins Gefängnis, der Rest wurde entlassen.

5. Im Lager 7099, (im Straflagergebiet von Karaganda), verblieben 400 noch nicht verurteilte Gefangene.

6. Lager (7145) in Kursk wurde aufgelöst. 147 Mann wurden in Gefängnisse überwiesen.

7. Aus dem Gefängnis Welikije Lukij kann ein Heimkehrer mindestens 16 Gefangene namentlich anführen, darunter auch einen deutschen General Lindemann.

8. Lager Michailowka (7185) in Weißrußland wurde aufgelöst. 400 Mann mit Gefängnisstrafen von 25, 50 und 75 Jahren wurden in die Gefängnisse Iwanowo und Schuja eingewiesen.

9. Im Lager 284 in Brest-Litowsk verblieben 450 deutsche Frauen.

10. Im Lager 7284 in Brest-Litowsk verblieben 400 Mann in Untersuchungshaft.

11. Aus dem Lazarett Soborowo (3604) wurden 153 entlassen und 57 noch nicht verurteilte Gefangene zurückgehalten.

12. Aus dem Lager 7701 in Podboroschje (bei Leningrad) wurden 200 Mann in die Gefängnisse Wiborg und Leningrad eingewiesen.

13. Aus dem Offizierslager Oranki (7074) wurden 300 Mann ins Gefängnis Gorkij eingewiesen.

14. Aus dem sogenannten »Diplomatenlager« (7027/1) in Krasnogorsk wurden 300 ins Gefängnis eingewiesen.

15. Aus Stalinogorsk bei Moskau (7388/5) wurden 400 Verurteilte zwischen dem 1. 4. und 4. 4. mit unbekanntem Ziel abtransportiert.

16. Im Gefängnis Nr. 1 in Alma Ata (Kasakstan) verblieben 24 Verurteilte.

17. Im Lager (7476/1) Djedjanka im Ural blieben 350 Gefangene zurück.

18. Aus Stalinsk in Sibirien wurden 161 Verurteilte entlassen, 700 Verurteilte blieben zurück.

19. Im Gefängnis 3 Leningrad waren von 1200 Gefangenen 1000 zu 25 Jahren verurteilt worden, 450 wurden entlassen.

20. Aus dem Lager 7144 wurden 50 Kranke in Lazarette überwiesen, 200 entlassen, 220 blieben zurück.

21. Im Lager 61 des Strafgebietes Workuta (Nordsibirien) blieben 800 Deutsche zurück.

22. Im Lager 8 von Workuta verblieben 8 Deutsche, im Lager 32 blieben 6 und im Lager 44 etwa 1800.

23. Im Lager 7 und der Ziegelei 2 des Strafgebiets Workuta verblieben ebenfalls etwa 1800 Deutsche.

24. Aus dem Lager Minsk (7168/3) wurden von 950 Gefangenen 350 entlassen. Es verblieben dort 600, darunter 15 Generale.

Ein düsteres Gemälde. Ein Bild, in dem mindestens 11 142 Menschen Platz haben.

Lagerpfarrer Dr. Krahe ist nicht gewohnt, in verschwommenen Begriffen zu denken. So klar und eindringlich, wie er im Lande von Friedland predigt, so nüchtern baut er sein Gebäude der Arbeit mit konkretem Zahlenmaterial. Er weiß, daß diese Zahlen nicht vollständig sind, daß sich noch weitere Angaben anschließen werden.

Aber immerhin: 11 142 Kriegsgefangene in der Sowjetunion. Das ist Tatsache. Das kann keine TASS-Meldung widerlegen.

Und immer noch klopft es an der Tür zu Krahes Nissenhütte, und Frauen sagen stockend die russischen Namen:

»Workuta? Meinen Sie, mein Mann ist in Workuta? Oder in Minsk? Oder in Kasakstan?«

Dabei flackert wieder die Angst in den Augen der Frauen. Es haben alle diese Angst, denkt Krahe und schreibt und gibt und arbeitet dabei. Sie haben die große Angst im Herzen und in den Augen. Wie das Kind, das vor mir davonlief und »ich hab' Angst!« stammelte.

Wir sind wohl alle Kinder dieser Angst, denkt der Lagerpfarrer und greift an sein Herz, das in diesem Lager krank geworden ist. Draußen heult der Sturm und zerrt am Blech der Hütte, drängt scharf-kalte Luft durch die Ritzen im schlechtgelegten Fußboden.

Wir sind alle Kinder der Angst. Wir und die Männer der suchenden Frauen. Die Männer dort drüben.

Hoffentlich werden wir nicht weggeschickt, wenn wir alle einmal nach Hause wollen. Hoffentlich sagt man dann nicht:

»Ich kann dich nicht brauchen!«

XVII

Das Vaterunser im Kreml

»Die Deutschen werden frech!«

»Aber, Genosse Kommandant...!«

»Doch, Popowitsch, frech werden sie. Sie gehen in den Hungerstreik. Sie fordern. Vor zwei, drei Jahren noch wäre das undenkbar gewesen. Da waren sie froh, wenn sie kriechen konnten. Aber seitdem diese Pakete aus Deutschland kommen, seitdem es drüben eine Regierung gibt, haben die Plennijs ihr Selbstbewußtsein zurück.«

»Wir haben ja auch Anweisungen, die Deutschen besser zu behandeln. Ob es unsere Freunde werden sollen?«

»Nitschewo! Aber mir gefällt es nicht, Popowitsch. Mir gefällt alles nicht mehr, was mit diesen Deutschen zusammenhängt. Haben Sie von dem Arzt gehört, dem man aus Freiburg ein ganzes Instrumentarium geschickt hat? Wissen Sie, daß sich die Leute Brillen wünschen und sie in der gewünschten Optik bekommen? Daß sie einen Fußball haben und jetzt Bücher erhalten wie dieser hier, dieser Borin?«

»Was sind das denn für Bücher?«

»Können Sie nicht mehr lesen? Steht drauf: Karl Marx. Vielleicht bekehren sich die Männer doch noch. Die sehen jetzt bald besser aus als wir. Die Rollkragenpullover und Trainingsanzüge! Und sogar Rubel müssen wir den Eindringlingen nun auszahlen und mehr Fleisch in den Kasch tun! Wohin soll das alles führen, Popowitsch?«

»Wenn ich ehrlich sein soll, Genosse Kommandant, dann haben mir die Deutschen immer noch besser gefallen als unsere eigenen Butowickis, die Kriminellen. Die können was, diese Deutschen. Die halten alles in Ordnung. Könnten wir mit der Lautsprecheranlage richtig umgehen, wenn Bärwolf, der deutsche Elektriker, nicht wäre? Das ist ja nun schon ein ganzes Knäuel von Kabeln und Drähten. Ist was kaputt: ein Griff, und Bärwolf hat die Sache wieder in Ordnung gebracht.«

»Richtig. Die sind tüchtig, daß man Angst haben kann. Am besten man schmeißt sie wieder 'raus aus unserem Land oder macht sie zu Kommunisten. Njet, mir gefällt die Geschichte nicht, Popowitsch, ich kann es nur immer wieder sagen. Auch die Listen, die man nun in

Moskau haben will, sind so schwierig aufzustellen. Wo wir doch damals das Unglück hatten! – Und den Streik am 1. August im Schacht 29, diese Meuterei!«

»Soll ich dem Empfänger das Paket mit den Büchern aushändigen lassen, Genosse Kommandant?«

Der Mann winkt müde:

»Sicher doch, Popowitsch. Geben Sie ihm das Zeug. Solange es Marx ist, kann sich der Plennij von mir aus ganze Kisten mit Büchern schicken lassen!«

*

»Was willste denn mit Marx?« fragt Lewerenz. »So dämlich bin ich auch nicht, daß ich nicht wüßte, der Kerl ist 'n Kommuniste. Seit wann haste denn da Ehrgeiz? – Willst doch wohl kein Brigadier werden?«

»Nein!« lacht Borin. »Nur mal so, zur Information. Man muß was für die Bildung tun.«

»Hat sich was mit Büldung! Ich geh pennen! Hab mir meine Rubel heute schwer verdient. Reicht für ein halbes Päckchen Machorka!«

Lewerenz dreht sich auf die andere Seite. Der Junge schläft schon. Jetzt erst öffnet Borin das Buch und liest von der fünften Seite an. Da beginnt sie nämlich, die Heilige Schrift, die man geschickt in den Marxschen Einband eingeheftet hat. Lewerenz braucht es nicht zu wissen. In seinen Anfällen redet er schließlich doch einmal davon. Und der Junge hat sich noch nicht richtig eingelebt. Die sind überhaupt im allgemeinen sehr schwierig, diese Zivilverschleppten. Aber das wird sich sicher noch geben, denkt Borin.

Borin holt in Workuta nach, was er als jahrelanges Versäumnis empfindet. Borin liest die Bibel.

*

Das Dasein der deutschen Gefangenen in Workuta hat sich in der Tat gewandelt. Die Sorgen des Kommandanten kommen nicht von ungefähr. Die Deutschen werden frech, wie der sowjetische Offizier es sieht. Sie lassen sich nicht mehr alles gefallen. Die Apathie ist gewichen. Das Interesse ist wieder da. Die Deutschen in Workuta kaufen sich von ihren Rubeln ein Radiogerät. Hamburg, Köln, Hannover, Stuttgart, Hilversum können sie damit empfangen.

»Still! Die Nachrichten!«

»Hier ist der Nordwestdeutsche Rundfunk Hamburg. Sie hören die Nachrichten!«

Und in die überwachen Sinne der Männer fällt es hinein:

»Die Sowjetunion gibt 13 532 deutsche und 2459 japanische ›Kriegsverbrecher‹ zu!«

»Die Insel Helgoland wird den deutschen Behörden zurückgegeben.«

»Hurra!« ruft einer der Lauschenden. Er war dort Fischer.

»Die NATO beschloß die Aufstellung von 50 Divisionen europäischer Verteidigungstruppen.«

»Die Ostberliner Stadtverwaltung sperrt die Stromlieferung nach Westberlin.«

*

Mit dem Wachwerden der Plennijs, mit dem gierigen Aufsaugen der Nachrichten aus dem Westen stellt sich auch die Selbstkritik stärker ein. Das Gespräch wird möglich.

»Es geht uns besser, Lewerenz«, sagt Borin und schlägt die Büchse Milch auf. »Trink du zuerst. Hälfte!«

»Bäh! Es geht uns besser? Du bist so'n studierter Kopp und kapierst doch nicht, daß es uns immer noch schlecht geht, sehr schlecht, Sebastian! Die haben uns schon so fertig gemacht, daß wir das nicht mehr merken. Muß ich dich mit der Nase draufstoßen? Wir merken heute nicht mehr, wenn man uns in die Fresse schlägt. Und warum nicht? – Weil es noch vor 'n paar Jahren so schlimm war, daß wir heute ein bloßes Geschlagenwerden nicht mehr spüren. Weißt du noch, als wir auf dem Transportschiff zusammengepfercht waren? Wie wir uns das letzte Stück Magen aus dem Hals würgten und jeden Tag mindestens zwanzig über Bord werfen mußten?«

»Hör auf!« verlangt Borin.

»Ja, hör auf!« höhnt Lewerenz und verzerrt sein Gesicht wieder zu einer Fratze. »Hör auf, das kannste sagen. Aber ich höre nicht auf! Weißt du noch, wie wir 30, 40 Tote in einer Nacht hatten und der russische Posten fragte: ›Warum nicht mehr...?‹«

Borin denkt: Alja ist die andere Seite. Und du vergißt, daß wir schon seit vielen Jahren den Kreml haben, dieses Viereck, in dem uns niemand belästigt. Du vergißt immer die andere Seite dabei, Lewerenz.

Aber Borin kann das Lewerenz nicht erklären, denn der Kumpel von König Ludwig singt schon wieder. Und er kann es ihm auch darum nicht erklären, weil Borin es selbst nicht versteht. Land der unbegrenzten Möglichkeiten, denkt Borin. So hatte man wohl einmal Amerika getauft, als es mit seinen Hochhäusern auf Manhattan in den Himmel griff. Aber das eigentliche Land der unbegrenzten Möglichkeiten ist Rußland. Da sind die Möglichkeiten bis zur Hölle hin ausgedehnt. Vom Himmel bis zur Hölle reicht das Rußland. Hier wird der Mensch heute gestreichelt und morgen hingerichtet. Hier bekommt man heute sein Paket aus Deutschland unangetastet ausgeliefert, und morgen wird einem die Mütze abgenommen. Hier wird einem Wodka ins Glas geschüttet und in der nächsten Sekunde das Glas ins Gesicht geschleudert. Hier wird einem in die Weichteile getreten und gleich darauf ein Pfeifenkopf voll Tabak geschenkt. Alles ist durcheinander. Diabolos, der Teufel, der Durcheinanderwürfler hat hier in Rußland seinen großen Übungsplatz. Und wir sind da hineingeschleudert, mitten in das Rätsel Rußland hinein. Und warum? denkt Borin wieder. Immer dieses Warum? Warum?

*

»Sebastian?«

»Was ist, Alja?«

»Du hast nach einem Priester gefragt, damals.«

»Und ich habe die Frage noch immer.«

»Wir haben wieder einen bei uns«, flüstert das Mädchen. »Einen Priester, einen deutschen Pfarrer aus Kasakstan. Er arbeitet auch hier unten.«

»Kann ich ihn sprechen?«

»Ich hab' mir gedacht, daß du ihn sprechen willst, Sebastian. Ich hab' ihm schon von dir erzählt, und er hat dich schon gesehen, heute, im Förderkorb.«

»Wie kann ich . . .?«

»Er wird dich morgen ansprechen!«

»Dank, Alja!«

*

»Sie sind . . . ?«

»Ich bin Sebastian Borin.«

»Ich heiße Nowak, Uwe Nowak aus Bremen.«

»Herr Pfarrer, ich habe eine Heilige Schrift bekommen, von zu Hause, das heißt, aus einer Stadt, in der meine Frau jetzt arbeitet. Aber ich kann mit dieser Bibel nichts anfangen. Die Worte schlagen nicht durch. Ich kann sie nicht packen und mich von ihnen aufrütteln lassen. Da ist doch was nicht in Ordnung! Da stimmt doch was nicht an der Schrift!«

»Oder an Ihnen . . . !«

»Wie meinen Sie das?«

»Sie fragen die Bibel, Borin. Das ist der Fehler. Wir müssen uns fragen lassen von der Schrift, immerzu fragen. Passiv sein.«

Borin lacht hart:

»Es gibt wohl kaum Menschen, die passiver sein müssen als wir!« Der Mann, der sich Borin gegenüber hingehockt hat, nestelt an seinen klaffenden Stiefeln.

»Das stimmt, Borin. Aber es gibt auch kaum Menschen, die verschlossener geworden sind als wir. Wir mußten das, klar. Aber indem wir uns abschirmten gegen die Schläge, die auf uns niederprasselten, die Tritte gegen Körper und Geist, haben wir uns auch abgepanzert gegen das, was Anruf ist.«

Borin sagt nichts.

Der andere sagt weiter:

»Ich weiß, Borin, daß Sie noch fragen. Und ich weiß auch wohl, daß Sie ›warum?‹ fragen.«

Borin wirft seinen Kopf mit einem Ruck hoch.

»Genau das ist es! Woher wissen Sie . . . ?«

»Woher ich das weiß? Weil ich genau die gleiche Wattejacke trage wie Sie und die gleichen Narben von Schlägen und Nägeln an meinem Körper habe. Vergessen Sie nicht, Borin: hier steht nicht der Pfarrer Nowak vor Ihnen, sondern der Plennij Nowak.«

»Aber der Plennij Nowak fragt nicht mehr, ›warum?‹«

»Ich danke Ihnen, daß Sie mich ein wenig schonen wollen, Borin. Daß Sie nicht sagen, der Pfarrer Nowak.

Aber ich will Ihnen trotzdem die nichtgestellte Frage beantworten. Auch der Pfarrer Nowak hat mit dem Plennij Nowak ›warum?‹

gefragt. Sehr laut sogar, und er hat es hinausgeschrien, dieses eine Wort. Denn bei der Priesterweihe hoffte der Primiziant Nowak wohl in den Weinberg des Herrn, nicht aber in die Hölle geschickt zu werden.«

»Und...?«

»Und da liegt der Sinn.«

»Entschuldigen Sie, Herr Pfarrer, aber das verstehe ich nicht.«

»Nämlich jener Sinn, daß auch die Hölle von uns gestürmt werden muß. Daß die Hölle des Herrgotts größter Weinberg ist, weil sie am meisten Arbeit verlangt, Arbeit, die an unserem letzten Blutstropfen zehrt.«

»Noch in dieser Hölle auf Erden im Sinne Gottes arbeiten können! Das muß ein Wunschtraum sein oder eine...!«

»Vermessenheit, nicht wahr? Sprechen Sie es ruhig aus, Borin. Aber es ist weder ein Wunschtraum noch eine Vermessenheit, es ist Wirklichkeit. Darf ich Sie ein wenig in Verlegenheit bringen, Borin?« Bei dieser Frage lächelt der Priester offen wie ein Junge.

»Sie dürfen es gerne einmal versuchen«, sagt Borin.

»Wären Sie zu einem Pfarrer gegangen, um mit ihm über den Sinn des Seins zu sprechen, wenn Sie Ihre Arztpraxis ungeschoren in Hintertupfingen hätten errichten können?«

»Ich will ehrlich sein«, sagt Borin. »Wahrscheinlich nicht.«

»Und sehen Sie nicht schon darin etwas von dem Sinn des Hierseins?« Da ruft Borin scharf:

»Aber Herr Pfarrer! Dieser Wahnsinn unseres Leidens in Rußland kann doch in keinem Verhältnis zu der Tatsache stehen, daß ich mit einem Priester ein Gespräch führe, das sonst unterblieben wäre?«

»Haben Sie die Maße und für Ihr ganzes Leben geeichten Gewichtsteine, die Ihnen erlauben, zu den richtigen Verhältnissen und Balancen durchzustoßen? – Ich hatte sie jedenfalls nicht! Bis Kasakstan nicht!«

Der Priester nimmt die halbe Zigarette, die Borin hinhält. Er gibt Borin Feuer, dann sich.

»In Kasakstan lebten auch die sowjetischen Strafgefangenen mit uns zusammen. Politische Häftlinge zumeist. Es sprach sich herum, daß ich Priester bin, obgleich ich im Anfang nur einen Kreis deutscher Kriegsgefangener um mich hatte. Aber bald erfuhren auch die Russen

112

davon. Das brachte mir zunächst ein paar Schläge mit der Peitsche ein, später aber einige Erlebnisse, von denen dieses zu den schönsten zählt: Wladislawa Czupow war die Großmutter des Lagers. Sie war 78 und brauchte nicht mehr in der Holzfällerei zu arbeiten. Ihre Arbeit war die Sorge um ihr Enkelkind, die achtjährige Natascha. Die Mutter des Kindes war vor zwei Jahren unter einen bereits verladenen Baumstamm geraten, der wieder vom Wagen herunterglitt und sie erschlug.

Die Großmutter Wladislawa Czupow war in der zaristischen Zeit groß geworden. Groß im wahrsten Sinne des Wortes, denn sie war damals Hofsängerin und hatte ein paar Orden bekommen. Verdächtig genug also, um nach der Revolution zunächst verhaftet, dann freigelassen, aber ständig bespitzelt und schließlich deportiert zu werden. Die Tochter mußte gleich mit, weil das ›Reaktionäre‹ auch ihr schon in Fleisch und Blut gedrungen war.

Wladislawa Czupow kam mit der Kleinen zu mir. Die alte Frau stellte sich einfach vor mich hin und sagte erstaunlicherweise in klarem, gut akzentuierten Französisch:

›Bringen Sie diesem Kinde ein Gebet bei, Vater! Ein einziges Gebet, an das es sich halten kann!‹

›Können Sie das nicht tun?‹ fragte ich.

›Nein, ich habe es nicht gelernt damals, obgleich ich Gelegenheiten genug gehabt hätte. Sie sind verpaßt. Doch für das Kind ist es noch nicht zu spät. Bitte, lehren Sie Natascha das Beten!‹

Ich dachte nach und glaubte der Frau dann sagen zu müssen:

›Wissen Sie, daß es auch gefährlich sein kann, hier um ein Gebet zu wissen und es mit sich zu tragen. Sie haben sicher gehört, was meine Kameraden ausgestanden haben, als man Teile der Bibel bei ihnen gefunden hat, die wir auf Birkenrinde abgeschrieben und verbreitet haben?‹

›Das Kind soll das Gebet auch nicht auf Rinde oder Papier bei sich tragen, sondern im Herzen. By heart, wie die Engländer sagen!‹

Mit dem Herzen, dachte ich damals, und mir ging auf, daß unsere schöne Sprache mit ›auswendig‹ ein viel schwächeres Wort für die Tatsache des In-sich-Tragens hat.

›Gut, Wladislawa, die Natascha soll ihr Gebet lernen. Russisch! An jedem Tag drei Worte.‹

Sie müssen wissen, Borin, daß die meisten von uns Feldgeistlichen einige russische Gebete auswendig lernten, bevor wir im Osten eingesetzt wurden. Wir dachten, diese Gebete auch mit sterbenden Sowjets sprechen zu können. Bei mir ist es nie dazu gekommen. Als ich an die Front kam, war der Rückzug schon da. Tscherkassy-Kessel. Die Sterbegebete, die zu sprechen waren, mußten deutsch sein. Einige tausend.

Natascha lernte das Vaterunser bei mir. Wort um Wort. Ich habe noch nie in meinem Leben ein so langes Vaterunser gebetet, aber auch noch nie ein derart tiefes und bewußtes. Da ich dem Kind gleichzeitig eine Deutung der einzelnen Worte zugeben mußte, bin ich zu einer Betrachtung dieses großen Gebetes gekommen, die mir bis dahin verschlossen war.

Bei ›Vergib uns unsere Schuld, wie auch wir vergeben unseren Schuldigern‹ fehlte dem Kind die Möglichkeit des Begreifens. Und ich entdeckte, daß sie eigentlich auch mir abging. Den Kommissaren vergeben, die mir die Peitsche durchs Gesicht gezogen hatten? – Der eine Satz kostete einen Monat, bis Natascha und ich soweit waren, ihn zu verstehen und in der rechten Weise uns unter diese Worte zu stellen wie unter ein Kreuz.«

»Ich sehe den Sinn«, sagt Borin.

»Nein«, fährt der Priester ruhig fort. »Der Sinn meines Hineingestelltseins in die sibirische Fron ging mir erst am Tage meiner Verlegung aus Kasakstan auf. Großmutter Wladislawa war mit dem Kind Natascha zum Abschied zu mir gekommen.

Die Großmutter sagte gar nichts. Und das Kind sagte nur diese wenigen Worte, wobei es seine Hand in meine legte:

›Ich will dieses Gebet von nun an sprechen, jeden Tag, jeden langen Tag einmal. Und es soll für dich sein, Väterchen, für dich und dieses Land.‹

Verstehen Sie nun, was ich meine, Borin? Da ist ein Kind, ein russisches Kind, das für dieses Land betet! Für ein Land, das für uns zu einem Abgrund geworden ist. Wissen Sie, was aus diesem Gebet werden kann? Wissen Sie, daß ich daran glaube, daß dieses Rußland einmal an diesem Gebet gesunden muß?

Wissen Sie, Borin, daß ich nun glücklich bin, auch hier? Es mag wie Wahnsinn an Ihr Ohr klingen, aber lassen Sie den ›Wahn‹ aus diesem

Wort und sehen Sie nur den Sinn. Alles ist nun dutzendfach leichter für mich. Ich weiß, warum ich hier bin.«

Borin sagt nichts. Aber er hat vor Erregung das Stückchen Zigarette zwischen seinen Fingern zerkrümelt.

Sebastian Borin steht auf und greift nach der Hand des Priesters.

»Danke!« Der Priester nickt zu diesem Wort, das sein Kamerad Borin ihm als Gegengabe darreicht.

»Danke, Herr Pfarrer. Darf ich – darf ich noch häufiger zu Ihnen kommen? Ich – ich habe es nötig, sehr.«

»Kommen Sie«, sagt der Priester in der Wattejacke und nimmt Sebastian Borin beim Arm. »Kommen Sie.«

*

An diesem Abend betet der ehemalige Sanitätsunteroffizier Sebastian Borin ein Gebet in seinem ›Kreml‹, das er ein Jahrzehnt lang nicht mehr gesprochen hat.

Satz um Satz spricht er das Vaterunser.

XVIII

Das Siedlungshaus der Berks

»Unser Doktor!«

Das sagen die Menschen in Friedland, wenn sie von dem Priester sprechen, der Josef Krahe heißt. Die Einheimischen Friedlands sagen mit Bewunderung:

»Junge, Junge! Unser Doktor!«

Und die anderen sagen es mit Liebe. »Unser Doktor.« Wer sind diese anderen?

Das sind die Heymanns aus Marienburg und die d'Heureuses aus Oberschlesien, die Konschaks aus dem Rheinland und die Honkas, die Hoys und Bischofs. Einige hundert Menschen, vertrieben, ausgebombt, hierher verschlagen. Sie gehören zum Lagerpersonal, das damals aus einer Hundertschaft kriegsgefangener Soldaten und Offizieren bestand, die von den Engländern einfach nach Friedland abkommandiert wurde. Sie sind bei der Polizei oder helfen den

Bauern, bei denen sie mit ihrer Familie eine Gesindekammer zum Hausen bekommen. Sie sind in diesem Ort Friedland geblieben, weil sie nicht weiterkonnten. Aber sie leben nicht, sie vegetieren. Sie sehen, wie es überall weitergeht, und sie müssen selbst auf der Stelle treten oder fallen zurück, obgleich sie rackern und wühlen, schuften und sorgen.

Einer von denen, die »Unser Doktor!« mit Liebe sagen, ist Johannes Berk.

*

Doppelzentnersäcke. Zucker wird in den Laderaum geschleppt. Die »Kampagne«, wie die Zuckerrübenernte in Obernjesa heißt, ist vorbei.

Neben dem Lkw steht Johannes Berk. Berk wiegt 120 Pfund und hat eine hochgradige Steinstaublunge.

»Na, Hannes? An die Säcke trauste dich wohl nicht ran, was?«

Johannes Berk zuckt mit den Schultern.

Der Meister lacht.

»Wenn du das schaffst, Hannes, kriegst du von mir 30 Pfund Zucker!«

Johannes Berk horcht auf. Dreißig Pfund Zucker?

»Abgemacht?« fragt Berk.

»Abgemacht!« sagt der Meister.

Johannes Berk zählt die Stufen. Es sind 25. Genau. Einen Doppelzentner Zucker 25 Stufen hinauftragen ist viel für einen Mann, der nur 120 Pfund wiegt. Es ist noch mehr für einen, der statt der Lunge einen durchbluteten Stein in der Brust hat. Es ist fast unmöglich für einen Mann, der gestern zum Abendbrot zwei Scheiben gerösteter Steckrüben gegessen hat und heute morgen nichts.

1946!

In Klein-Schneen wohnen noch fünf weitere Menschen, die Berk heißen. Sie leben mit ihrem Vater Johannes in einem Zimmer, nein, in einem Verschlag, der 21 qm groß ist und in dem zwei Betten stehen. Diese fünf Berks wollen etwas zu essen haben, wenn ihr Vater nach Hause kommt.

Johannes Berk wuchtet sich den Doppelzentner auf den Rücken. Er spürt die Last sofort in tiefen Stichen bis in das letzte Spitzchen des Lungenflügels hinein. Aber er hebt den Sack vom Lkw und trägt ihn die knarrenden Stufen hinauf. Jeder Schritt preßt ihm den Schweiß aus dem abgezehrten Körper. Vor den Augen wird es dunkel. Aber weiter.

Das Lachen des Meisters unten ist verstummt. Der Wettlustige im weißen Kittel spürt, daß der Schmächtige sich die 30 Pfund Zucker sichern will, sichern muß, und daß es dem Berk im Augenblick gleichgültig ist, ob er ohnmächtig unter dem Sack zusammenbricht oder . . .

»Hör auf, Hannes!« sagt der Meister.

Aber Berk hört es nicht. Er kann es nicht hören, weil das Blut durch die Gehörgänge braust. Berk schleppt.

30 Pfund Zucker! 30 Pfund Zucker!

Jetzt ist der Schmächtige oben.

25 Stufen. Das bedeutet für diesen Mann wohl 25 Wochen weniger Leben.

Aber es heißt auch 30 Pfund Zucker. Und das heißt für die fünf Berks weiterleben.

Der keuchende Berk bekommt seine 30 Pfund Zucker eingesackt. Er schleppt den Wäschebeutel voll Zucker nach Hause.

Nach Hause! denkt Johannes Berk. Dieser Verschlag, in dem meine Familie hausen muß, dieses Loch! Wohnen, kochen, schlafen, arbeiten! Alles in dem Raum, dessen einziges Fenster durch Bretter zugeschlagen ist, damit wir nicht in Versuchung kommen, dem Bauern an die Kartoffeln zu gehen, die unten im Stall lagern. In Alsdorf hatte ich mein Zuhause. Aber hier?

Alsdorf, das ist lange her. Alsdorf im Rheinland. Da hatten die Berks ihr Häuschen, und Johannes Berk verdiente im Pütt. Bis das Gedröhn der Bomberverbände über Alsdorf lag und das Haus zu Schutt wurde und Frau Berk mit Familie nach Klein-Schneen evakuiert wurde.

Johannes Berk, alter Mineur, baut zu dieser Zeit Stollen zwischen Aachen und Jülich. In den letzten Kriegstagen treibt er mit sechs weiteren Bergleuten einen 252 m tiefen Unterstand in den Michaelsberg bei Siegburg. Dann sind die Amerikaner da und mit ihnen die Lager Koblenz, Remagen, Wickrath. Ende August wird Johannes Berk 1945 entlassen. Mit einem Kohlenzug fährt er zu seiner Frau und den Kindern nach Klein-Schneen. Aus dem Hunger des Lagers in den neuen, stärkeren Hunger und in das neue Elend hinein, das die Fremde für die Berks bereit hält.

Berk weiß nicht, was werden soll. Aber er hat an diesem Abend 30 Pfund Zucker für seine Familie erkämpft.

*

Klein-Schneen gehört zu dem Seelsorge-Bereich des Lagerpfarrers von Friedland. Dr. Krahe trägt auf beiden Schultern. Da ist das Lager, und da ist eine Anzahl von Menschen, die zu einer Gemeinde Friedland gehören, die es noch nicht gibt.

Krahe sieht das Elend der Berks. Jetzt, wo im Lager Friedland durch ständige Arbeit die äußerste Not geschwunden ist, wirkt das menschenunwürdige Dasein der Vertriebenen um so erbarmungswürdiger.

Der Lagerpfarrer hat Übung im Kampf gegen nagende Not. In den letzten Kriegsjahren galt seine ganze Liebe und Arbeit den Fremdarbeitern: Italienern, Franzosen, Belgiern, Ukrainerinnen. Das waren die Lehrjahre für Friedland. Der junge Kaplan ließ sich damals durch nichts einschüchtern. Auch nicht durch Briefe, in denen ihm noch im Januar 1945 ein SS-Mann schreibt:

»Wir werden Sie bald aufhängen!«

Das war die Quittung für Krahes Arbeit, damals.

Heute sieht Krahe, daß das Elend der Fremdarbeiter noch durch das der Deutschen im eigenen Land übertroffen wird, von dem der Vertriebenen, Ausgebombten. Und er kann es nicht mehr sehen, das Loch, in dem eine sechsköpfige Familie hausen muß.

»Herr Berk«, sagt der Lagerpfarrer zu dem schmächtigen kleinen Mann mit der großen Energie. »Herr Berk, wollen wir bauen?«

»Machen Sie doch keine Witze, Herr Doktor! Haben Sie Geld?«

»Nein. Aber das wollen wir im Augenblick nicht diskutieren. Ich frage Sie nur: wollen Sie bauen?«

»Aber das Geld . . . !« will Johannes Berk wieder anfangen.

»Nun hören Sie doch endlich auf mit dem Geld. Wenn Sie ernsthaft den Willen haben, sich und Ihrer Familie ein Dach über dem Kopf zu schaffen, dann ist das keine Schwierigkeit. Also wollen Sie?«

»Ja!« sagt Berk. Einen Augenblick lang hat er Angst gehabt. Ist dieser Priester vor ihm ein Phantast, der Luftschlösser baut?

Aber ein Blick in das Gesicht des Lagerpfarrers sagt dem Johannes Berk, daß Dr. Krahe weiß, was er will.

»Der Doktor und ich, wir bauen!« sagt Johannes Berk zu seiner Frau.

»Bauen was?«

»Ein Haus für uns«, sagt Johannes Berk.

»Und das Geld...?«

»Hauptsache ist, daß ich richtig loslegen will mit dem Bauen. Das andere ist keine Schwierigkeit!«

»Keine Schwierigkeit!« Neben »ist ja interessant« wird das Wort »keine Schwierigkeit« von Dr. Krahe im Lager Friedland populär. Der Lagerpfarrer geht von der Überzeugung aus, daß die Friedland-Siedlung her muß. Friedland, das so vielen Schicksalstor war, soll nun wenigstens für einige hundert Menschen auch Endstation werden. Für einige hundert Menschen Endstation zu eigenem Besitz, zum selbsterarbeiteten Dach über dem Kopf.

»Keine Schwierigkeit!« Der Lagerpfarrer hat es nicht leichthin gesagt. Er hat monatelang in seiner Hütte darüber nachgegrübelt, wie so ein Werk, das Millionen kostet, auf die Beine zu stellen ist. Krahe läßt Flugzettel drucken, die von der Notwendigkeit des Friedland-Gedächtniswerkes künden. Er setzt sich in nächtelangen Planungen mit Architekten und Bausparkassen-Leitern, mit Siedlungswilligen und Beamten zusammen und auseinander. Er reist wieder und predigt verstärkt. Er »schachtet aus«.

Der Lagerpfarrer von Friedland hat von nun an eine dreifache Aufgabe: er ist Priester des Lagers, Seelsorger seiner Gemeinde und – Bauorganisator. Neben den Schicksalen des Lagers, neben den Predigtgerüsten und Bettelbriefen, neben den Dankschreiben und dem Schuften mit eigenen Händen für die Hilflosen steht eine neue Forderung: Zahlenkolonnen im Kopfe haben, Finanzstatistiken aufstellen, sich in die Rolle des Architekten versetzen.

Der Pfarrer von Friedland bekommt ein neues Vokabular zu verstehen:

– Erdaushub mit Einfüllung und Dichtung der Setzungsfugen gegen Oberflächenwasser, gleich 193 Arbeitsstunden.

Wir würden uns sehr freuen, wenn es Ihnen gelingen würde, fünfprozentige Pfandbriefe zu einem Emissionskurs von 98 Prozent unterzubringen, da auf diese Weise Mittel für die Restfinanzierung des 2. Bauabschnittes sofort verfügbar wären.

...baten wir, uns die Genehmigung zu erteilen, auf den Bauparzellen des 1. Abschnittes ein zweitrangiges Hypothekendarlehen (Landes-mittel) zugunsten einer ......Kreiswohnraumabgabesteuer... Ein-liegerwohnungen... Wasserpumpenzangen... Erbbaupachtver-trag... Einfamilienhaus Typ VH 99... Sperrzonengürtelpro-gramm...

Die Wortungeheuer tanzen durch das Hirn des Lagerpfarrers und versuchen sogar, sich zwischen die Sätze des Breviers einzuschlei-chen. In diesen Wochen zieht sich die erste hellgraue Strähne durch das Haar Dr. Krahes. Das funzelige Licht in der Nissenhütte brennt oft bis zum Morgengrauen. Geld muß her. Die Flüchtlingssiedler haben ja nichts anderes als ihre beiden Fäuste und den Arbeitswillen. Geld und Grund müssen beschafft werden. Wenn ich den Menschen hier nicht zu einer menschenwürdigen Wohnung verhelfe, muß ich mich schämen, denkt der Lagerpfarrer. Die Wohnung der Berks, furchtbar. In diesen Löchern kann man die Zehn Gebote Gottes nicht halten! Ich kann nicht die Leute um den Altar scharen und die Liebe Gottes predigen, wenn ich es ihnen nicht durch die Tat zeige. Ich kann nicht mehr ehrlich sein in meiner Berufung als Priester, wenn ich diesen Auftrag nicht annehme und erfülle: dem lebendigen Tempel Gottes, dem Menschen, das Haus zu bauen.

Und der Priester senkt wieder die brennenden Augen über die Aufrisse und Blaupausen und rechnet.

*

»Dieser Lagerpfarrer ist ein verflixt zäher Bursche. Der weiß, was er will. Und er erreicht, was er will!«

Die Lagerarbeiter sagen es, die wohl zuerst ein bißchen gelächelt haben, als man hörte, was der Schwarzrock nicht alles bauen will. Doch dieses Lächeln der Nachsicht ist schnell gewichen. Die Schuster, die bei Krahes Ankunft eine Klopfkanonade losließen, ziehen jetzt tief die Kappe, wenn der Lagerpfarrer an ihnen vorbei durch den Schlamm stapft. Und der Doktor kommt auf sie zu und schüttelt ihnen herzlich die Hände. Und die Arbeiter spüren am Händedruck: dieser Priester hat dickere Schwielen als wir. Der gehört zu uns genauso wie zum lieben Gott. Donnerwetter, was wir uns damals doch getäuscht haben! Dr. Krahe ist wirklich zäh. Das bekommt auch der Eigentümer des Grundstückes zu spüren, auf dem Dr. Krahe die Siedlung für die

Vertriebenen errichten will. Es ist eine hochbetagte Witwe, der das Land gehört.

Dr. Krahe erfährt, daß die Frau verkaufen will.

»Da muß ich sofort hin!«

»Aber sie ist zu einer Beerdigung, nach Reiffenhausen.«

»Jetzt oder nie!«

Der Lagerpfarrer schwingt sich auf sein Fahrrad und strampelt durch den Abend in das Dorf, wo die Witwe mit den anderen Trauernden den Beerdigungskuchen – Streuselkuchen und Bienenstich – hingebungsvoll verzehrt.

»Ich möchte Sie sprechen, bitte, gnädige Frau!«

»Mich! Aber warum denn?«

»Ich höre, Sie wollen in Friedland Land verkaufen?«

»Das wohl – – aber!«

Der Blick der alten Frau gleitet über den Priesterrock des Mannes. Meine Güte! Man kann sich Ungelegenheiten schaffen, wenn man das Land der Kirche verkauft. Außerdem...!

»Nein!« sagt die Frau da. »Ich möchte doch nicht verkaufen. Ganz ausgeschlossen!«

Und der Lagerpfarrer in seinem zerschlissenen Rock setzt sich ganz einfach auf einen Stuhl und sagt sehr leise, aber deutlich:

»Gute Frau, jetzt bleibe ich hier sitzen, bis Sie mir das Land verkaufen.«

Die Frau erschrickt. Sie redet und redet. Der Priester hört sich den Wortschwall an und nickt nur mit dem Kopf oder schüttelt ihn energisch.

Bis Mitternacht. Da holt die Frau noch einmal tief Atem zu einem neuen Redefluß. Doch wie sie den jungen Pfarrer da hocken sieht, müde, zerknittert und doch dazu entschlossen, noch zwei Wochen so sitzenzubleiben, da muß sie doch lächeln.

»Gut, Sie Dickkopf. Ich verkaufe!«

»Danke schön, gute Frau. Sie wissen nicht, was Sie mir mit diesem Wort ermöglichen. Wir machen doch gleich einen Vertrag, bitte, ja? Wenn auch nur erst provisorisch.«

»Sie legen sich ja mächtig ins Zeug!« staunt die Witwe.

»Muß ich ja!« lacht der Priester.

Rasch schreibt der Lagerpfarrer von Friedland einige Zeilen zu dem

Kontrakt auf, gibt sie der Frau zu lesen. Die Witwe setzt ihre Nickelbrille ab und nickt.

»Gut«, sagt Dr. Krahe. »Jetzt die Zeugen!«

»Nägel mit Köpfen machen Sie, Herr Pfarrer. Aber jetzt ist mir auch das recht. Wecken Sie mal den Gurschen-Broich und den Jänicke.«

Der Pfarrer radelt und weckt. Schließlich ist der Vertrag unterzeichnet. Von zwei schlaftrunkenen Männern, einer lachenden alten Frau und einem Pfarrer, aus dessen Knochen das letzte bißchen Müdigkeit gewichen ist.

Jetzt greift Dr. Krahe in die Tasche. Ein paar Geldscheine sind noch darin.

»Hier das Handgeld!« sagt der Priester. »Die Anzahlung!«

Ein überglücklicher Mensch radelt durch den Tau des Morgens nach Friedland zurück. Das Werk kann beginnen.

Zwei Tage später fliegen die Spaten.

*

»Unser Doktor hat's tatsächlich geschafft!« sagt Johannes Berk und zeigt, was er trotz seiner Steinstaublunge noch leisten kann. Eigentlich arbeitet er zum erstenmal in seinem Leben ganz für sich und seine Familie. Jeder Spatenstich, jeder Eimer Zement bringen ihn seinem Ziel näher: eigenes Haus. Darum spürt er auch seine schmerzende Lunge bei der Arbeit nicht. Darum macht es ihm nichts aus, das Wasser für den Beton mit Eimern in zwölfhundert Gängen vom Bach zu holen.

Es ist Sommer. Kaum hat Johannes Berk mit seinen Jungen die Fundamente zu seinem Haus gegossen und die Kellerräume fertig, da holt er sich aus seiner Not-Behausung das alte Sofa und stellt es in das werdende Haus. Einfach mitten in den Keller hinein.

»Hier bin ich, hier bleibe ich!« sagt Johannes Berk. Und die anderen Männer aus der Siedlergemeinschaft verstehen ihn gut. In den eigenen vier Wänden schlafen!

Millionen Spatenstiche, Tausende Kubikmeter Beton und Mauerwerk. Etwas Neues, Gesundes wächst aus dem Boden Friedlands. Der Ort, der bisher nur Sammelbecken der Zerschlagenen war, Herd der Unrast, Drehscheibe des Elends, erhält ein neues Gesicht.

Der Lagerpfarrer von Friedland, Dr. Josef Krahe, hat begonnen, dieses Gesicht zu formen.

Johannes Berk kann am Sonntag nach einer Arbeitswoche die zerschundenen Knie nicht beugen; aber er steht demütiger vor Gott und dankbarer als mancher Kniende. Richtfest!

Der 1. Bauabschnitt ist fertig. Wenn man von Elkershausen über die Felder nach Friedland hinüberschaut, sieht man das neue, schönere Friedland. Und wenn man nach Friedland hineinkommt, hört man fremde Sprachen von jungen Menschen in weißer Arbeitskleidung. Der Bauorden, eine Gründung des belgischen »Speckpaters« van Straaten, holt sich junge Menschen aus Europa und setzt sie an den Brennpunkten der Not ein. Auch dieses Werk ist möglich durch die Hilfsbereitschaft des einzelnen. Der einzelne ist zum Beispiel der Bauer Gilbert de Tavernier aus Hooglede in Belgien. 1944 haben die Deutschen zwei Kühe bei ihm requiriert. Aber von den verbliebenen drei Rindern will de Tavernier pro Tag den Erlös für einen Liter Milch eben jenen Deutschen zuführen, die ihm sein Eigentum genommen haben. Denn Tavernier weiß, daß Rachegedanken todbringend sind. Von dem summierten Geld für einen Liter Milch bekommt Hermann Bogaerts, Geburtsjahrgang 1937, das Reisegeld bis nach Friedland, einen Arbeitsanzug und das Werkzeug, um den deutschen Flüchtlingen zu einer Wohnung zu verhelfen. Von Borgerhout in Belgien bis nach Friedland in Deutschland ist der Weg nicht weit, wenn er über das Herz geht. Und mit Dr. Krahe scheint in Friedland das Zeitalter der jungen und junggebliebenen Herzen angebrochen zu sein. Der Herzen, die für das Heute und Jetzt schlagen und die nicht dem Gestern verhaftet sind.

Und wie Hermann Bogaerts so stellen sich viele junge Kerls neben den Lagerpfarrer von Friedland: der Roger Landuyt aus Gingelom, der Guido van Hunsel aus Antwerpen, der Jan Maesen aus Meeuwen, der Jos van Criekinge aus Heverlee und Dutzende andere.

Auch das großartige Kapitel des Bauordens wird einmal geschrieben werden müssen. Junge Menschen vergessen den Haß und wandeln ihn durch Millionen Spatenstiche zur Liebe. Junge Menschen des Auslands gehen in den Strudel deutscher Flüchtlingsnot.

Die Härte der Arbeit kann den Geist dieser Jungen nicht einmal ankratzen. Straßenbau! Darin sind diese Bauorden-Gesellen Spezialisten. Das geht Hub um Hub: Auskoffern, Wasserleitung, Kanalisation, Packlage gesetzt, Grobschotter, Feinschotter, Grus, gewalzt und Bordsteine. Fertig!

123

Straßenbau aber auch in anderer Weise: Wegräumen der letzten Reste von nationaler Egozentrik, Wecken des Bewußtseins der Zusammengehörigkeit, darauf eine Packlage Humus des Verstehens und dann die große, breite Straße gebaut, bis an den Rand der Welt! Die Straße der Liebe unter den Völkern.

Natürlich, daran denkt der Hermann Bogaerts nicht, aber er fühlt es. Und denken tut es für ihn der Lagerpfarrer von Friedland, der neben dem Jungen steht und zupackt.

*

Bilanz! 1951 stehen in Friedland 65 neue Häuser für 120 Familien. »Unser Doktor ist ein Donnerwetter!« sagen die Männer, als sie den Schlüssel zu ihrem Haus in die Hand nehmen. »Für den gibt's wirklich keine Schwierigkeiten!«

»Nun sag doch nicht so was wie Donnerwetter«, schimpfen die Frauen. »Sag ein wunderbarer Mensch und Priester!«

»Aber ein Donnerwetter ist er doch!«

Die Männer bleiben dabei. Die Siedlung steht. Und der Lagerpfarrer von Friedland hat sie gebaut. Basta!

Bilanz! Lagerpfarrer Dr. Krahe nötigt mit seinem Werk allen, die durch Friedland kommen, Respekt ab. Am 1. Mai 1952 wird dem Mann in der Nissenhütte das Bundesverdienstkreuz überreicht. Reden werden gehalten. »Der Pfarrer der sozialen Tat« und »Dr. Krahe, Baumeister des Herzens« schreiben die Zeitungen.

Als man den Lagerpfarrer mit der Verleihung des Bundesverdienstkreuzes überraschen zu können glaubt, sagt er nur:

»Ist ja interessant!«

Dann geht er zurück in seine Wellblechhütte. Ein neuer Plan steht vor seinen Augen.

Und neue Sorgen lasten auf den Schultern dieses Mannes. Nur spärlich sickern kleine Heimkehrertrupps durch die Zonengrenze ins Lager Friedland. Was soll der Pfarrer den Frauen sagen, die jetzt verstärkt fragen: »Wo bleiben unsere Männer? – Wo sind unsere Söhne?«

Diese Bilanz ist nicht so großartig wie die von Steinen und Erde.

Im Jahre 1951 kehrten heim:

199 Menschen aus Rußland, darunter vier Frauen;

271 Männer aus Jugoslawien;
236 Personen, darunter 34 Frauen und ein Kind, aus der Tschechei;
196 Personen, darunter fünf Frauen, aus Polen;
12 Personen aus Rumänien;
5 Männer aus Albanien;
53 Männer aus dem Zuchthaus Werl aus britischer Haft;
19 Männer aus dem Gefängnis Landsberg aus USA-Gewahrsam.
Dazu gesellen sich zehn Zivilinternierte aus Polen, Frankreich, Lettland, Brasilien und Litauen.
Und diese nackte Zahl faßt alle Heimkehrer des Jahres 1951 zusammen:
1001 Menschen!
1953 kommen nur insgesamt 455 Heimkehrer aus Ost und West neben 249 Zivilinternierten.
Und wo bleiben die anderen?
Die Sowjetunion schweigt.

XIX

Nachtschicht

Workuta schweigt nicht. Jedes Molekül Erde zittert hier. 22 km lang Lager an Lager, Schachtsystem an Schachtsystem. Hier wird die Erde nie ruhig.
Auch nicht zur Weihnachtszeit.
25. Dezember 1953.
Der Förderkorb sackt in die Tiefe. Mit unruhigen Händen tastet Lewerenz seinen Körper ab.
»Was hast du?« fragt Borin.
»Ein dußliges Gefühl«, sagt Lewerenz.
»Weihnachten«, lächelt Borin.
»Ach, Weihnachten! Was anders. Ist dat denn Weihnachten gewesen vorhin?«
»Ja, das war Weihnachten«, sagt Borin.
»Wat? Die Tannenbäumchen und dann die Krippe, die der Voß geschnitzt hat mit dem Christkind drin? Und die Zigaretten und die Schokolade aus Passau und Freiburg?«

»Auch das«, sagt Borin. »Und das Lied!«

»Stille Nacht, Heilige Nacht?«

»Ja.«

»Aber es fehlt doch wat!« ruft Lewerenz.

Und Borin und Lewerenz sagen zu gleicher Zeit: »Das Zuhause.«

Doch es war in diesem Jahr nicht so schmerzhaft, das fehlende Zuhause, denkt Borin. Bei mir jedenfalls nicht. Für Minuten habe ich mich geborgen gefühlt. Während der Mitternachtsmette. Die erste seit zehn Jahren. Ich weiß nicht, warum es mir nun so leicht gemacht wird. Die Leere war ausgefüllt heute nacht. Die bodenlose Leere war aufgefüllt mit dem größten Geschenk.

»Raus!« sagt Lewerenz.

Der Förderkorb ist hart abgefangen worden und ruckt in den Stand. Die Männer trotten hinaus.

Mit dem größten Geschenk, denkt Borin weiter. Mit dem Leib Christi. Nein, die Leere war nicht nur aufgefüllt. Die Leere ist noch aufgefüllt. Jetzt und immer. Ich weiß es.

»Ich habe heute nacht kommuniziert, Alja«, sagt Borin sehr leise zu dem Mädchen, das aufgekommen ist.

»Ich sehe es dir an, Sebastian«, sagt die Russin.

»Woran?« fragt Borin.

»An deinen Augen«, lächelt die Russin. »Wenn Augen wirklich Spiegel der Seele sind, dann muß deine Seele ganz voll Glanz sein, heute.«

Damit ist meine Seele also angefüllt, denkt Borin. Mit dem großen Glanz. Das ist gut.

Und die Russin sagt:

»Wir sind so reich, Sebastian!«

Während Borin im irrlichternden Schein der Grubenlampe weiterstolpert, läßt er den Satz durch sein Herz gehen. Vor Jahren, ja, noch vor Monaten hätte er darüber gelacht. Reich! Hier in Workuta. Aber jetzt nickt er nur und sagt:

»Wir sind es, Alja.«

Was heißt wir? denkt Borin gleich danach und schämt sich. Wir, das sind wohl Alja und ich. Aber gehören nicht auch Lewerenz dazu und der Junge?

Wie kann man da helfen? – Als Missionar und Prediger? Lewerenz würde lachen und der Junge wohl auch. Nein, das ist kein Weg!

126

Aber man müßte den Kameraden helfen, die noch die Leere in sich haben, die furchtbare Leere.

»Man müßte ihnen etwas von dem Glanz mitgeben können!«
Borin hat es gedacht, aber Alja hat es gesagt. Erstaunt blickt Borin in das Gesicht der Russin.

»Brunos Gesicht ist finster!« sagt Alja. »Da gehört Helle hinein, Licht.«
Der Mann, dem das Gespräch gilt, fährt jetzt häufiger mit der Hand über Gesicht und Körper.

»Es muß ihn heute besonders stark gepackt haben. Die Nervenstränge sind einfach zerrieben«, sagt Borin.

Lewerenz singt wieder. In seine Marschlieder aber mischen sich die Weihnachtsweisen.

»Vom Himmel hoch, da komm ich her... Panzer rollen in Afrika vor... und bring euch gute, neue Mär... heiß über Afrikas Boden die Sonne glüht, unsere Panzermotoren singen ihr Lied taritarei!... Ihr Kinderlein, kommet... von Finnland bis zum Schwarzen Meer...!«

»Hör auf!« schreit der Junge. »Das macht einen ja verrückt!«

»Laß ihn!« will Borin gerade sagen, als sich Lewerenz auch schon herumgedreht hat und dem Jungen eine Ohrfeige gibt, daß er gegen die Stempel fliegt. »Lewerenz!« ruft Borin.

Der Kumpel zuckt zusammen und geht weiter. Dabei murmelt er gräßliche Verwünschungen.

»Weihnachten.« Alja sagt dieses eine Wort. Nur dieses Wort. Aber eine Welt von Trauer liegt darin.

Der Junge heult hemmungslos.

Lewerenz setzt den Bohrer an, wohl damit das Rattern das Weinen des Jungen frißt.

Stark preßt sich Lewerenz mit der Schulter gegen das Handstück des Bohrers.

Da faucht mit jäher Gewalt eine grüne Flamme aus dem Bohrloch vor Lewerenz, springt in das Gesicht des Plennijs und rast weiter an Alja, dem Jungen und Borin vorbei in den Schacht. Der Luftdruck reißt einige Stempel weg. Steinbrocken poltern hinunter. Ein Schmerz zuckt durch Borins Arm bis zum Schulterblatt.

Dann ist für Sekunden Stille.

Und nun steht ein wilder Schrei im Schacht. »Iiiich seehe niiiichts meehr! Hilfe! Hiiiiilfe!«

Das Schreien wird zum Geröchel. Wie ein Bär tappt Lewerenz, fällt über seinen Bohrer, liegt verkrümmt auf dem Boden und wimmert. Die großen, blutenden Hände sind vor das Gesicht gedrückt.

»Bruno!« brüllt Borin. »Lewerenz!«

»Mach doch Licht!« flüstert Lewerenz und nimmt die Hände vom Gesicht. Die Haut ist in großen, schwarzen Placken vom Fleisch des Gesichtes gefetzt. Die Augenhöhlen sind zwei brandige Löcher.

»Mach doch Licht!« verlangt Lewerenz wieder.

»Aber die Lampe brennt ja«, sagt der Junge voreilig.

Borin will zu seinem Kameraden. Erst jetzt merkt er, daß sein Arm unter dem eisernen Träger liegt, der von der Explosion weggedrückt wurde.

»Ruhig liegenbleiben«, befiehlt die kehlige Stimme Aljas.

»Ich muß zu Bruno!« ruft Borin und will seinen Arm unter dem Träger fortreißen. Doch da wellt der Schmerz bis in das Gehirn und preßt einen neuen Aufschrei aus Borin. Von überall her rennt Dunkel gegen den Mann an. Gnädiges Dunkel. Schwarz. Nichts. Bewußtlosigkeit.

*

»... Lewerenz war auf eine Petrolgas-Tasche geraten, die sich im Flöz gebildet hatte. Das war wie eine große, giftige Blase. Durch das Anbohren jagten die Gase – von einem Funken des Bohrstahls entzündet – wie ein Flammenwerfer-Strahl durch das Loch in das Gesicht von Lewerenz.«

»Lewerenz ist...?«

»Lewerenz ist blind.«

»Für immer?« fragt Borin.

»Für immer«, sagt der deutsche Arzt. »Selbst die beste Spezialklinik einer deutschen Universitätsstadt hätte nichts anderes konstatieren und tun können.«

»Lewerenz blind! Und wir wollten sein Gesicht hell machen, Alja und ich.«

»Wie bitte?« fragt der Arzt.

»Nur so«, antwortet Borin und will sich drehen. Aber es geht nur mühsam mit dem Armstumpf. Bis zum Oberarmknochen ging die Amputation.

Aber Borin denkt jetzt nicht an seinen verlorenen linken Arm. Er hat sich mit diesem Gedanken schon zwei Nächte herumgequält. Er hat auch von dem Arzt zwei Briefe an Elisabeth schreiben lassen und beide nach dem Diktat wieder mit der verbliebenen Hand zerknüllt. Angst hat er. Große Angst, Elisabeth könne nicht auch das noch ertragen, einen Krüppel zum Manne zu haben. Einen Krüppel, der einen neuen Beruf erlernen muß.

Doch diese Angst wird überlagert von dem Nicht-Begreifen, wie die Weihnachts-Schicht, die Nachtschicht für Lewerenz zu einer ewigen werden konnte. Ewige Nacht um Lewerenz.

»Sie sind wieder bei Lewerenz?« fragt der Arzt.

»Ja«, sagt Borin. »Wie – wie trägt er es? Haben Sie es ihm schon gesagt?«

»Ja«, sagt der Arzt und setzt sich. »Lewerenz ist ganz ruhig. Der Schock scheint die Krankheit aus seinem Hirn getrieben zu haben. Seine Fragen sind nüchtern, einfach. Er ist wie gelöst. Als er mit der Russin sprach, hat er sogar gelächelt.«

»Alja war bei ihm?«

»Ja, so hieß das Mädchen wohl. Und nach dem Gespräch war der Blinde geradezu glücklich.«

Das also ist der Kriegsverbrecher Lewerenz, denkt Borin. Ein zermarterter Körper, aus dem sogar noch der letzte Funken Licht hinausgetrieben wurde.

∗

Doch der Wahnsinn ist aus dem Hirn von Bruno Lewerenz gewichen. Er singt nicht mehr die apokalyptischen Fetzen. Er kann jetzt sogar hineinsehen in das Bild, vor dem er sich gesträubt hatte, mit Furcht und Entsetzen. Er kann nun das Bild ertragen, das ihn verfolgt hat.

»Wie geht es, Borin?« fragt Lewerenz den Arzt. »Trägt er es leicht?«

Seltsam, denkt der Arzt. Ähnlich hat Borin sich nach Lewerenz erkundigt.

»Das mit dem Arm«, ergänzt Lewerenz seine Frage.

»Ja, er denkt nicht an seinen Arm. Er denkt an dich!«

»Das ist schön«, sagt Lewerenz. »Aber er soll es nicht.«

»Man kann es nicht verhindern. Die wenigsten von uns, die in den letzten Jahren hier gelegen haben, dachten an sich selber. Sie hatten oft für andere zu danken.«

»Du denkst ja auch nicht an dich«, sagt Lewerenz und versucht, aus seinen Verbänden über dem Gesicht den Arzt anzulächeln. »Du denkst an uns!«

Borin ist leise an das Bett von Lewerenz getreten und steht jetzt neben dem Arzt. Er hört, wie der Mann im Kittel sagt:

»Das ist mein Beruf. Er ist mir noch nie so schwer geworden wie hier. Aber auch noch nie so klar wie an deinem Bett, Lewerenz.«

»Ausgerechnet...«

»Ja, ausgerechnet an deinem Bett. Ich bin nur ein kleines Licht. Aber auch das kleinste Licht braucht Sauerstoff, damit es weiterbrennt. Früher, in meiner Praxis, habe ich auch kämpfen müssen. Aber das war der Kampf um den Lebenswillen des Patienten, jenen Willen, den man provozieren mußte. Aber hier kommt der Kampf hinzu, der mit den Russen um euch geführt wird. Und dieser Kampf dauert nun schon zehn Jahre.«

»Wer gewinnt ihn...?« fragt Borin dazwischen.

»Bastian!« ruft Lewerenz. Borin legt seinem Kameraden nur leise die rechte Hand auf das Gesicht. Der Arzt fährt fort:

»Wir gewinnen diesen Kampf. Heute. Schritt für Schritt sind wir an dieses Ziel gekommen. Selbst hier in Workuta.«

»Wir?« fragt Borin.

»Wir!« sagt der Arzt. »Ihr hört doch tagtäglich aus den anderen Lagern die Berichte über Kohler und Driver. Kohler, der zwei Tage vor Weihnachten 1942 sich wieder in den Kessel von Stalingrad einfliegen ließ. ›Doktor, wir haben gewußt, daß Sie wiederkommen!‹ stammelte am Flugplatz ein Obergefreiter, damals. Und wie Kohler dann bei den Plennijs von Solny wieder begann: Operationen bei der Petroleumlampe, mit Meißel, Bohrer und Holzhammer aus der Lagerwerkstatt im Anfang. Von tausend Gefangenen durften in Solny nur fünfzehn krank sein. Norm! Soll! Dabei waren von diesen tausend höchstens fünfzehn nicht krank. Denn man ist in Solny, dem Malariakessel Rußlands. Dr. Ottmar Kohler wird der russischen Lagerärztin unbequem. ›Idi raboti!‹ – Geh arbeiten! Diesen Befehl erwirkt man für den Arzt, der nun mit der Spitzhacke in den Dreck geschickt wird. Aber da stehen die Plennijs von Solny nach vier Wochen vor einer Kommission aus Moskau und schreien im Sprechchor: ›Gebt uns unseren Doktor wieder! Gebt uns unseren Doktor wieder!‹ Und Kohler kommt zurück, behandelt sogar den Rayonchef des sowjetischen Lagerbezirks Pensa und holt ihn aus einer Malaria. Das wiederum bedeutet: Gunst! Und Gunst der Sowjets heißt: ein paar tausend deutscher Kriegsgefangener sind gerettet.

Oder der Dr. Hans Driver in Swerdlowsk. Einer der deutschen Ärzte, die sich die vorbehaltlose Achtung ihrer russischen Kollegen erworben haben. Der ›Engel von Swerdlowsk‹ genannt wird und das nicht hören will.

So stehen wir in diesem Lager. Kleine, nette Landpraxis. Danach habe ich mich gesehnt. Gespräch mit dem Bauern überm Zaun. Ein paar Geburten im Jahr, ein Dutzend Operationen und ein Stück Land, wo man sich selbst mit dem Spaten körperlich austoben kann. Aber wenn ich hier stehe, Lewerenz, höre gut zu, dann stehe ich neben deinem Bett nicht wie ein Klempner, der etwas reparieren muß an einer Maschine, die's nicht mehr tut, sondern wie ein Bruder, dessen Geschwister geschlagen werden. Ich habe hier lieben gelernt, Lewerenz. Am Operationstisch in Deutschland war ich sachlicher Spezialist, der in den Menschen hineingriff wie in das Räderwerk einer Uhr. Das ist vorbei, Lewerenz, weil du da warst und weil es die anderen gab hier in Workuta. Das ist endgültig vorbei!«

Der Arzt steht schnell auf und geht von den beiden verstümmelten Männern weg.

Borin streichelt Lewerenz über das zerschundene Gesicht. Lewerenz sagt:

»Nimm es nicht so schwer, Bastian. Für dich gibt es doch genug zu tun. Auch in 'nem anderen Beruf!«

Lewerenz fühlt, wie es seinem Kameraden zumute ist. Dem Kameraden, dem soeben das Ethos jenes Berufes aufgegangen ist, den er angestrebt hat.

Borin sagt:

»Du hast recht, Bruno!«

Aber bei diesem Satz starrt Borin auf seinen Armstumpf.

Lewerenz sieht es nicht. Lewerenz starrt in die Nacht. Da hört der Kumpel von König Ludwig ein Weinen.

»Wir müssen nach Hause, Bruno. Schnell nach Hause. Wann geschieht das Wunder? Wann?«

Borin senkt sein nasses Gesicht auf das Kissen.

XX

Stalin und der alte Mann

Stalin ist tot. Der Schustersohn aus Georgien, Josef Wissarionowitsch Dschugaschwili, genannt Stalin – der Stählerne –, ist tot. Der »Herr des Volkes, der die Menschheit zum Leben rief und die Erde erweckte« – so feierten ihn bezahlte Schreiber – ist tot.

5. März 1953. Der Heilige Vater in Rom empfängt die Nachricht vom Tode des Herrn der halben Welt und geht in die Hauskapelle zu stundenlangem Gebet.

5. März 1953. Der Oberste Sowjet bestellt Mittel zur Einbalsamierung des »Stählernen« und atmet auf.

Da ist Chruschtschow. Er hat diesen Mann Stalin nie gemocht. Er hat ihn gehaßt seit dem Zeitpunkt, als Stalin ihn anschrie:

»Chacholl, tanze den Gopak!« Und Chruschtschow tanzte.

Molotow freut sich. Der Hausarrest, den Stalin über ihn verhängte, braucht nicht verbüßt zu werden. Die Generale der UdSSR schauen sich an. Der Generalissimus des vaterländischen Krieges ist tot.

In den Straflagern jenseits des Urals schöpfen Millionen neue Hoffnung. Vor allem die Deutschen, die von der Faust dieses Stalins hierhergestellt wurden. Was wird jetzt mit uns geschehen? – Was tut man in der Heimat für uns?

Stalin ist tot. Was tun die Lebenden?

Die Lebenden arbeiten. Am 17. Juni 1953 rütteln Millionen an den Ketten, die Stalin um ihre Körper geschlungen hatte. Aber der Befreiungsversuch bricht zusammen, blutig.

Die Lebenden arbeiten. Vor allem der alte Mann, der in Rhöndorf wohnt, aber in diesen Monaten die meiste Zeit in Flugzeugen, auf Schiffen und in Konferenzsälen verbringt. 6. April 1953: der alte Mann an Bord der United States in New York eingetroffen. Der Alte handelt, zäh und geschickt. Es geht ja um das Volk, das ihn zu seinem handelnden Exponenten gewählt hat. Dieses Volk macht ihn erneut am 6. September 1953 zum Bundeskanzler.

Und am 2. Januar 1954 ist der alte Mann in Friedland. Der Mann aus Rhöndorf spricht kaum ein Wort, als er durch das Lager geht. Er blickt nur scharf auf alles, was zu Friedland gehört.

Daß das Lager so sein darf, wie es sich jetzt dem Auge bietet, ist ebenfalls zu einem guten Teil das Werk des alten Mannes. Er hat die Souveränität für den größten Teil des deutschen Volkes erwirkt. Diese Souveränität hat auch den letzten englischen Soldaten aus dem Bild Friedlands hinweggewischt. Die Lagerleitung ist endgültig und vollständig in deutscher Hand. Der neue Lagerleiter, Dr. Frehsen, und sein Stellvertreter Gottschalk wissen, daß der erste Eindruck der Heimat für den Heimkehrer unauslöschlich ist. Das erste, was sie bei Übernahme der Lagerleitung in Angriff nahmen, war die Ausgestaltung und Ausschmückung jeden Quadratmeters Boden. Beete entstehen, Grünflächen, die letzten Nissenhütten werden abgerissen oder höchstens noch als Geräteschuppen gebraucht.

Die letzten Nissenhütten! Bis auf eine: die des Lagerpfarrers.

Der alte Mann sieht von der Tribüne, die man neben der Behausung Dr. Krahes aufgestellt hat, in tausend Heimkehrergesichter. Ein Großtransport ist vor zwei Tagen aus Rußland gekommen.

Das sind die letzten meines Volkes, denkt der alte Mann. Aber es geht noch um die allerletzten. Um jene, die nicht hier stehen. 28 734 Briefe sind im Verlaufe seiner bisherigen Regierungstätigkeit von Frauen an ihn geschrieben worden, die noch auf Menschen warten, aus Archangelsk, Workuta, Kasakstan und wie die Plätze noch heißen mögen.

Und das Wissen um diese allerletzten ist es, das folgende Sätze aus dem Herzen des alten Mannes kommen läßt:

». . . Ich bringe euch den Gruß des ganzen deutschen Volkes, der Heimat, die euch mit Liebe empfangen hat. Ich trete vor euch bewegten Herzens. Ich denke an alles, was ihr gelitten habt, was ihr geduldig ertragen und auf euch genommen habt während all dieser Jahre. Aber ich denke auch an alle unsere Landsleute, die noch in Gefangenschaft schmachten, und ich denke an die Angehörigen derer, die noch nicht zurückgekommen sind, die aber, will's Gott, doch eines Tages zurückkommen werden.«

Der alte Mann weiß, daß er hier nicht wohlklingende, aber im Grunde unverbindliche Worte in diese Gesichter hineinsprechen darf. Er sieht vor sich die Mikrophone, die seine Worte für einige Millionen Lautsprecher aufnehmen. Unter den Menschen an den Lautsprechern werden auch die Frauen sitzen, die jene bittenden Briefe an ihn schrieben. Der alte Mann schließt ab und zu die schmerzenden Augen vor den harten Blitzlichtern der Kameras. Sein Ohr vernimmt das feine Sirren der Aufnahmegeräte von sechs Wochenschau-Produktionen. Viele diesseits und jenseits der Grenzen vergleichen den alten Mann mit einem Fuchs. Sie wollen damit seinen Sinn für das Reale, Notwendige herausstellen, sie wollen damit seine Zähigkeit bezeichnen, mit der er seine Ziele verfolgt und erreicht.

Ich weiß, denkt der alte Mann, daß wohl noch nie Worte von mir derart auf die Goldwaage gelegt wurden, wie man es mit denjenigen tut, die ich jetzt sage. Es wird Konferenzen geben deswegen. Ich werde Zugeständnisse machen müssen. Ich werde manches, was Programm ist, umwerfen müssen um dieser Worte willen. Doch ich muß sie sagen. Tausend Augenpaare schauen mich an. Millionen Augenpaare werden in wenigen Tagen auf die Leinwand starren, wenn mein Kopf in Großaufnahme dort erscheint. Und ich könnte mein Gesicht nicht ertragen, wenn es in diesen Augenblicken hochgespannter Erwartung keine Antwort auf die Fragen geben würde, die diese Millionen an mich richten.

Und jetzt verliert das Gesicht des alten Mannes für Sekunden seine Erstarrung, seine Maskenhaftigkeit. Die Stimme, trocken und nüchtern sonst, ohne Modulation, ohne Höhen und Tiefen, ist plötzlich voller Leidenschaft; wirklich vom Worte her begriffen, es schwingt Leid darin.

Der alte Mann ruft:

»Ich sage euch, daß dieser Tag, diese Stunde hier eine der schönsten Stunden ist während der viereinhalb Jahre der Bürde meiner Kanzlerschaft. Wir werden nicht ruhen noch rasten, bis der letzte Gefangene und der letzte Verschleppte der Heimat wiedergegeben ist!«

Der Lagerpfarrer neben dem Kanzler, die Minister und Staatssekretäre, die Heimkehrer, die Pressevertreter und die Angehörigen der Kriegsgefangenen auf dem Platz halten den Atem an. Zwei – drei Sekunden dauert diese Stille. Jeder erfaßt es sofort: was hier gesagt wurde, ist ein Gelöbnis, hinter dem als Einsatz das Riesenamt dieses Mannes steht und seine persönliche Ehre.

Nach den Schrecksekunden erst bricht der Beifall aus, in einer solchen Stärke, wie sie das Lager Friedland bisher nicht kannte. Lange dauert es, bis einer der Heimkehrer das Dankeswort an den alten Mann richten kann. Die Männer unten in den Wattejacken und Pelzmützen haben aus ihren Reihen einen Mann neben den Kanzler auf die Tribüne geschickt, der dazu besonders legitimiert ist.

Es ist Dr. Kohler, der Arzt von Stalingrad.

Langsam geht der alte Mann von den rohen Brettern der Tribüne hinunter. Das Klatschen und Jubeln der Männer will nicht verstummen. Aber der alte Mann empfindet den Beifall in diesem Augenblick als schmerzend. Er hätte gern noch mehr gesagt. Er hätte aus dem Grunde seines Herzens heraus das Versprechen geben mögen, daß mit den Kriegsgefangenen auch bald der letzte Deutsche jenseits der Grenze wieder in Freiheit leben darf. Aber mit welcher Macht kann der Alte aus Rhöndorf ein solches Versprechen geben?

Der Lagerpfarrer spürt etwas von dem, was sich hinter den gefrorenen Zügen des Staatsmannes abspielt. Und der Lagerpfarrer denkt:

Ja, alter Mann, auch du kannst die Furchtbarkeit der Zonengrenze nicht abschaffen. Was soll ich dir da von meiner Arbeit erzählen, die schon oft die Grenze zu durchdringen versuchte. Wahrscheinlich weißt du es schon, und wenn du es nicht weißt, kann ich dich auch nicht mit neuer Qual belasten! Jetzt, mitten im ekstatischen Jubel, durch den der Kanzler zu seinem Sonderwagen schreitet, ziehen wieder Bilder aus dem Erlebnisbericht des vergangenen Jahres vor die Augen des Lagerpfarrers Dr. Krahe.

Da wohnt eine junge Frau in Reiffenhausen, Röhling heißt sie. Nach kurzem Leiden stirbt sie. Die Eltern der jungen Frau stehen auf der anderen Seite der Zonengrenze und hören die Glocken läuten, als die Tochter beerdigt wird. Kein Hinüberkommen.

Oder da sind die jungen Studenten und Arbeiter aus dem Ausland, die Gesellen des Bauordens, die an der Siedlung arbeiten. Sie ziehen eines Tages mit dem Lagerpfarrer zur Zonengrenze, weil sie dieses Monstrum, von dem in den Zeitungen ihrer Länder so viel berichtet wird, auch einmal sehen wollen. Kann es denn wirklich so schlimm sein? denken sie. So etwas muß sich doch überbrücken lassen. Und sie rufen den russischen Posten jenseits der Zonengrenze an mit lachenden Gesichtern. In flämisch erst, dann in französisch, jetzt versuchen sie es deutsch. Die sowjetische Wache drüben steht wie ein Klotz.

Noch einige Minuten lang rufen die Baugesellen nach drüben. Dann sagt Pierre Hartog:

»Jungens, wir müssen uns als Souvenir ein Stück von diesem verdammten Draht mitnehmen. So etwas müssen die zu Hause sehen, sonst glauben sie es uns schließlich gar nicht, daß es mitten in Deutschland eine Grenze gibt!«

»Und noch etwas, Pierre!« sagt ein anderer.

»Was denn?«

»Wenn jeder von uns sich solch ein Stück Stacheldraht mitnimmt, dann müßte doch schließlich diese ganze Zonengrenze eines Tages verschwinden.«

Gelächter der anderen Jungen in der weißen Kleidung antwortet dem Sprecher. Ohne den russischen Posten zu beachten, gehen die jungen Studenten und Arbeiter an den Draht und biegen sich Stücke davon ab. Wie ein Abzeichen stecken sie es an ihre Jacken. Jetzt wird der Posten drüben aus seiner Erstarrung wach. Ein paarmal ruft er herüber:

»Njet! Njet!«

Aber da hat schon jeder sein Stück deutschen Zonendrahtes.

Der Lagerpfarrer senkt ein wenig den Kopf. Er schämt sich vor diesen Jungen aus Belgien und Holland, daß sie die klaffende Wunde Deutschlands so unmittelbar vor sich gesehen haben. Aber vielleicht ist es gut, denkt der Lagerpfarrer. Vielleicht bringt erst das Wissen um die Grausamkeit der Stacheldrahtlinie in Deutschland deren Beseitigung mit sich?

Und der Lagerpfarrer neben dem Kanzler denkt weiter: Oder ich könnte dir von den Sperrzonenflüchtlingen erzählen. Jetzt, wo du zu deinem Wagen gehst, jubelt dir gerade Frau Flucke zu. Das ist so ein Sperrzonenflüchtling. Sie wohnte drüben, und ihr Mann arbeitete bei mir im Lager. Eines Tages hieß es, auf der Ostzonenseite der Grenze solle ein 15 km breiter Streifen »gesäubert« werden von »unsicheren Elementen«. Dazu zählten vor allem jene Menschen, von denen nächste Angehörige im Westen arbeiteten.

Die Räumung der Sperrzone solle so aussehen, daß man die dort Wohnenden deportierte, tiefer in den Osten hinein. Was war zu tun? Vater Flucke hatte nie etwas mit Politik zu tun gehabt. Er war Eichsfelder. Schon seit Generationen arbeiteten diese Menschen, die dem kargen Boden dort nichts mehr abringen konnten, in der Fremde. Was kann die Familie Flucke dafür, daß zwischen ihrem Häuschen und dem Arbeitsplatz des Mannes nun die Zonengrenze liegt?

Nachts dringt die Botschaft von der bevorstehenden Deportation zu Frau Flucke.

»Es gibt nichts mehr zu überlegen, Mutter. Wir müssen zu Vater. Wir müssen in den Westen.« So sagt der älteste Junge.

Rasch bringen die Fluckes die Schweine, Ziegen und Hühner bei Bekannten unter. Dann nimmt Frau Flucke ihre drei Kinder und will die paar Kilometer bis zur Zonengrenze gehen. Die Nacht ist kalt. Nieselregen. Das jüngste Kind weint.

»Jetzt mußt du still sein!« sagt Frau Flucke. »Jetzt kommen wir an die Grenze.«

»Grenze«, lallt das Kind und ist ruhig.

»Halt! Stehenbleiben!«

Der Sohn, der vorangeht, stoppt. Das Kind beginnt wieder zu weinen. Zwei Volkspolizisten treten aus einer Laube, in der eine Steinbank steht, auf die Fluckes zu. Untersuchung. Abführen in den nächsten Ort.

Die Fluckes werden in einen Betonkeller gesperrt. Ihr Gepäck wird ihnen abgenommen. Am anderen Tage Verhör. Getrennt. Nach stundenlangen Kreuz- und Querfragen werden die vier Menschen mit einem Notausweis, der für vier Tage gilt, nach Hause geschickt. Ihre anderen Papiere erhalten sie nicht zurück.

Der Kommandant:

»Sie werden bald noch von uns hören!«

Nur wenige Tage noch bleiben die Fluckes in ihrem leerstehenden Haus. Dann ziehen sie sich Kleidung an, die zur Feldarbeit paßt, die Frau nimmt eine Markttasche in die Hand, und es geht abermals in Richtung Grenze. Einen Kilometer vor dem Draht nehmen sie aus der Tasche Kartoffelhacken, schnitzen sich Stiele zurecht und stecken sie in das Eisen. Zum Scheine hackend, passieren die Fluckes um ein Uhr die Grenze. Wenige Stunden später sind sie beim Lagerpfarrer in Friedland.

*

Oberschwester Charlotte hält Adenauer die Chronik des Lagers Friedland hin. Mit seiner steilen Schrift schreibt er hinein:

Voll Dank für die Heimgekehrten!

Adenauer

2. 1. 1954

Dann geht der alte Mann zu seinem Zuge. Er hat den bereitstehenden Apparat von Polizeiwachen, Wagenpark, Minister und Fahrern bereits verblüfft, als er in das Lager kam; denn er ging dort, statt durch das geschmückte Hauptportal, gleich über den schlüpfrigen Lehmsteig durch ein Hintertor zum Lager hinein.

Auch auf der Rückfahrt tut der alte Mann etwas, was nicht im Protokoll vorgesehen ist. Unter den Heimkehrern in Friedland, die sich bei der Begrüßung vor dem alten Mann stauten, ist Konrad-Joachim Müller aus Stalingrad. Er stammt aus dem nur zwei km von Rhöndorf entfernten Honnef. Der alte Mann hatte die Frau dieses Heimkehrers, Elfi Müller, gleich in seinem Sonderwagen mitgebracht. Nun überläßt er dem Ehepaar Müller den besten Platz in seinem Wagen.

»Wir sind ja Nachbarn«, sagt Adenauer.

XXI

Das Fenster des Jonas

> »Und schon ersah der Herr Sich einen großen
> Fisch, auf daß den Jonas er verschlinge.
> Und Jonas blieb drei Tage und drei Nächte
> in dem Leib des Fisches. Und Jonas betete
> zu seinem Gott und Herrn dann außerhalb des
> Fischleibs. Er sprach: Ich habe zu dem Herrn
> in meiner Not gerufen; da hat Er mich erhört.
> Ich schrie um Hilfe aus dem Schoß der
> Unterwelt, und Du vernahmst mein Rufen!«

In der Nissenhütte des Lagerpfarrers sitzt der Künstler Ludwig Bauer aus Telgte. Der Lagerpfarrer vor ihm, der leise die Worte von der Errettung des Jonas vor sich hinsagt, hat mit dem Bau einer Kirche begonnen. Doch dies ist nicht irgendeine Kirche. Es ist die Kirche des Heimkehrers. Es ist die Überhöhung des heimatlosen Menschen. Die Heimkehrer wollen diesen Kirchbau. Spende um Spende schicken sie von den ersten selbstverdienten Geldern an den Lagerpfarrer von Friedland.

»Bauen Sie eine Kirche davon, bitte. Eine Kirche, für uns, die wir aus der Nacht in den Tag zurückgehoben wurden, und für jene, die noch in dieser Nacht schmachten!«

So schreiben sie an den Mann in der Nissenhütte.

Auch die Siedler von Friedland wollen diese Kirche bauen.

»Wir haben jetzt unsere schönen Häuser, Herr Pfarrer. Nun wollen wir dem Herrgott eines bauen. Oder wir müssen uns schämen in unserem neugewonnenen Hausstand!«

So sagt der Invalide Johannes Berk für alle anderen.

Für den Lagerpfarrer ist dieser Kirchbau das Gebot der Stunde. Schon am ersten Tag, als er mit den Füßen im Schlamm Friedlands versank, war es für ihn klar, daß hier Gott sein Haus haben müßte. Sein würdiges Haus.

Jetzt ist es soweit. Die Geldspenden, die die Heimkehrer seit Jahren einsenden, erlauben die Grundsteinlegung. Die Gemeinde Friedland, inzwischen auf 1300 Seelen angewachsen, bringt im Verlaufe der Bauzeit allein 30 000,– DM auf. Dies ist eine gewaltige Summe, wenn man bedenkt, daß jeder jeden Pfennig für den Häuserbau zusammenkratzt.

Am 17. Juli 1954 ist der Grundstein zu dem Bauwerk gelegt, das die »Friedland-Gedächtnis-Kirche« heißen wird.

»Ja, das könnte man gestalten. Der Mensch, der aus der Not und aus der Entbehrung, aus der Ausweglosigkeit der Gefangenschaft nun wieder an das feste Land gespien wird.« So sagt der Maler.

Und der Lagerpfarrer fügt gleich daran: »Das müßte das Fenster über dem Portal werden. Jeder, der hier durchschreitet, soll an die Gefangenschaft erinnert werden; aber in einer Weise, die nicht in die Hoffnungslosigkeit einmündet. Das Motiv müßte dann weitergeführt werden. In den Seitenfenstern vielleicht. Der ahasverische Mensch, die unruhegepeitschte Kreatur, die in Kain ihren Ursprung hat, könnten in ihrer Erlösung dargestellt sein: in der Himmelfahrt Christi. In jener Himmelfahrt, die sie herausreißt aus unheilvollen Bindungen und Verkettungen.«

Der Maler aus Telgte geht an die Arbeit.

Bei der Planung des Kirchenbaues stößt der Lagerpfarrer von Friedland in Göttingen auf einen jungen Architekten, der genug künstlerische Substanz hat, eine aussagestarke Heimkehrer-Kirche zu schaffen.

»Trauen Sie sich einen solchen Kirchenbau zu?«

Der junge Mensch, Friedrich Wagener, stammelt:

»Ja, Herr Pfarrer, ja. Doch es wird wohl nicht gehen. Es ist da noch...«

»Ja?«

»Ich will es Ihnen rundheraus sagen, Herr Pfarrer: ich bin evangelisch.«

»Und?« fragt der Pfarrer. »Keine Schwierigkeit.«

»Bitte?« fragt der Architekt.

»Keine Schwierigkeit«, sagt der Pfarrer noch einmal und legt seine Hand auf die Schulter des Mannes.

Das geht über das Begreifen des Architekten.

»Ich habe aus unserem Gespräch gespürt, daß Sie mitten in unserer Liturgie stehen. Ich weiß weiterhin, daß Sie mit absoluter künstlerischer Sauberkeit an dieses Projekt herangehen. Und wo soll es denn da noch Schwierigkeiten geben? Die Kirche soll doch jedem Heimkehrer offenstehen. Die Heimkehrer- und Flüchtlingsnot geht uns *alle* an. Wenn Sie bereit sind, werde ich mit Ihnen dieses Gotteshaus bauen.«

Das sagt der Lagerpfarrer zu dem jungen Menschen, der die Haltung Dr. Krahes zwar immer noch nicht recht versteht, aber dennoch verwirrt »Ja« sagt. Vielleicht weiß er noch nichts von der beispiellosen Zusammenarbeit aller Konfessionen in diesem Lager, der Architekt. Vielleicht weiß er noch nicht, daß im Siedlungswerk des Lagerpfarrers Katholiken wie Protestanten gleicherweise ihr Haus bauen konnten und bauten. Fest auf seinem Glauben fußend, kennt dieser Josef Krahe keine Enge im Denken und Helfen.

»Dann wollen wir also das Werk beginnen!«, sagt der Lagerpfarrer.

*

Aus Friedlands Erde wächst die Kirche.

Der Lagerpfarrer zwingt der Erde Friedlands kein andersartiges Material auf. Der rohe Backstein, mit dem er die Kirche baut, stammt aus der Ziegelbrennerei Friedlands. Unverputzt, in seiner natürlichen Farbe, leuchtet dieser Backstein im Innenraum des Domes, leuchtet er vom Turm über die niedersächsische Erde.

Da ist der Altarraum, großräumig und klar, ohne trennende Kommunionbank, ohne Abschluß zur Gemeinde hin. Der Altar, wuchtig aus massivem Stein gehauen, ohne Beiwerk. Der Taufbrunnen, in einer besonderen Nische eingelassen, wird durch eine Deckenlinse vom Tageslicht beleuchtet. Die Bänke sind schlicht herausgearbeitet aus dem Holz dieser Landschaft. Auch zu diesem Kirchbau muß der Lagerpfarrer von Friedland seine Predigtfahrten unternehmen. Aber er hat es nicht mehr so schwer wie im Anfang. Das Lager Friedland und die Arbeit des Pfarrers stehen immer häufiger im Brennpunkt von Gesprächen und Debatten, von Predigten in der Dorfkirche und von Reden im Bundeshaus.

Die Post in der Nissenhütte des Lagerpfarrers stapelt sich. Nun, wo der Dom gen Himmel wächst, schont sich Josef Krahe überhaupt nicht mehr. Die alte Arbeit ist geblieben, und neue ist in einem Übermaße hinzugekommen. Aber geblieben sind auch die Risse und Spalten in der Nissenhütte. Geblieben sind auch die eisigen Zugwinde, die der Lagerpfarrer nicht beachtet, wenn er nachts seine Bettelbriefe schreibt. Ein gefährlicher Gelenkrheumatismus ist die Folge. Für Wochen muß man den Lagerpfarrer von Friedland nach Duderstadt ins Krankenhaus bringen. Aber noch bevor es die Ärzte ihm erlauben, ist dieser zähe Mann bereits wieder in seiner Friedländer Hütte. Er will das Aufeinanderklicken der Steine hören. Er will das Werk weiter vorantreiben, wenn es scheinbar nicht mehr weitergeht. Er will bei den Heimkehrern sein, wenn sie nach ihm rufen. Er, der große Schnorrer Gottes, will leere Hände füllen mit Gaben, die eine ganze Welt dem Lagerpfarrer von Friedland schickt. Und vor allem will er die Herzen anfüllen mit Zuspruch und Gebet, jene Herzen, die eine gnadenlose Fremde geleert und gequält hat.

Von dieser Berufung des Helfens und Heilens kann den Lagerpfarrer von Friedland in den Jahren nichts abbringen. Kein Ereignis, keine Krankheit, keine Erschöpfung. Auch keine Ehrungen. Für die Verleihung einer neuen Stufe des Bundesverdienstkreuzes hat er, wie vor drei Jahren, nur staunende Augen und seinen stereotypen Satz: »Ist ja interessant!«

Die Friedland-Gedächtnis-Kirche wird unter der Hand Dr. Krahes zu einem Ausrufezeichen, das der heimatlose Mensch, der Wanderer auf dieser Erde in die Zeit hineinschreibt. Und da der heimatlose Mensch durch alle Völkerschaften dieser Erde geht, wird die Kirche von Friedland auch zum Anliegen vieler Nationen.

Wieder kommen aus Holland und Belgien die Baugesellen. Eine Kommission aus Italien, die in Friedland nach vermißten Italienern forscht, stiftet sechs schwere Kerzenleuchter.

Aus den USA kommen Geldspenden. Regelmäßig und in beträchtlicher Höhe. Junge Franzosen, Exilpolen, Schweizer und Dänen folgen dem Beispiel ihrer belgischen und holländischen Kameraden und stellen ebenfalls das Beste, was sie haben, nämlich ihre Arbeitskraft, dem Werke in Friedland zur Verfügung. Das Görres-Jungengymnasium in Düsseldorf stiftet den Kelch für die heilige Messe in diesem sakralen Raum. Victoria-Luise, Herzogin von Braunschweig und Lüneburg, setzt sich mit ganzer Tatkraft für die Friedland-Gedächtnis-Kirche ein.

Neben den Heimkehrerspenden stammt der größte Betrag für den Kirchbau von Kardinal Frings, der seinen jungen Kaplan aus Neuß nicht vergißt.

Stein um Stein wird so zusammengetragen. Schon ist das Jonas-Fenster über dem Portal fertiggestellt. Sobald der Pfarrer aus seiner Hütte heraustritt, sieht er den befreiten Menschen, der dem Bauche des Fisches entsteigt.

Noch ist die Kirche nicht vollendet. Noch ist sie nicht geweiht. Mit ihrem Priester findet sich die Gemeinde Friedland noch in der Baracken-Kapelle zusammen. Der Mann Krahe ist kein besonders guter Sänger, er selbst weiß es, und seine Pfarrkinder wissen es auch. Aber wenn der Priester Krahe zu dem Gebet für alle Anliegen der Christenheit kommt, dann schwingt seine Stimme in großer Schönheit, dann liegt die ganze Seele dieses Mannes darin:

»Lasset uns beten, Geliebte, zu Gott, dem allmächtigen Vater, daß Er die Welt von allen Irrtümern reinige, Krankheiten hinwegnehme, Hungersnot abwehre, die Kerker öffne, die Fesseln löse, den Pilgern Heimkehr, den Siechen Genesung, den Schiffbrüchigen den rettenden Hafen schenke.«

Dieses Gebet kommt dem Priester häufig dann in den Sinn, wenn er auf das Jonas-Fenster blickt. Ob jemals die letzten Heimkehrer aus Rußland in dieses Fenster der Freiheit schauen dürfen?

Da kommt mitten in den Bau der Friedland-Gedächtnis-Kirche, mitten in den Aufbau Deutschlands hinein die Kunde: Der alte Mann aus Rhöndorf fährt nach Moskau! Er will im Kreml versuchen, die letzten deutschen Gefangenen in Sowjetrußland zu befreien.

XXII

Die Plennijs bekommen ihr Gesicht zurück

»Der sieht ja gar nicht aus, als ob er uns fressen wollte!«
»Du hast recht, Iwanowitsch. Das könnte ein alter Sonnenblumen-
züchter sein.«
»Ist er sogar – nebenbei!«
»Woher weißt du?«
»Ja, liest du denn keine Illustrierte?«
Das sind Gesprächsfetzen zwischen dem russischen Ko-Piloten, dem
Funker und dem Dolmetscher in der Super-Constellation der Luft-
hansa, die am 8. September 1955 den alten Mann nach Moskau bringt.
Wie damals das Ehepaar Müller im Sonderzug Adenauers, so schaut
heute häufig der russische Dolmetscher in das zerfurchte Gesicht
dieses Deutschen. Der Russe will darin lesen. Aber es gelingt ihm
nicht. Hat der Alte Angst vor dem ihn erwartenden Kampf in
Moskau? Ist er zuversichtlich? Der Russe im Flugzeug weiß nur eines:
der Mann ist nicht gleichgültig, sondern mit Hochspannung geladen.
Sechs Stunden nach Abflug der Maschine aus Bonn setzt sie auf dem
Rollfeld in Wnukowo auf. Der russische Ministerpräsident Bulganin
geht auf den alten Mann aus Rhöndorf zu und begrüßt ihn. Dann
knallen Befehle gegen die angetretene Ehrenkompanie. Gardehaupt-
mann Petrow meldet dem alten Mann:
»Herr Bundeskanzler! Ich melde Ihnen die 1. Kompanie des 3. Garde-
regiments des XV. Armeekorps zu Ehren der Ankunft Eurer Exzellenz
in Moskau angetreten!«
Präsentiermarsch der Roten Armee, Deutschlandlied und sowjetische
Nationalhymne.
»Sdrastwuitje«, sagt der Begrüßte.
Jawohl, dieses Wort, das »Guten Tag« heißt, hat sich der alte Mann
aus Rhöndorf neben ein paar anderen Brocken daheim beigebracht.
Die angetretene Ehrenkompanie ruft zurück:
»Sdrawja dalaje!«
Und das wiederum heißt »Ewige Gesundheit«.
Konrad Adenauer und die Mitglieder seiner Delegation sind von den
sowjetischen Gastgebern im Staatshotel »Sowjetskaja« unterge-

bracht, Leningrader Chaussee. Der alte Mann bekommt das Appartement 307; es ist wie das ganze Hotel in barockisierter Pracht eingerichtet.

Freitag, 9. September 1955. Der erste Tag der Verhandlung. Wie die Begrüßung des alten Mannes auf dem Moskauer Rollfeld, so werden Teile der nun folgenden Gespräche ebenfalls über den Moskauer Rundfunk gesendet.

Die Russen hören, was der alte Mann aus Rhöndorf zu sagen hat. Die meisten hören mit halbem Ohr. Der Taxifahrer vor dem Lenin-Mausoleum, die russischen Schüler vor dem Bolschoi-Theater, die Verkäuferinnen im Gum und kasernierten Soldaten.

Aber an vielen Stellen der Sowjetunion hört man die Ausschnitte dieser Reden mit geradezu süchtiger Begierde. Mit einer Gier, die die Menschen fast in das Empfangsgerät hineintreibt. Diese Punkte sind die sowjetischen Straflager. Diese Menschen sind die deutschen Gefangenen.

Das Radiogerät, Typ »Minsk«, Kostenpunkt 782 Rubel, wird von den Plennijs fast zerdrückt. Das ist in Workuta. Vor dem Apparat »Minsk« sitzt ein Einarmiger: Borin. Ein paar Meter davon hat man Lewerenz mit seinem Bett herangeschoben.

Kleines Vorgeplänkel des alten Mannes aus Rhöndorf mit den Spitzen der Sowjetunion im Spiridonowka-Palais. Eröffnungsschachzug Bulganins.

»Friedenszeiten zwischen Deutschland und Rußland haben beiden Völkern gut getan. Zwei Kriege haben dem russischen und dem deutschen Volke die größten Leiden zudiktiert.«

Der gepflegte sowjetische Ministerpräsident mit dem von ihm offensichtlich verhätschelten Hammerbärtchen spricht dann auffallend viel vom Frieden.

Der alte Mann aus Rhöndorf antwortet. Er hält hier nichts von Schachzügen. Er will hier nur eines: die Karten auf den Tisch, keine Taschenspieler-Kunststückchen, keine Zinken in den Karten. Diese Haltung imponiert den Russen. Man spürt es an der Resonanz, die die weitere Rede des alten Mannes hat. Man sieht es an den sowjetischen Gesichtern, die sich langsam aus der Verkrampfung lösen.

Der Alte aus Deutschland bringt auch sogleich sein Hauptanliegen hervor:

»Bitte, schicken Sie die festgehaltenen Deutschen aus Rußland in die Heimat zurück. Glauben Sie mir, ich spreche die Meinung des ganzen deutschen Volkes aus, wenn ich sage: Es ist nicht denkbar, normale Beziehungen zwischen Deutschland und Rußland herzustellen, solange diese Frage ungelöst bleibt. Seien Sie menschlich! Machen Sie durch die Entlassung der Gefangenen einen Strich unter eine leidvolle und trennende Vergangenheit!«

Die Russen möchten, daß der neue Staat, der »Bundesrepublik Deutschland« heißt, mit der Sowjetunion diplomatische Beziehungen aufnimmt. Sie hören aber nicht gern, daß der alte Mann aus Rhöndorf dabei sagt: Gut, wir sind bereit, solche Beziehungen aufzunehmen. Aber nur dann, wenn ihr die Frage unserer Kriegsgefangenen klärt und die Einheit Deutschlands. Wie ungern die Russen solche Bedingungen hören, ergibt sich am zweiten Verhandlungstage. Der Apparat »Minsk« im Straflager Workuta peitscht Rede und Gegenrede in den Raum, in dem die deutschen Plennijs sich drängen.

*

»Lauter!« rufen einige der Hintenstehenden.

»Es geht nicht mehr!« ruft Borin zurück. »Der Knopf ist bereits bis zum Anschlag durchgedreht!«

Unerträglich laut – aber für die Plennijs wie Musik dröhnt die Stimme des alten Mannes aus Rhöndorf aus dem Lautsprecher. Er sagt nicht viel an diesem zweiten Verhandlungstage. Er sagt nur:

»Ich habe mich mit meinen Mitarbeitern beraten nach den Gesprächen des gestrigen Tages, und ich muß sagen, daß ich in diesem Augenblick nichts hinzuzufügen habe.«

Und der Alte aus Rhöndorf kennt sich selbst gut genug. Er weiß, daß man manchmal sagt, er entscheide autoritativ, selbstherrlich. Aber gestern hat er alles beiseite geschoben. Denn, was er den Sowjets da vorgetragen hat, war ja kein Programmpunkt irgendeiner Partei in Deutschland, sondern war eine Frage, die von Hamburg bis München, von Berlin bis Saarbrücken jeder Mensch stellte. Darum waren für den alten Mann, vielleicht zum ersten Male während seiner Kanzlerschaft, in dieser Frage die Barrieren weggeräumt worden, die sich zwischen ihm und der Opposition sperrig aufrichteten. Der joviale Professor Carlo Schmid, den der alte Mann aus Rhöndorf in der

Super-Constellation bei sich hatte, konnte allen Ausführungen zustimmen.

Da zucken die Männer vor dem Empfänger in Workuta zusammen. Da ist eine Stimme wie ein Tigersprung. Die Stimme Bulganins.

»Sie sprechen da von Kriegsgefangenen, Herr Bundeskanzler. Von deutschen Kriegsgefangenen, die sich noch in unserer Hand befinden sollen. Ich aber sage Ihnen und dem deutschen Volke, es gibt keine deutschen Kriegsgefangenen in der Sowjetunion mehr. Es gibt nur noch deutsche Kriegsverbrecher in Rußland. Muß ich Sie daran erinnern, wie diese Barbaren unter Hitler in dieses Land einfielen?«

Bedrückendes Schweigen liegt über den Männern von Workuta.

»Muß ich wirklich auf Einzelheiten eingehen? – Hier ist die Liste. Lang, ungeheuerlich lang. Russische Orte und Namen sind darauf. Und diese Orte und Namen sind besudelt von deutschen Schandtaten. Die deutschen Kriegsverbrecher, die wir noch in unseren Lagern haben, sind Menschen ohne Gesicht!«

»Sie dürfen so etwas nicht sagen, Herr Ministerpräsident!«

Eine Stimme vor dem Lautsprecher: »Das ist wieder der Bundeskanzler.«

»...Sie dürfen Hitler-Deutschland nicht mit dem Willen und der Absicht des deutschen Volkes verwechseln. Sehen Sie, ich habe unter dem Nationalsozialismus gelitten. Man hat mich aus meiner Stellung gejagt, mir meine Existenz genommen, mich bespitzelt und in die Gefängnisse gesteckt. Glauben Sie mir, wenn ich Hitler damals gegenübergestanden hätte, würde ich ihn mit meinen eigenen Händen erwürgt haben. Nach dem letzten Kriege hat die Aufgabe für mich und meine Männer darin bestanden, Schritt für Schritt die grenzenlose Vernichtung und das Chaos zu überwinden. Ich muß Sie aber darauf aufmerksam machen, daß auch beim Einmarsch der Roten Armee in Deutschland Plünderungen und Schändungen, Ausschreitungen und Morde in großer Zahl vorgekommen sind. Nicht nur auf der deutschen Seite wurde Unrecht begangen, sondern auch die sowjetische Armee hat da unentschuldbare Dinge getan!«

Begeisterte Rufe am russischen Lautsprecher in Workuta:

»Endlich mal einer, der denen die Wahrheit sagt!«

»Wenn sie uns als Köder benutzen wollen um dich zu erpressen, um ein Stück Deutschland preiszugeben, dann sag ›Nein!‹. Schreie

›Nein!‹ und wir stehen hinter diesem Nein, auch, wenn wir deswegen in Workuta verrecken müssen!«

Den letzten Satz hat in maßloser Wut der junge Zivilverschleppte gerufen. Die trotz der Erregung verhaltene Stimme des alten Mannes aus Rhöndorf im Rundfunk wird jäh abgeknickt von einer Zornfanfare Chruschtschows. Dieser untersetzte Mann mit dem glattgeschorenen Kopf ruft:

»Sie haben die ruhmreiche Rote Armee beleidigt! Im Namen des sowjetischen Volkes verwahre ich mich mit aller Entschiedenheit dagegen! Wenn Sie noch einmal derartige Formulierungen gebrauchen, werden wir unsere Gespräche abbrechen müssen!«

»Abschalten!« ruft einer der Männer in den Wattejacken. »Abschalten!«

Aber der alte Mann aus Rhöndorf hört sich den Ausbruch des sowjetischen Parteisekretärs sehr kontrolliert an. Das Gesicht des deutschen Kanzlers wirkt in diesem Augenblick sogar entspannt. Mit einer stoischen Ruhe, so, als habe man sich soeben über die Chancen eines deutsch-russischen Fußballspiels unterhalten, bittet er Bulganin, Chruschtschow und Molotow für den Nachmittag zum Tee.

Die Sowjets sind verblüfft. Sie sagen zu. Sie sehen, daß sich der zähe Alte nicht einschüchtern läßt.

Aber der Alte aus Rhöndorf ist nicht so sehr beherrscht, wie es hier den Anschein hat. Er wird später äußern, in vertrautem Kreise, wie es ihm in dieser Minute nach der Eruption des kommunistischen Parteisekretärs ums Herz war. Trauer und Resignation waren in ihm. Mit dem Instinkt, den sich der alte Mann bei tausend Sitzungen, Verhandlungen, Diskussionen und Reden im Politischen erworben hat, spürt er, daß nach den Worten Chruschtschows jeder realpolitische Satz, jedes zielstrebige Wort in Richtung der Kriegsgefangenenfrage alles zunichte machen würde: den Sinn seines Fluges nach Moskau und die Hoffnung der wartenden Deutschen.

Darum schaltet er kurzerhand um. Und seltsamerweise hat er die Fäden des Gesprächs noch in der Hand, als er alles in die gelöstere Atmosphäre eines Teenachmittags verschiebt, als er der Luft in diesem Verhandlungssaal mit einer einzigen Geste das Gift nimmt.

*

Davon aber spüren die Wattejacken-Männer von Workuta am Gerät »Minsk« nichts.

»Jetzt ist alles aus«, sagt ein Mann mit einem Holzbein.

»Es gibt keinen Weg mehr zurück in die Heimat!«

Selbst der Junge, der noch vor wenigen Minuten auf seine Heimkehr verzichten wollte, damit seine Freiheit nur ja nicht mit einem Stück Deutschland erkauft werden sollte, hat nun das fahle, erloschene Gesicht eines Rauschgiftsüchtigen nach dem Abklingen der Drogenwirkung.

Lewerenz muß sich auf seiner Pritsche erbrechen. Seine Nerven tanzen, vor unmenschlicher Erregung gehorchen seine Muskeln und Organe nicht mehr.

Borin läßt den Oberkörper vornüber hängen und flüstert:

»Elisabeth! Warum wird es kein Wiedersehen geben! So grausam darf das Schicksal nicht sein! Elisabeth!«

Aus dem Minsk-Gerät plärren die Takte eines schnellen russischen Volkstanzes, der mit »Hoi-Hoi«-Rufen durchsetzt ist. Einer der Plennijs bringt noch die Kraft auf, den Apparat abzuschalten. Die Skala erlischt.

»Berlin, Hamburg, Stuttgart!« Der Mann, der das Gerät ausgeschaltet hat, liest auf dem jetzt dunklen Glas die deutschen Namen. Jetzt schreit er seine Kameraden an:

»Berlin, Hamburg, Stuttgart! Alles erloschen! Alles tot! Weg! Aus!«

*

Doch während das Minsk-Modell in Workuta ausgeschaltet ist, wird weiter um das Schicksal der Plennijs verhandelt. Der Tee in der Datscha, einem Landhaus, das die Sowjets dem alten Mann aus Rhöndorf für den Rest seines Aufenthalts in der UdSSR zur Verfügung gestellt haben, löst in der Tat die Verkrampfung des Vormittags. Doch spricht man von allem Erdenklichen, nur nicht von den deutschen Kriegsgefangenen. Der Geburtstag eines anwesenden Staatssekretärs im Gefolge des alten Mannes wird gefeiert, Trinksprüche werden großzügig ausgetauscht und mit blumenreichen Worten der Gast gelobt und der Orient beschämt.

Der gepflegte Bulganin beugt sich zum alten Mann:

»Für das Ballett heute abend, Herr Bundeskanzler, da machen Sie mir doch die Freude und fahren mit mir in meinem Wagen?«

»Einverstanden!« sagt der Rhöndorfer Alte.

*

Das ist das Programm im Theater Bolschoi am Swerdlowplatz: Ballett »Romeo und Julia«. Musik von Prokofiew. Die Ulanowa tanzt die Julia. Die Ulanowa, die derzeit berühmteste Tänzerin ganz Rußlands. Doch bevor sich der Vorhang hebt, greifen die Scheinwerfer des Bolschoi-Theaters in die mit Rot und Gold ausgeschlagene Loge. Da steht der alte Mann aus Rhöndorf zwischen Chruschtschow und Bulganin. Das Publikum applaudiert zu den drei Männern hinauf. Und da ertönt wieder die deutsche Nationalhymne, gefolgt von der russischen. Wieder die Scheinwerfer, wieder der Beifall. Und Händeschütteln.

Was ist los? denken diejenigen, die mit dem alten Mann aus Rhöndorf in diese Stadt gekommen sind. Man zeigt uns das Beste an künstlerischer Glanzleistung, was Rußland zu bieten hat: das Ballett. Man zeigt uns die Ulanowa, weltberühmt wie die Pawlowa zur Zeit unserer Eltern. Da unten singt der Schdanow die dramatisch bewegte Musik Prokofiews. Und wozu das alles? – Ist das ein neuer Kurs, nachdem der »Stählerne« im Mausoleum liegt? – Will man uns zeigen, daß auch Sowjetrußland »Kultura« hat?

Dieser 2200 Menschen fassende Raum aus der zaristischen Zeit? Gut! Aber wir sind ja nicht gekommen, um uns hier bescheinen zu lassen in Goldlogen. Die wir herausholen sollen, sitzen mit schwarzerfrorenen Füßen, mit ausgerenkten Gliedern in Erdlöchern, in Schächten. Dieses Sitzen hier kann uns nur dann verziehen werden, wenn wir unsere Landsleute befreien. Und wie ist die Lage trotz des Beifalls vorhin und des Händeschüttelns?

Die Lage ist denkbar schlecht, das muß sich auch der alte Mann sagen, jetzt, wo der Scheinwerferstrahl von ihm abgeglitten ist und die Darsteller auf der Bühne des Bolschoi umbadet. Da wird der große Familienzwist zwischen den Capulets und den Montagues noch einmal gestaltet, mit allen spannungsträchtigen Akzenten, mit dem strahlenden Finale, das sich aus der Trauer hebt.

Nach dem, was in den zwei Verhandlungstagen offenbar wurde, kann es bei uns nicht einmal ein befriedigendes, geschweige denn ein strahlendes Finale geben, denkt der alte Mann in der Ehrenloge des Bolschoi.

Vorhang zu. Vorstellung der Hauptdarstellerin. Ein paar Worte des alten Mannes. Lächeln der Aktreß, Lächeln der Staatsmänner, Lächeln des Publikums.

Aber das alles ist kein Schritt auf Borin und Lewerenz zu. Kein einziger Schritt.

*

Sonntag morgen. An der kleinen Llubjankastraße duckt sich die polnische Sankt-Ludwigs-Kirche. In ihr kniet der alte Mann aus Rhöndorf.

Er bittet um Kraft, jetzt weiter durchstehen zu können. Er bittet darum, daß seine Hände, die leeren, alten Hände, gefüllt werden mögen.

Nach der Messe geht der Mann aufrecht aus der Kirche.

Verändert. Aufgeladen.

*

»Es kann nicht mehr weitergehen! – Es kann nicht mehr weitergehen!«

Der Junge aus der Ostzone krächzt es aus bereits heiser geschriener Kehle heraus und wirft sich mit dem Kopf gegen die Bretterwand. Blut sickert ihm schwer ins Gesicht und setzt sich in den Falten ab, die dieses Menschenkind früh alt erscheinen lassen.

»Pack ihn noch einmal!«

»Der hat den Koller. Das ist schon alles von Blut glitschig. Die Pulsadern. Ich kann den Jungen nicht kriegen!«

Die Kameraden jagen den Jungen, der Hand an sich selber legte und mit einem ausgezahnten, scharfkantigen Blechstreifen seine Pulsadern aufriß. Das Blut verschmiert den Boden. Aber noch steckt in dem schmächtigen Körper Kraft genug, um sich zwei-, dreimal loszureißen.

»Der verblutet uns!« schreit einer entsetzt.

»Was ist los?« ruft der blinde Lewerenz in das Getümmel der Leiber hinein.

»Ich hasse euch alle!« schreit der Junge von der Wand her. »Ich will weg von euch! Ich will hier raus. Durch die Wand will ich raus! Laßt mich in Ruh, damit ich hier rauskomme. Ihr Hunde ihr. Kommt ran! Ich freß euch auf!«

Mit gefletschten Zähnen, blutüberströmt, steht der Junge vor den fassungslosen Männern.

Da ist Borin mit einem Sprung heran.

»Komm doch!« brüllt der Junge. »Dich freß ich auch!«

Und damit springt der Junge auf Borin zu und will die Zähne in dessen Hals schlagen und vergraben.

Doch Borin reißt seine Rechte hoch und wuchtet die Handkante hart gegen die Halsschlagader des Jungen. Auch nach der Hand schnappt der Junge, der von Sinnen ist. Noch einmal schlägt Borin zu, quer über den bißbreiten Mund.

Und noch einmal die Faust an den blutenden Kopf.

Da sinkt der Junge an der Wand zusammen. Aus den zusammengepreßten Zähnen kommt ein hohes, schrilles Stöhnen.

»Los, Bandagen!« ruft Borin. »Den Strick da, und sofort den Arzt!«

Mit einer Hand versucht Borin, die zerschnittenen Pulsstellen zu bandagieren. Erst, als noch einer hilft, wird der einarmige Borin damit fertig.

Du bist also doch für deinen Beruf völlig versaut! denkt Borin. Nicht mal das kannst du mehr! Nicht einmal einem Jungen, der sein Blut aus dem Körper strömen lassen will, die Arme abbinden.

»Warum hast du das überhaupt gemacht, Borin?« fragt der helfende Mann in der Wattejacke.

»Was?«

»Warum hast du dem Jungen überhaupt noch geholfen?«

»Das fragst du?«

»Ja, das frage ich. Vorgestern hätte ich es noch nicht gefragt. Aber seit gestern muß ich es fragen!«

»Bist du denn auch schon wahnsinnig?«

Borin richtet seinen Oberkörper hoch und schaut in die Gesichter, in die ausdruckslosen Gesichter der Plennijs.

»Seid ihr denn alle verrückt geworden?«

Noch stehen die Männer stumm. Dann aber sagt einer: »Vielleicht bist du wahnsinnig, Borin, daß du dem Jungen noch hilfst. Du weißt ja selbst, wie viele Jahre er in Workuta bleiben muß. Bis zu seinem Tod eigentlich, denn die 25 Jahre überlebt der nicht, so wie du und wir sie nicht überleben!«

Und ein anderer ruft:

»Und wenn er sich die 25 Jahre Hölle erspart? – Hast du gestern nicht gehört, Borin, was wir sind? Du hast mit dem Ohr am Lautsprecher gelegen. Menschen ohne Gesicht sind wir! Und du weißt, was die Russen damit meinen, wenn sie sagen, man hat kein Gesicht mehr.«

Ein Dritter:

»Den Strick, den du da um den Arm des Jungen festzurrst, den laß uns lieber für unseren Hals. Da kann sich einer nach dem anderen dran aufhängen. Wir kommen nicht mehr heraus aus Workuta. Wer hier tot ist, hat es besser!«

Borin will sprechen, Einwände machen. Doch er hört nach dem einen Wort schon auf. Reden hilft nicht mehr. Nur Zupacken.

Sorgfältig tupft Borin mit der zitternden rechten Hand das Blut vom Gesicht des Jungen.

*

Kaviarbrötchen, Fasanenbrüstchen, Wodka.

Der Kreml ist nicht kleinlich, wenn es ums Essen geht. Der gepflegte Ministerpräsident Rußlands mit der lässigen Eleganz, Bulganin, hat den alten Mann aus Rhöndorf zu einem Bankett geladen. Schwarzglänzende SIS-Limousinen holen die Deutschen vom Hotel Sowjetskaja ab und gleiten – fahren wäre ein zu rauhes Wort – zum Kreml, zur Residenz Bulganins.

Und nun sitzen die Staatsmänner vor den Lasten der Fruchtschalen, der Lachs- und Geflügelplatten, den Flaschenbatterien, den Kaviartöpfen.

Man ißt und albert dabei ein wenig. Die anwesenden Journalisten notieren jedes gesprochene Wort, auch, wenn dessen Belanglosigkeit offenbar ist. Unter allem, was geschieht, wittert man einen doppelten Boden.

Und bisweilen wird aus dem Hinplätschern der Sätze wirklich ein Katarakt. Und wenn sich die Köpfe der Russen dem alten Mann aus Rhöndorf zuwenden zu einem Trinkspruch, so nimmt man jedes Wort des Toasts unter die Lupe.

»Ich trinke auf die Aufnahme diplomatischer und freundschaftlicher Beziehungen. Auch auf den Wegbereiter dieser Politik, den Bundeskanzler, den Führer der deutschen Delegation, und auf die sowjetischen Führer.«

Was bedeutet das, was Bulganin gerade gesagt hat? denkt Adenauer. Ich muß da einhaken. Die Starrköpfigkeit scheint nicht mehr da zu sein.

»Ich muß sagen, daß wir hier in den letzten Tagen sehr freimütige und offenherzige und manchmal auch etwas heftige Aussprachen gehabt haben. Vor allem mein rechter Nachbar hat nie ein Blatt vor den Mund genommen!«

Chruschtschow lächelt geschmeichelt.

Der alte Mann aus Rhöndorf sagt weiter:

»Ich glaube, daß das auch nicht seine Art ist!«

Da sagt Chruschtschow:

»Ich habe nie einen Stein in der Tasche getragen und führe nichts im Schilde.«

»Das habe ich auch nicht gesagt«, sagt der alte Mann.

»Ich danke Ihnen allen für die großartige Aufnahme unserer Delegation. Vor Ihrer aller Augen haben wir gerade hier außerordentlich wichtige Gespräche geführt. Ich hebe mein Glas auf gute freundschaftliche und nicht nur diplomatische Beziehungen, denn die Diplomaten sind nicht immer die besten Freunde.«

Der alte Mann hebt sein Glas mit dem grusinischen Rotwein und leert es in einem Zuge. Diese Geste schmilzt das Eis von Bulganin und Chruschtschow hinweg. Beide stehen auf. Bulganin nimmt die Hand des alten Mannes, und Chruschtschow legt den Arm um die Schulter des Deutschen.

Und der alte Mann spricht mit Zähigkeit weiter, diesmal aber nur zu seinem linken Nachbarn Bulganin. Er fragt, erklärt, verhandelt.

Aber Bulganin schweigt.

Der Alte gibt nicht nach. Wieder sagt er:

»Die deutschen Gefangenen müssen nach Hause!«

Und plötzlich sagt Bulganin, niemand weiß warum:

»Gut! Ich bin bereit. Wenn die Bundesrepublik diplomatische Beziehungen zur Sowjetunion aufnimmt, können die ersten Deutschen aus den Lagern schon eine Woche nach der Bekanntgabe nach Hause fahren!«

»Ist das Ihr Ernst?«

»Ich gebe mein Ehrenwort!«

Chruschtschow, der Glatzköpfige, hat sich zu den beiden gebeugt. Bulganin fragt ihn:

»Was meinst du dazu, Nikita?«

»Einverstanden! Auch ich verpfände mein Ehrenwort.«

Das ist Montag, der 18. September 1955. Für 9652 Menschen, von denen man einige über zwölf Jahre in Rußland zurückbehielt, wird in diesem Augenblick das Wort gesprochen: Du bist frei!

Wäre dies noch zur Zeit Josef Stalins möglich gewesen? – Man weiß es nicht. Nicht weit von dem Raum, in dem für die Gefangenen die Stunde der Freiheit schlug, liegt der »Stählerne« in einem gläsernen Kubus, den goldgefaßte Symbole der sowjetischen Revolution verzieren. Das breite Gesicht ist starr.

Stalin, der »Stählerne«, kann nicht mehr über das Schicksal deutscher oder russischer Menschen bestimmen. Ein gewaltiger Mythos wird fahl; an einem Koloß, der aus Stahl gehämmert schien, zerbröckelt langsam der Gips.

In Köln-Wahn steigt Adenauer aus der Super-Constellation. Menschentrauben umlagern den Flugplatz. Unter den Jubelnden ist eine alte Frau. Als der alte Mann das Rollfeld betritt, hält es die Frau nicht mehr. Sie durchbricht die Absperrungskette, drängt sich durch die Menschen, die den alten Mann umlagern, und ergreift seine Hand. Sie küßt diese Hand und stammelt: »Ich danke Ihnen, Herr Bundeskanzler, ich danke Ihnen!«

Der alte Mann streicht der Frau behutsam über das Haar. Es ist Frau Schuhmacher. Sie hat ein kleines Kolonialwarengeschäft in Köln. Diese Mutter wartet seit zwölf Jahren darauf, daß ihr Sohn Theo heimkehrt. Jetzt ist der alte Mann aus Moskau wiedergekommen. Er trägt das Ehrenwort der sowjetischen Machthaber bei sich. Die noch leben, werden heimkommen. Und Theo hat noch vor wenigen Wochen geschrieben. Darum wird er bei den Heimkehrern sein.

*

In Workuta jagt die Erregung das Blut so schnell durch die verbrauchten Herzen der Männer und Frauen, daß sie es kaum mehr ertragen können. Der Junge, wachsbleich im Gesicht und vom Blutverlust geschwächt, hebt manchmal verzückt seine weißbandagierten Hände einem der Kameraden entgegen.

»Nach Hause«, sagt er dann nur. »Nach Hause.«

Borin sitzt neben Lewerenz und sagt in das erloschene Gesicht hinein:

»Alles wird gut, Bruno, alles wird gut.«

Und Lewerenz in seiner Blindheit nickt:

»Das ist wahr, Bastian, aber warum kann es nicht so schön werden wie früher?«

»Es wird bestimmt wieder so schön wie früher. Es wird alles schöner sein für uns. Größer vielleicht oder bunter.«

Lewerenz dreht sein Gesicht weg.

Ich hätte das nicht sagen dürfen, denkt Borin. Man überlegt nicht. Man sagt in diesem Freudentaumel Dinge dahin, die man nicht verantworten kann. Für Lewerenz wird es nichts Buntes mehr geben auf dieser Erde. Und wie es für ihn nichts Buntes mehr gibt, so wird es für uns vielleicht auch einige Abgründe geben, von denen wir nichts wissen.

Schwer steht Borin vom Bettrand seines blinden Kameraden auf und geht zu dem Jungen. Als Borin heran ist, schlägt der Junge die großen, tiefen Augen auf.

»Danke schön!« sagen die blutleeren Lippen.

»Schon gut«, sagt Borin. »Kann ich mal deinen Spiegelscherben haben?«

»Na klar, du weißt ja, wo er ist.«

Borin nimmt das Stück Spiegelglas in die Hand und sieht sich darin. Zum erstenmal seit Jahren bewußt. Und er erschrickt.

Das ist das Gesicht eines Greises. Die Augen liegen tief in den Höhlen und sind von einem kranken Glanz. Das Haar ist schütter geworden. Von den Nasenflügeln zu den Mundwinkeln laufen zwei tiefe Falten, wie von einem Schnitzmesser gezogen. Die Haut hat einen grauen Schleier.

Das bin ich, sagt sich Borin. Bin ich das wirklich? fragt er sich. Wird Elisabeth mich überhaupt wiedererkennen, wenn ich vor ihr stehe? – Aber vielleicht kommt das alles wieder hin! will sich Borin Mut machen. Ein paar Wochen Sonne, und die Haut ist wieder braun. Ein paar Monate Ausruhen, und es kommt wieder Fleisch an die Knochen. Ein paar gute Bücher, und ich vergesse, daß es in Rußland ein Workuta gibt.

Ein Plennij streift an Borin vorbei, so daß sich die Hand, die den Spiegel hält, etwas senkt. Und nun durchfährt es Borin wie ein Blitzstrahl. Im weggedrehten Spiegel ist nichts anderes zu sehen als der Armstumpf am linken Schulterblatt.

Gräßlich, denkt Borin, wie ich mir hier selbst Theater vorspiele. Da in dem Spiegel ist die Wirklichkeit! Da, wo vorher etwas war, ist nichts mehr, so heißt die einfache Formel dieser Jahre. Kahlschlag überall. Da stehst du nun und machst dir vor, daß es um ein paar Pfund Fleisch geht, die du wieder ansetzen wirst. Da stehst du nun, du Einarmiger, und bist zu feige gewesen, Elisabeth auch nur ein einziges Wort von dem verlorenen Arm zu schreiben. Es dauert noch Jahre, hast du dir gedacht. Aber nun dauert es nicht mehr Jahre, weil deine Landsleute nach Moskau gegangen sind. Jetzt dauert es nur noch Tage vielleicht. Oder höchstens Wochen. Und jetzt hast du Angst, weil alles so schnell geht. Jetzt könnte dir sogar die Verstiegenheit einfallen, noch einige Zeit auf dieser schreienden Erde zu bleiben. Nur so viel Zeit, als ein ehrlicher Brief braucht, um von Workuta nach Castrop-Rauxel zu gehen. Doch diese Zeit ist vertan. Aber wenn Elisabeth vor dir steht, wirst du ja noch sprechen können. Was willst du dann sagen?

Und der Plennij Borin starrt weiter in den Spiegel, der seinen Armstumpf zeigt, und sagt:

»Erschrick nicht, Elisabeth. Ich bin wirklich Sebastian. Laß mich hier nicht so stehen. Das mit dem Arm...«

Borin lächelt voll Schmerz, »das mit dem Arm ist schlimm. Ich will das vor mir und dir nicht beschönigen. Du wirst es schwer mit mir haben im Anfang, ich werde umhertappen wie ein Blinder vielleicht, aber wir wollen beide froh sein, daß ich nicht wirklich blind bin, wie Lewerenz es ist, daß ich noch sehen kann und lernen. Und lernen will ich und muß ich. Denn mit diesem einen Arm kann ich ja nicht in meinen Beruf zurück. Du hast eben nun einen Krüppel bei dir. Geh nicht weg, Elisabeth. Sag nichts, um mich zu schonen, sag nur das, was du wirklich denkst.«

Durch den Körper Borins geht ein Zittern. Zentimeter um Zentimeter bringt er die Spiegelscherbe näher vor seine Augen, bis er nur noch diese sieht. Bis er nur noch in seine eigenen Augen schaut. Dann sagt er weiter:

»Verzeih, ich rede dummes Zeug, Elisabeth. Ich tue das, weil ich hilflos bin. Ich möchte ja gar nicht, daß du mir die Wahrheit sagst. Ich möchte dann, daß du lächelnd lügst. Daß du sagst: ›Es macht mir gar nichts, Bastian, daß du so wiederkommst, und du hast dich kaum verändert. Und wir werden es bestimmt schon schaffen.‹ Ja, das möchte ich. So sollst du sprechen.«

Immer noch hat Sebastian Borin die Spiegelscherbe vor seinen Augen. Da holt Borin mit einer eckigen Bewegung aus und schleudert den Glasscherben gegen die Wand. Die Splitter tanzen durch den Raum und funkeln, bevor sie auf dem Boden liegen.

»Verfluchtes Geflenne!« ruft Borin. »Komm ich denn als Wahnsinniger zurück? Ich bin doch ich! Sebastian Borin! Die Jahre hier können meine Identität doch nicht ausgelöscht haben. Ich habe doch ein Anrecht auf meine Frau und mein Kind. Ich habe doch ein Anrecht darauf, nach Hause zu kommen.«

Borin kauert sich auf das Fußende der Pritsche des Blinden. Leise spricht Borin weiter:

»Die Grübelei ist das Furchtbare. Was heißt hier Anrecht? Ich zergrübele hier mein Hirn und weiß bald nicht mehr, ob ich Männchen oder Weibchen bin. Sind diese Jahre denn so dunkel gewesen, daß wir sie nie mehr aus unseren Seelen herausbekommen werden?!«

Lewerenz auf der Pritsche richtet sich auf und tastet sich mit seiner Hand an den Kopf Borins heran. Lewerenz sagt:

»Quäl dich nicht so, alte Seele«, und dann fällt der Blinde wieder zurück.

Seele, denkt Borin. Daran habe ich wirklich nicht gedacht, Lewerenz. Ich bin ja gar nicht so arm. Ich bringe ja Elisabeth und der kleinen Barbara eine neue Welt mit. Ich habe doch im Schacht von Workuta etwas gefunden, wovon ich den beiden mitteilen muß, abgeben. Mir steht es doch gar nicht zu, solche Zweifel zu haben. Ich habe Alja damals versprochen, mich durch diese Jahre zu schlagen, um der Heimkehr willen. Daß ich mich selber heimbringe und die anderen, die es nötig haben. Das ist wichtig.

Dabei schaut Borin zu dem Jungen hin, den jetzt jemand aus einer Konservendose füttert.

Den muß ich zum Beispiel nach Hause bringen. Den, den Lewerenz und den Sebastian Borin.

»Auf die Heimkehr!« prostet ein Plennij mit einer kleinen Schale Wodka dem sinnenden Borin zu.

»Auf die glückliche Heimkehr!« sagt Borin und steht umständlich auf.

XXIII

Kleines Übergangsbuch der Liebe

»Kleines Übergangsbuch«. Das hat Elisabeth Borin auf die erste Seite des grauleinenen Buches geschrieben. Eigentlich müßte ja »Kleines Übergangsbuch der Liebe« am Beginn dieses Buches stehen, das Frau Borin schreibt. Und ein wenig ist es auch ein Büchlein der Angst, die seltsame Angst vor dem Wiedersehen, die in Elisabeth Borin genauso steckt wie in dem Mann von Workuta.

Seit der Moskaureise des alten Mannes aus Rhöndorf bereitet man sich auf die letzten Heimkehrer vor. Denn die Russen halten ihr Wort. Schon neun Tage nach der Abreise der deutschen Delegation wird der erste Transportzug zum Westen hin zusammengestellt.

Jede Stadt hat ein paar Heimkehrer zu erwarten. Auch Castrop-Rauxel. Mit Sebastian Borin sollen es fünf Kriegsgefangene sein. Elisabeth Borin geht zu einer Mutter hin, die ihren Sohn zurücker-wartet. Die alte Frau ist ebenso verwirrt wie die junge, die da um Rat fragt, was man zum Empfang der Männer alles tun könnte.

»Wir werden das Schild ›Herzlich willkommen‹ aus dem Keller holen, wenn Günther wiederkommt. Wir haben es damals schon aufgehängt, als er aus der Kinderlandverschickung wiederkam. Aber das war vor dem Kriege und damals war er erst dreizehn. Zwei von seinen alten Anzügen habe ich auch noch. In jede Tasche habe ich ein Päckchen Mottenpulver gesteckt, da müssen die Anzüge doch noch in Ordnung sein. Was meinen Sie, junge Frau?«

»Doch, doch«, nickt Elisabeth Borin eifrig.

»Natürlich wird er da herausgewachsen sein, dieser Bengel.«

Die alte Frau setzt sich auf den Rand des Sofas und fährt sich mit einem großen, blaukarierten Taschentuch durch das Gesicht. Sie weint in dieses Taschentuch hinein:

»Dieser Bengel! Als er zur SS wollte, haben Vater und ich dem Günther das ja ausreden wollen. Aber Sie wissen, wie es damals war. Da hingen überall die Plakate, und er brachte so dicke Werbebücher mit und erzählte uns, was man da alles werden könnte. Von Sturmführer oder so was hat er immer erzählt. Na ja, stramm aussehen taten die Kerls auf den Bildern. Nur hatten sie alle so'n komischen Blick. Und die Totenköpfe gefielen mir nicht. Aber weil der Junge doch nun so bettelte, hat Vater ihm schließlich die Unterschrift gegeben, die Günther für den Aufnahmewisch brauchte. Das andere hat Vater dann nicht mehr erlebt. Die meisten Bomben fielen in Ickern. Vater mußte nachts zur Flak, und in der Klopstockstraße haben sie ihn gefunden. Von einem armlangen Bombensplitter zerfetzt. Als Günther dann in Urlaub kam, war er viel stiller geworden, bloß so viele Abzeichen hat er auf der Brust gehabt. Klaus, was unser jüngerer Sohn ist, hat da immerzu draufgezeigt und gesagt: ›Mutter, das ist der Gefrierfleischorden und das ist die silberne Nahkampfspange. Die kriegt man dann, wenn man soundsooft das Weiße im Auge des Feindes sieht.‹ Und solche komischen Sachen noch mehr, von denen unsereins nichts versteht. Ich habe nur verstanden, daß es dem Jungen nicht gut ging, daß er einen unsteten Blick bekam und nachts im Traum schrie und ganz weit weg mit seinen Gedanken war, wenn man ihn ansprach.«

Die alte Frau steht auf und greift in eine Büchse über dem Herd, auf der in verschnörkelten blauen Buchstaben »Zwiebeln« steht. Sie nimmt dort eine schmale Zigarettenschachtel heraus und hält sie Elisabeth hin.

»Danke, nein«, sagt Elisabeth Borin.

»Vor lauter Aufregung bin ich damals ganz ans Rauchen gekommen. Schließlich kriegten wir ja auch 'ne Raucherkarte, und die Nerven wollten zum Kriegsende nicht mehr so recht.«

Die Frau nestelt aus ihrer Schürzentasche Streichhölzer, zündet die Zigarette an und zieht den Rauch in starken Zügen durch die Lunge. Noch beim Weitersprechen quillt dünnfädiger, blaßblauer Rauch aus Mund und Nase.

»So war das damals, junge Frau. Dann kamen die Nachrichten, daß sie alle Kriegsverbrecher gewesen sein sollten, die sich zur SS gemeldet hatten und daß man die jungen Burschen mit dem Blutgruppenzeichen – unser Günther hatte eine 0 unter dem linken Oberarm tätowiert – folterte. Was ich damals ausgestanden habe, junge Frau, kann ich Ihnen gar nicht erzählen. Aber das wissen Sie ja selbst, wenn Sie sagen, daß Ihr Mann jetzt auch wiederkommen soll. Ich weiß nicht, was ich mit dem Günther mache. Wenn ich das Schild aufgehängt habe und er durch die Tür darunter hereinkommt und zu mir ›Mutter‹ sagt, dann werde ich die Tür wohl abschließen und den Jungen nicht mehr auf die Straße lassen, damit er nicht wieder solche Dummheiten macht wie damals. Sein Lieblingsgericht werde ich ihm kochen. Jeden Tag dicke Bohnen mit durchwachsenem Speck, damit er mir bloß nicht wieder wegläuft. Verstehen Sie das?«

»Ich verstehe das sehr gut. Und Sie sind eine großartige Mutter«, sagt Elisabeth Borin und faßt der alten Frau mit beiden Händen um die Schultern. »Sie haben mir vieles leichter gemacht.«

Noch ganz benommen von der Begegnung mit der wartenden alten Frau geht Elisabeth Borin zur Straßenbahnhaltestelle an der Heine-weiche. Ihr ist klargeworden, daß es ein einheitliches Empfangs-schema für die zehntausend Männer und Söhne nicht geben kann. Daß jede Mutter, jede Frau ihren Jungen so in die Arme nehmen muß, wie sie es einstmals getan hat. Aber wie habe ich Bastian damals in die Arme genommen? Wir waren in unserer Ehe noch nicht einmal so weit, daß ich wissen konnte, ob er Gulasch mit Spaghetti oder Mettwurst mit Grünkohl lieber aß. Was weiß ich denn von meinem Bastian? – »Junge Frau«, hat die Mutter da vorhin zu mir gesagt mit einiger Schmeichelei. Dabei kenne ich die Krähenfüße um meine Augen sehr gut und die Krampfader am Bein läßt sich bei den Nylons auch nicht mehr verheimlichen. Wer weiß, ob Bastian nicht auf der Stelle kehrtmacht, wenn er eine alternde Elisabeth dastehen sieht und eine kleine Barbara, die er nur aus meinen Briefen kennt.«

»Wie weit?« fragt der Schaffner.

»Habinghorster Straße«, sagt Elisabeth Borin.

»25«, sagt der Schaffner.

»Und Sie?«

»Henrichenburger Straße.«

»Mit Übergang?«

»Ja.«

Übergang, denkt Elisabeth Borin, es kommt wohl auf den Übergang an. Das Mütterchen von vorhin hat es nicht so schwer, sie hat Mottenpulver in Günthers Anzüge gesteckt und sein Lieblingsessen gekocht.

Aber wie verschaffe ich Sebastian diesen Übergang? denkt Elisabeth Borin. Wie kann ich ihm begreiflich machen, daß er hier zu Hause ist? Wie kann ich ihn spüren lassen, daß ich in diesem Zimmer an jedem Tag seinen Namen gedacht, geflüstert und gerufen habe? Wie? Vielleicht schäme ich mich, ihm das alles im ersten Augenblick zu sagen, vielleicht erschrickt Sebastian, wenn er in dieses Zimmer tritt und all das Neue sieht, das wir beide früher nicht kannten: Toaströster und Zehnplattenspieler, meine neue Frisur und die abstrakt gemusterte Tapete, meine Selbständigkeit und die Nylonstrümpfe, meine neuen Bücher und das neue Geld, das ich jeden Monat erarbeitet habe und von dem einiges auf der hohen Kante liegt, die indirekte Beleuchtung und das Nierentischchen.

Man müßte Sebastian alles aufschreiben, damit er es leichter hat, sich hier zurechtzufinden. So ein Vokabelheft der Jetztzeit müßte man für ihn schaffen, das wäre das Richtige.

Und Elisabeth Borin nimmt das schmale Buch aus dem Schreibschrank. Es sollte einmal ein Tagebuch werden, aber Elisabeth Borin kam nie dazu, es überhaupt anzufangen. Das Chemiewerk und ihr Kind verlangten ein Höchstmaß an Anspannung von ihr, zwangen sie in einen solchen beständigen Rhythmus der Arbeit hinein, daß sie die Impressionen nicht festhalten konnte.

Doch jetzt ist die Zeit für das Buch gekommen.

*

»Für dich, Sebastian! Ein Übergangsbüchlein ganz allein für dich. Und an den Anfang will ich schreiben: ich hab dich genauso herrlich und irrsinnig lieb, wie damals, als wir uns ein Kind wünschten, das Barbara heißen sollte. Und weil ich dich so erschreckend liebhabe, schreibe ich in meiner Verwirrung gewiß alles durcheinander in diesem Buch. Du, Bastian, dieses Büchlein ist ein ganz langer Liebesbrief, mit dem ich meine Angst hinwegscheuchen will und auch die deine, wenn sie dich bedrängt. Ganz weit weg wollen wir diese Angst jagen. So, und jetzt fange ich an, dich zu schulmeistern, lieber, lieber Bastian. Das, was ich auf dem Kopf habe, diesen Wuschelkopf, das ist eine Meckifrisur. Ich bin ein richtiger Mitläufer der Mode geworden. Viel lieber hätte ich ja mein langes Haar wieder, durch das deine Hände so oft gefahren sind. Aber die Zeit ist so kurz (hoffentlich ganz kurz!), bis ich dich wiederhabe, daß es nicht mehr nachwachsen wird. Darum sei der Meckifrisur und deiner Elisabeth nicht gram.

Seidenstrümpfe trägt man nicht mehr. Das, was ich an den Beinen habe, sind Nylons. Eine hauchdünne Kunstfaser.

Da fällt mir ein (du siehst, wie durcheinander ich bin!): ich hätte mir zu deiner Begrüßung auch ein Dirndlkleid kaufen können. Doch damit hätte ich dir ja etwas vorgespielt.

Und die Möbel. Erschrick nicht vor den modernen Sesseln mit den schwarz-gelben Bezügen. Sie sind wirklich bequem, und du mußt zugeben, daß die Farbe zum Zimmer paßt. Und wenn ich Zimmer sage, denke ich an Tapeten. Denke nicht, ich habe den Verstand verloren, weil ich den Erker mit der starkfarbigen abstraktgemusterten Tapete beklebt habe (selbst gemacht übrigens!) und das übrige Zimmer mit der dezenten perlgrauen. Auch das ist jetzt modern.

Und zwischendurch: unsere Liebe, Bastian, braucht keine neue Tapete, nein? Sie ist noch genauso hell und frisch wie damals!

Das Bücherbord steht voll mit einigen neuen Sachen, von denen wir an Winterabenden viel zusammen lesen werden. Du wirst eine ganze Reihe von Autoren nicht kennen können. Aber du wirst sie liebgewinnen wie ich. Da gibt es ein Buch von Ernst Kreuder. Es heißt ›herein, ohne anzuklopfen‹. Eine ausgewogene Landschaft der Traumwirklichkeit. Und ein kleines Raucherbrevier, frech im Stil und in der Gestaltung (wo du doch so ein unermüdlicher Pfeifenraucher bist, wird es dir sicherlich gefallen). Eine neue Pfeife habe ich dir gekauft mit deinem Lieblingstabak. Verbreite bitte damit ganz viel Behaglichkeit in unserer Behausung. Von Manfred Hausmann (jawohl: der Lampioon-Hausmann, er schreibt immer noch) liegt ein Essay-Band auf dem Nachttisch. Daneben ein paar Short-Stories von William Saroyen und ›Die Schelme von Tortilla Flat‹ von John Steinbeck (die beiden letzteren sind Amerikaner. Sie sind mit einer literarischen Nach-Invasion zu uns gekommen). Und ein Buch von Peter Lippert ›Einsam und Gemeinsam‹.

Ach du! Da ist ja so viel Neuland, in das ich dich führen werde, wenn ich darf. Da sind Gärten im Geistigen, in denen wir tagtäglich wenigstens für eine Stunde spazierengehen müssen.

Und nun, bevor ich an das zweite Kapitelchen meines Übergangsbuches gehe, eine Zwischenbemerkung, die schon lange notwendig ist: Erschrick auch nicht davor, daß ich unabhängig geworden sein könnte. Ich bin unendlich abhängig. Von dir nämlich, Bastian. Ich bin immer noch ein hilfloses kleines Mädchen, das Elisabeth heißt. Und das alles trotz der gutbezahlten Stellung und des neugeschaffenen Lebensraumes hier. Ein Mädchen, das sich an dich schmiegen muß, um nicht umzufallen.

Hab mich nur lieb! Ich muß es siebenmal siebzigmal rufen.«

XXIV

Der Mittelpunkt der Welt

Die Transporte nach der Moskaureise des alten Mannes. Am 6. Oktober 1955 betreten die ersten deutschen Kriegsgefangenen, die nach den Verhandlungen im Kreml frei wurden, westdeutschen Boden.

Die Presse der Welt, für die zehn Jahre vorher Friedland kaum existierte, drängt sich im Lager und am Grenzbahnhof dicht zusammen. Fernsehkameras stehen auf den Dächern von Aufnahmewagen. Wochenschaugesellschaften aus den USA, Frankreich, Italien und der Bundesrepublik Deutschland haben ihre Geräte vor dem Ausgang des Bahnhofs aufgebaut. Auf den Bahnsteig darf kein Reporter; denn der Zonengrenzbahnhof ist exterritorial. Bis hierher fahren russische und polnische Züge, bis hierher kommen sowjetische Wachmannschaften. Vor dem Bahnhof stauen sich rund 7000 Menschen. Hände strecken sich über die Barrieren. Die Heimkehrer werden mit Blumen überschüttet.

In Friedland wartet man stundenlang. Die Fahrt der geschmückten Busse von Herleshausen nach Friedland geht wie unter einem Triumphbogen vor sich. Ein Triumphbogen, der 60 km lang ist. Ein Triumphbogen, der aus Menschenmauern besteht. Die freudentoll gewordene Bevölkerung der Dörfer, durch die der Weg nach Friedland führt, stürmt die Busse. Pfarrer unterbrechen die Gottesdienste und lassen ihre Gemeinde teilhaben an der Heimkehr. Ladenbesitzer plündern ihre eigenen Geschäfte und werfen Schokolade und Keks,

Zigaretten und Zigarren, Obst und Kuchen in die Busse. Weinflaschen werden zu den Fenstern hinaufgereicht. Schulkinder singen deutsche Volkslieder. Überall Lachen und Weinen der Freude zu gleicher Zeit. Die Heimkehrer sagen nichts mehr. Sie starren nur auf das Bild, das aus dem Omnibusfenster sich ihnen bietet.

*

Sonntag nachmittag in Friedland. Lagerpfarrer Dr. Krahe sieht die Busse heranrollen, sieht, wie eine Menschenwoge gegen die Fahrzeuge anbrandet und die Heimkehrer vor Freude fast herauszerrt.

Der Lagerpfarrer traut seinen Augen nicht. In dieser Kleidung hat uns die Sowjetunion unsere Kriegsgefangenen zurückgeschickt?

Der Lagerpfarrer hält die Hand des ersten der Heimkehrer aus diesem Transport. Er schüttelt die Hand lange, bevor sie ihm von anderen Menschen entrissen wird. Diese Kleidung! denkt der Lagerpfarrer. Die Männer dieses Transports tragen die gleichen Wattejacken und Wattehosen wie die vor fünf Jahren. Die Gefangenen, die in den letzten Jahren in Friedland eintrafen, waren besser gekleidet: mit Anzügen, sauberen Hemden, ordentlichem Schuhwerk. Und nun wieder diese Menschen in demselben Zeug, das sie bei ihrer Arbeit in Sibirien tragen mußten.

Nein! denkt der Lagerpfarrer. So dürfen diese Menschen nicht nach Hause gehen.

Die Heimkehrer wollen kundtun, daß sie sich endgültig von dem Joch der Gefangenschaft befreit fühlen. Einige reißen ihre Wattejacken herunter und verbrennen sie.

Die Begrüßung. Minister sprechen. Sie bringen den Heimkehrern den Willkomm des Volkes entgegen, das sie vertreten. Sie sagen auch den Willkommensgruß des alten Mannes aus Rhöndorf. Immer, wenn der Name aufklingt, sind die Heimkehrer nicht mehr zu halten. Sie verknüpfen ihre Freilassung fast ausschließlich mit diesem Namen.

Der Lagerpfarrer, der neben dem Minister steht, lauscht nicht sehr andächtig auf dessen Rede. Ihn lassen die Wattejacken und Uniformfetzen der Heimkehrer nicht los. Das geht nicht, denkt er. Wir dürfen das nicht zulassen, daß diese Menschen vor mir so nach Hause gehen. Gewiß, die Heimkehrer werden Geld bekommen, hier und an ihrem Heimatort. Aber was ist Geld? Sie sollen sich von dem Augenblick an, wo sie in Friedland sind, nicht mehr wie außerhalb der Gesellschaft Stehende vorkommen.

Heute werde ich meine ganze Vorratskammer leerplündern, um diesen Transport mit all den nötigen äußeren Dingen zu versehen. Und morgen? Wer hilft morgen weiter?

Eine Welle der Bewegung geht durch die Heimkehrer. Sie beten das Vaterunser. Dann singen sie »Großer Gott, wir loben Dich«. Dieser Chor der Gefangenen ist zeitlos. Er könnte aus dem Alten Testament stammen.

Noch einige Ansprachen. Noch ein paar Begrüßungsworte. Die Spätheimkehrer sind unendlich geduldig. Sie haben in Rußlands Weiten gelernt, was Warten ist. Aber sie warten gern. Sie hören gern die Begrüßungsworte ihres Volkes und der Organisationen, die aus diesem Volke gewachsen sind. Denn sie haben ja gezittert davor, wie dieses Volk sie aufnehmen würde. Auch als Verfemte? Auch als Menschen ohne Gesicht?

Bei all der Feierlichkeit verlangt das Leben, verlangt das Blut sein Recht. Schreie zerreißen einige Worte der Reden. Schreie, die da heißen:

»Martin!« – – »Wilhelm, Junge, du bist wieder da!«

Und einfach: »Mutter!«

*

Die Busse bringen die Heimkehrer in ihre Unterkunft. Der Apparat zur Erledigung der notwendigen Formalitäten ist in Friedland eingearbeitet. Aber seltsamerweise verlieren die Registrierung, die ärztliche Untersuchung, die Röntgenaufnahmen, die Befragung des Suchdienstes, die Essensausgabe und die Bekleidung alles Mechanisierte, das einem solchen Vorgang gewöhnlich anhaftet. Denn Schwester Hedwig und Oberschwester Charlotte, Lagerleiter Dr. Freßen und Angestellter Kolditz, und all die anderen, die zu Friedland gehören, kamen ja selbst einmal aus Gefangenschaft und Vertriebenheit. Sie alle waren einmal im Unterwegs zu Haus.

Die Spätheimkehrer bestaunen alles. Sie bestaunen die kleine Pfadfinderhelferin und den Funkwagen des Bundesgrenzschutzes, den Fernschreiber und die fragenden Reporter, die geschmückten Autos und den Postbeamten Wichner.

Überhaupt dieser Postbeamte W. Wichner. Das kleine Postamt, in dem er König ist, wird wichtiger als jenes Mammutgebäude in Berlin, in dem Wichner noch vor ein paar Jahren Briefe stempelte. Wichner und seine paar Helfer in Friedland laufen sofort nach der Begrüßung der Heimkehrer ins Lager, um den Männern die ersten Telegramme vor die Augen zu halten, die aus Hamburg und Zuffenhausen, aus Konstanz und Würzburg, aus Baiersbronn und Mengede, aus New York und Buenos Aires den befreiten Gefangenen die ersten Nachrichten über ihre Angehörigen geben. Der schmale Postbeamte mit den lustigen Augen verliert in diesen Wochen noch einige Pfund an Gewicht. Er rennt im Lager umher wie ein Wiesel, läßt den einen oder anderen Namen ausrufen, berät hier einen Heimkehrer bei der Abfassung eines Telegramms oder dem Zustandekommen eines Telefonats.

W. Wichner in Friedland ist für den Heimkehrer viel mehr als nur ein Mann in einer blauen Uniform mit einem Posthorn am Kragen. Wichner gehört zum Schicksal von jedem der befreiten Gefangenen, ähnlich wie der alte Mann aus Rhöndorf; denn die paar Worte, die auf den Telegrammen stehen, wiegen unendlich schwer. Wichner weiß, wie das ist, wenn man den Menschen außergewöhnliche Nachrichten überbringt. Er hatte in seiner Straße in Berlin oftmals den Brief ausgetragen, auf dessen Umschlag »Frei durch Ablösung Reich« stand und in dem ein Bogen lag, der mit dem Wort »gefallen« ein Menschenleben auslöschte. Und er hat einmal einem jungen Lyriker einen Literaturpreis von 5000 Mark gebracht und einer Oma im Altersheim eine Erbschaft von 15 000 Pfund Sterling. Er hat Hände zittern sehen, wenn sie den Empfang quittierten.

Doch hier in Friedland geschieht noch mehr vor den Augen W. Wichners. »Erwarte dich mit Sehnsucht – stop – Mutti.« Diese paar Worte sagen mehr aus als manches langzeilige Grußtelegramm von Organisationen oder Direktionen, das anfängt: »Wir geben der gewaltigen Freude Ausdruck, daß . . . usw.«

Es gibt viele Heimkehrer, die den Postbeamten Wichner umarmen. Eine Heimkehrerin küßt ihn, als sie das Telegramm aufgerissen hat, das er ihr gab.

Doch es sind nicht nur Telegramme der Freude, mit denen der Friedländer Postbeamte durch das Lager läuft. Es gibt auch Tele-

gramme, die den Heimkehrer unter der Wucht unendlichen Leides zusammenbrechen lassen. Da steht, kalt und grausam:
»Bin seit 1949 mit einem anderen verheiratet – stop – hielt dich für tot – stop – komm nicht nach Haus – stop.«
Oder ein Text in einem Amtsdeutsch, das sich sogar noch bis in ein Telegramm hineinschleichen kann:
»Müssen leider mitteilen, daß beide Elternteile verstorben – stop – schicken dennoch Wagen zur Abholung – stop – Stadtverwaltung Walsberg.«
Wenn W. Wichner solche Telegramme aufnimmt, dann verschwindet die Lustigkeit aus seinen Augen, und er läßt sich über die Dienstvorschrift hinaus den Wortlaut noch ein drittes Mal vorlesen.
Und noch etwas gehört zum Postamt Friedland. Es ist etwas, das die Titelzeile bekommen müßte: »Glanz und Elend der Presse.« Um das Postamt Wichners sind fünf Fernsprechzellen aufgestellt worden. Sie bleiben bei den ersten Transporten kaum unbesetzt. Die Journalisten der Zeitungen und Zeitschriften, der Informationsdienste und Pressestellen sprechen ihre Artikel durch die Drähte. Die alten und neuen Massenmedien Presse, Funk, Fernsehen und Film gewinnen und verlieren in diesen Tagen in Friedland zu gleicher Zeit ihr Ansehen. Es gibt Fotoreporter, die ihre Blitzlichter in die Tränen alter Männer hineingrellen lassen, die sich zu ihren Töchtern hinunterbeugen. Es gibt Kameramänner, die im Anblick eines Wiedersehens nach elf Jahren kaltschnäuzig sagen können:
»So, und wenn Sie jetzt nochmal den Arm um den Hals Ihres Mannes legen, das sieht gut aus.«
Da sind Berichterstatter, die in seltsamer Verirrung sich ausschließlich an die Rockschöße jener hängen, die als Leibdiener Hitlers, der sich vor dem Bunker in Berlin verbrennen ließ, ihm früher einmal das Jackett und die Hosen ausgezogen haben. Die gleichen Reporter umlagern einen weißhaarigen früheren General v. Seydlitz aus Verden an der Aller. Die wenigen Männer, die als Überlebende von Stalingrad bei diesem Transport sind, bleiben von den Journalisten unbeachtet. Dafür nehmen sie jedes Wort des Weißhaarigen wie ein Evangelium auf. Sie fragen, und der alte General antwortet. An den ersten Sätzen schon, die dieser Mann abgehackt vor sich hinspricht, müßte den Reportern das Düstere dieser Situation klarwerden. Der

Mann, der sich im Mittelpunkt des Interesses sieht, glaubt, daß man ihn in diesem Staat wieder braucht. Dieser Glaube treibt Flecken hektischer Röte in sein Gesicht. Der Weißhaarige verlegt den 20. Juli 1944 in die Vorkriegszeit und erzählt, daß er in Verden an der Aller noch einmal sein Pferd besteigen würde, um mit der schwarz-weiß-roten Fahne gen Osten zu reiten. Die Reporter hören dies, aber notieren trotzdem weiter und kabeln den Wortlaut ihrer Stenogramme an die Redaktionen. Sie sehen, daß sie einen Schwerkranken vor sich haben, und lassen den Weißhaarigen doch nicht los. »Hochgradiger Celebral-Sklerotiker«, das muß eine Stunde später der Lagerarzt von Friedland nach eingehender Untersuchung des Mannes in seinen Befund schreiben. Die Journalisten haben keinen General befragt, sondern einen ausgebrannten, leidenden Menschen ohne Erinnerung, ohne Gefühl für die Gegenwart, ohne Blick in die Zukunft.

Das Volk, das Informationen erwartet, wird mit zweifelhaften Sensationen abgespeist. Der Redakteur einer Weltzeitung wendet sich an den Flugkapitän, der Hitler in seinen Glanzzeiten von Massenkundgebung zu Massenkundgebung geflogen hat, von politischen Triumphen bis zur unaufhaltsamen Vernichtung eines Landes.

Der Mann im Duffle-Coat gibt dem Flugkapitän seine Karte und sagt lässig:

»Schreiben Sie uns Ihre Memoiren, wir zahlen Ihnen jeden Preis!« Wenige Tage später schon verhandelt der Flugkapitän in London. Ein anderer Reporter läuft an den Männern mit den Wattejacken entlang und ruft:

»Ich brauche starke Schicksale!«

Starke Schicksale brauchst du? Jeder einzelne der Männer aus Rußland ist ein starkes Schicksal. Jeder einzelne, hörst du? Die einstigen Stabsgefreiten genauso wie Generäle. Der Schuster aus Lütgendortmund noch mehr als der frühere Kammerdiener Hitlers.

*

Aber dieses Hasten nach der Sensation ist noch verständlich. Nur die völlige Verblendung nicht.

Da sind Vertreter der Massenblätter, die sich nicht einmal mit der Mythenbildung um zweifelhafte Größen zufrieden geben. Da sind Männer mit Kamera und Notizblock, die kein Auge haben für die

Opfer, die von jedem Helfer in Friedland gebracht werden, sondern die die seltsame Feststellung machen müssen, daß der Tee, der den Heimkehrern gereicht wurde, »naß, heiß und dünn« gewesen sei, daß die Busse, in denen die Heimkehrer von Herleshausen nach Friedland gefahren wurden, »geknarrt« hätten, daß die ausgegebene Bekleidung »unzureichend« gewesen sei und die ärztliche Betreuung »mangelhaft«.

Und so steht es tatsächlich am anderen Tage schwarz auf weiß in einigen Zeitungen. Die Meldungen sind ein Schlag ins Gesicht der Menschen in den caritativen Verbänden und des Lagerpersonals in Friedland.

Doch die Anwürfe werden schnell korrigiert von den Heimkehrern selbst.

Tausende von Briefen wie der folgende gehen an zuständige Stellen: »Die Vorwürfe, die gegen Friedland in der Presse erhoben wurden und die mir in erster Linie durch ein Schreiben der Heimkehrerhilfe im Grenzdurchgangslager Friedland zur Kenntnis kamen, bedaure ich als Spätheimkehrer sehr.

Ohne mich in Schwärmereien einzulassen, die nahelägen, wenn ich mich dieser beiden Tage in Friedland wieder erinnere, möchte ich sachlich, und dies allein dient der Sache, wie folgt Stellung nehmen: Bei dem erwähnten Transport klappte alles wie am Schnürchen. Ich wüßte wirklich nicht, was ich bei schärfstem Maßstab Negatives schreiben könnte.

Angefangen bei der ersten Schwester, die mir in Herleshausen Fleischbrühe darbot, bis zu dem Herrn, der mich zwei Tage später nachts 2 Uhr an die Bahn brachte, war alles auch nach westlichen Begriffen ausgezeichnet organisiert. Ich befand mich praktisch diese ganze Zeit auf einem laufenden Band, ging dahin, wohin mich der Lautsprecher bat, alles verlief in bester Ordnung.

Die Verpflegung war vorzüglich.

Die papiermäßige Abwicklung ging ohne Stockung und in einer Atmosphäre größter Liebenswürdigkeit vor sich. Eine ärztliche Betreuung brauchte ich nicht, die Untersuchungen wurden m.u.E. gewissenhaft und nicht kasernenmäßig durchgeführt.

Die Einkleidung brauchte natürlich ihre Zeit. In einem Konfektionsgeschäft werden ja auch 600 Kunden nicht in zwei Stunden bedient. Anzüge, Schuhe und Wäsche waren von guter Qualität.

Nicht selbstverständlich erschien mir aber die ganze Atmosphäre. Beispiel: Ist es selbstverständlich, wenn die Dame bei der Caritas, die die Bekleidungskarten ausschrieb, einem dabei das erste Glas deutschen Weines anbietet? Ist es selbstverständlich, wenn eine Ordensschwester, der man die völlige Übermüdung ansieht, nachts nach 24 Uhr einem unentwegt immer wieder ein neues Paar Schuhe anprobiert, wenn eines nicht paßt oder ein anderes nicht gefällt? Ist es selbstverständlich, daß die Damen der Arbeiterwohlfahrt, denen, wenn ich mich recht erinnere, die Änderung der nichtpassenden Bekleidung oblag, einen mit stets gleichbleibender Freundlichkeit bedienten?

Die Liebe und Güte, die uns in Friedland entgegenströmte, hat uns wirklich erschüttert. Nach meiner Auffassung dürfen die wartenden Angehörigen mit Vertrauen auf Friedland sehen, in der Gewißheit, daß alles Menschenmögliche für die noch Kommenden getan wird.

gez. Hans Kaiser
Augsburg
Scharnhorststraße 22

*

Da ist auch angemessene Berichterstattung, sind Rundfunkstationen mit instruktiven Reportagen, Regisseure des Fernsehfunks, die Friedland mit seinem wahren Gesicht zeigen. Da sind publizistische Organe, die zu großangelegten Spendenaktionen aufrufen und da sind Funk-Reporter wie der, der an die Nissenhütte des Lagerpfarrers klopft, anstatt einen Lakaien zu interviewen, der mal jemandem das Braunhemd angepaßt hat.

Einiges von dem, was der Lagerpfarrer in den letzten Tagen getan hat, wird in keiner Chronik dieser Welt geschrieben stehen. Auch die neugierigste Kameralinse, auch der fragfreudigste Reporter müssen vor einem Beichtstuhl haltmachen. Hier wird das ego te absolvo gesprochen über Verstrickungen, von denen die Männer und Frauen in den Wattejacken keinem lebenden Wesen auf dieser Welt mehr etwas berichten werden.

Doch der Lagerpfarrer Dr. Krahe weiß, daß, wie die Seele des Menschen, auch der Körper umhüllt sein will. Nach dem Überwinden des Schreckens, der ihm von der sibirischen Uniform der Heimkehrer eingejagt wurde, hat er sofort veranlaßt, auch die letzte Jacke aus seiner Bekleidungsbaracke auszugeben.

Kaum ist das Wort der Begrüßung verhallt, da sitzt Dr. Krahe schon vor dem Mikrophon und stellt diese Männer und Frauen vor, die er soeben gesehen hat. Er sagt, daß nach wenigen Stunden sein geringes Vorratslager an Bekleidung völlig leer sein wird. Der Siedler Johannes Berk paßt den befreiten Gefangenen gerade die letzten Anzüge an, reicht ihnen die letzten Paare Schuhe.

»Und was wird morgen, wenn der nächste Transport kommt?« Diese Frage stellt der Lagerpfarrer in aller Eindringlichkeit.

»Könnt ihr es mit ansehen, daß die Männer und Frauen in diesen verlausten Jacken und Hosen, mit diesen Holzkisten nach Hause fahren? Wenn wir hier nicht helfen, und zwar schnellstens helfen, müssen wir uns schämen wie nie zuvor!«

Die Reaktion auf die Ansprache des Lagerpfarrers von Friedland ist rapide und allgemein. Die Diözese Aachen veranstaltet in allen Kirchen und Kapellen einen Tag nach der Ansprache Dr. Krahes eine Kollekte, die ausschließlich für die Heimkehrer bestimmt ist. Und schon Stunden nach dem Rundfunk-Interview sind die ersten Spenden von Krahes Heimatgemeinde Efferen-Hürth und von seinem Gymnasium Brühl da.

Die Poststelle Friedland kann in diesen Wochen die Liebesgaben Deutschlands und der Welt nicht fassen. Draußen stapeln sich die Pakete zu Bergen. Allein in der Zeit vom 6. 10. bis 22. 10. 1955 werden geschickt:

Schuhe 250 Paar im Werte von 1300 DM
Oberhemden 1100 Stück im Werte von 16 000 DM
Unterwäsche 2200 Stück im Werte von 9000 DM
Oberbekleidung 600 Stück im Werte von 30 000 DM
Socken 4200 Paar im Werte von 8000 DM.

Das sind Einzelspenden. Zu diesen Liebesgaben kommen in den wenigen Tagen rund 150 000 DM von Firmen und Verbänden.

Doch der Strom der Gaben darf nicht abreißen. Die Heimkehrer, die in früheren Jahren durch das Lager Friedland gingen, wissen besonders, wie es ihren erst spät befreiten Kameraden ums Herz sein muß. Sie sparen sich oft den Bissen vom Munde, um für Friedland spenden zu können.

Aber es kommt auch vor, daß die Spätheimkehrer schon bei ihrem Eintreffen daheim gleich ein Dankpäckchen für Friedland zurechtmachen. Einer der Heimkehrer hat recht große Füße, und es dauert eine Zeitlang, bis er in der Einkleidungsbaracke die richtigen Schuhe findet. Zwei Tage nachdem der Heimkehrer das Lager Friedland verlassen hat, treffen beim Lagerpfarrer in einem Paket sechs Paar Schuhe ein. Dabei liegt ein Zettel: »Als erster Dank für die freundliche Einkleidung bei der Caritasstelle Friedland!«

»Wo ist der Lagerpfarrer?« Diese Frage liegt oft über Friedland in den Tagen der großen Heimkehr.

Und der Mann Dr. Krahe wird gebraucht wie das liebe Brot. Da sind kleine Unruhen: neben den Kriegsgefangenen treffen die ersten Transporte mit Zivilinternierten aus Rußland ein. Es ist im Lager Friedland noch nicht ganz klar, nach welchem Gesetz diese Zivilinternierten zu behandeln sind. Dringende Telegramme nach Bonn werden abgesandt. Noch keine Antwort ist da.

»Was machen wir?« fragt die Lagerleitung.

»Was Sie machen wollen, weiß ich nicht«, sagt der Lagerpfarrer. »Ich weiß nur, was ich tun muß. Und das ist: die Nackten kleiden!«

Für den Lagerpfarrer gibt es beim Fehlen eines weltlichen Gesetzes ein höheres: das der Nächstenliebe. Ohne eine Verzögerung eintreten zu lassen, läßt er Kriegsgefangene und Zivilinternierte in gleicher Weise neu einkleiden.

Wenige Stunden später treffen die Auslegungen aus Bonn ein, nach denen praktisch die Zivilinternierten aus russischen Straflagern im Lager Friedland die gleiche Hilfe bekommen wie die heimkehrenden Kriegsgefangenen. Das einfache Gebot seines Glaubens und das Gespür für die Not haben den Lagerpfarrer die einzig richtige Anordnung geben lassen.

*

Viele Heimkehrer spüren, daß es mit dem neuen Anzug, den sie bekommen, nicht getan ist. Sie sehnen sich nach Büchern, die sie in der Gefangenschaft nicht bekommen konnten. Und vor allem wünschen sie das Buch der Bücher: die Bibel, das Meßbuch.

Am meisten wundern sich die Heimkehrer darüber, daß hier in Friedland nichts getan wird, weil es so »befohlen« ist.

»Hier kommt ja alles von selbst!« staunt einer der Heimkehrer. »Hier ist nichts organisiert, und es klappt doch alles vorzüglich.«

Es ist wahrhaftig nichts organisiert in einem althergebrachten Sinne im Lager Friedland. Bei den Paketen und Päckchen liegen Briefe. Sie lauten etwa:

»Hochwürdiger Herr Dr. Krahe. ›Meine‹ Kinder – Quintanerinnen – packten mit sehr großer Liebe kleine Päckchen als ersten Willkommensgruß deutscher Kinder für die Rußland-Heimkehrer. Mehr ist es nicht, als ein erstes Zeichen der Liebe der Heimat, aber vielleicht ist es auch das Beste, das Kinder im Augenblick tun können. Es sind 42 Päckchen. Kinderhände packten sie, und Kinderherzen schrieben kleine Briefe. Ich habe den Inhalt der Päckchen nicht gesehen und die Briefe nicht gelesen – ganz bewußt sollte alles ein Geheimnis und in der Stille des Gebens bleiben. Ihre Männer, hart geworden, werden gewiß an kindlichen Fehlern oder kindlicher Ungeschicktheit im Ausdruck wie im Packen keinen Anstoß nehmen. Von diesen Kindern verloren manche ihren Vater, und manche warten nun mit bangen und wehen Herzen, ob ihr Vater unter den Heimkehrern ist. Ein Vater kam vor eineinhalb Jahren durch Ihr Lager zurück – totgeglaubt, und nun hat dieses Kind zwei Väter: denn die Mutter hatte eben neu geheiratet.

Ich bete mit den Kindern um Gottes Segen für Sie, Ihre Arbeit und Heimkehrer. Segnen Sie die 42 kleinen Quintanerinnen mit ihrer Klassenleiterin   Schwester Elis. Theresia.«

Und so sehen die Briefe aus, die den Päckchen beiliegen.

Ein Bogen Papier aus dem Schreibheft, einige Blumen daraufgemalt und ein Herz:

»Lieber Onkel Heimkehrer! Wir haben ja so lange auf Dich gewartet. So froh sind wir, daß Du wieder bei uns bist. Unsere Lehrerin hat uns erzählt, was ihr alles Schlimmes ausgehalten habt, den Hunger, die Kälte, die fremden Menschen und das Heimweh. Aber das wird Dir jetzt nicht mehr wehtun. Wir haben Euch alle so lieb. Du sollst Deine Schmerzen nicht mehr spüren. Darum habe ich Dir auch diesen Brief geschrieben, damit Du nicht denkst, ich hätte die Zigarren und die Schokolade einfach so in das Päckchen gelegt. Wir haben viel für Euch gebetet und werden es weiter tun.«

Einige Schulklassen bekommen Aufsatzthemen. Etwa: »Wie Heimkehrer nach dem Dreißigjährigen Krieg und heute empfangen wurden.« Das liest sich so:

»Hannes Neuhaus war 20 Jahre verschollen. Endlich gedachte er seiner Heimat. Er wollte wieder in sein Vaterhaus. Bald danach war Frieden im Land. Alsbald machte er sich auf den Weg. Der Weg war endlos. Endlich war Hannes Neuhaus auf einem Berg angelangt. Drunten im Tale war seine Heimat. Aber wie sah das Dorf aus? Verwüstet; er sah nur noch Trümmer. Dann ging er ins Dorf. Auf einmal fiel ein Schuß. Die Kugel ist durch seinen zerschlissenen Hut gegangen. Hinter einem der Trümmer lugte ein Greis hervor. Hannes Neuhaus versteckte sich und rief: ›Freund!‹ Endlich getraute er sich an den Alten heran. Er erzählte ihm alles, was er in den vielen Jahren erlebt hatte. ›Wenn das wahr ist, so lasse ich meine Leute kommen.‹ Der Alte pfiff kurz. Auf einmal kamen Mütter, Kinder und Männer hinter den Trümmern hervor. Hannes Neuhaus sagte auch einzelne Namen. Auf einmal sprach ein Mädchen: ›Dann bist du der Hannes Neuhaus?‹ Er erzählte noch vieles von vergangenen Zeiten. Der Hof seines Vaters war völlig zerstört. Sie beackerten das Land. Hannes Neuhausens Brust spannte sich. Er war vor dem Pfluge. Des Bauern Tochter war hinter dem Pfluge.«

Das ist eine Hälfte des Aufsatzes der kleinen Gertrud Lohscheidt aus Bad Rehburg im Hannoverschen.

Die andere Hälfte des Aufsatzes hat das Schulmädchen sich angelesen. Sie schreibt plötzlich Zeitungsdeutsch und spricht von »offiziellen Begrüßungen« und »Persönlichkeiten des Staates«. Doch das darf der Lehrer der kleinen Gertrud nicht übelnehmen. Sie war ja nicht in Friedland. Und sie kann nicht sehen, daß der Schlußteil ihres Aufsatzes von dem großen Staunen der Spätheimkehrer über die kleinen Dinge berichten müßte.

Denn es ist wirklich alles neu, was den Männern und Frauen aus den russischen Straflagern hier gegeben wird. Schwester Hedwig, der Invalide Johannes Berk und der Lagerpfarrer müssen viel erklären. Ein Mann aus Swerdlowsk steht vor Schwester Hedwig, die glücklich ist, daß sie endlich einmal bei der Austeilung der Gaben aus dem vollen schöpfen darf. Daß sie zum ersten Male seit Bestehen Friedlands *neue* Anzüge ausgeben kann.

Schwester Hedwig hilft dem Mann aus Swerdlowsk in die Jacke. Es ist eine schöne, helle Tweedjacke, und sie paßt dem Mann wie angegossen. Trotzdem sieht der Heimkehrer verzweifelt aus. Hilflos läßt er die Arme am Körper herunterhängen und sagt:

»Aber – die ist mir ja viel zu weit. Die hängt ja so. Hier vor allem.«
Der Mann aus Swerdlowsk greift am Bauch in die Jacke und zieht sie nach vorn.

»Wenn Sie was Engeres hätten, wissen Sie, so was, das hier stramm sitzt.«

Schwester Hedwig lacht herzlich. Sie hat begriffen, daß der Mann ein Jahrzehnt lang nur das enge Koppel gewöhnt war, oder den Strick, der ihm die Hose hielt. Das Saloppe, Lässige der neuen Kleidung ist ihm unbekannt und ungewohnt.

»Das trägt man heute«, sagt Schwester Hedwig. »So, wie Sie jetzt da stehen, sehen Sie gut angezogen aus.«

»Meinen Sie?« fragt der Mann aus Swerdlowsk. Aber er ist erst dann von dem überzeugt, was Schwester Hedwig sagt, als ein Kamerad ihm auf die Schulter klopft und ruft:

»Mensch, Willem, du siehst ja phantastisch aus!«
Doch alle tappen im Neuland umher.

»Probieren Sie mal diese Slipper an.«

»Was soll ich anprobieren?«

»Diese Slipper, diese Schuhe ohne Schnürung zum Hineinschlüpfen.«

»Ach nein, da möchte ich doch lieber ein Paar von den alten, die Sie da in der Ecke stehen haben. Bei diesen Schuhen meine ich, ich hätte Pantoffeln an den Füßen.«

Die Ordensschwester nickt und lächelt. Sie sagt:

»Natürlich können Sie die auch haben. Doch vielleicht ziehen Sie ruhig einmal die Slipper über und gehen ein paar Schritte darin. Anwachsen werden die Schuhe ja nicht gleich.«

Gehorsam zieht der Heimkehrer die Schuhe mit Hilfe der Ordensschwester an und geht ein paar Meter über die knarrenden Barackendielen.

»Donnerwetter!« entfährt es ihm.

»Na?« fragt die Ordensschwester.

»Die sind wunderbar. So weich und federnd.«

»Möchten Sie die haben?«

»Ja, wenn ich darf!«

»Natürlich. Dafür sind die Schuhe ja da!«

Der Mann aus Swerdlowsk geht weiter zu Johannes Berk.

»Von mir bekommst du einen Mantel, Kamerad!« sagt der Invalide und überfliegt die Gestalt des Heimkehrers mit einem prüfenden Blick.

»Hm!« sagt Johannes Berk. »Diese Größe müßte eigentlich hinkommen. Wie gefällt Ihnen der Duffle-Coat?«

»Daffel-Kott?« fragt der Mann aus Swerdlowsk verwirrt.

»Wenn der Ihnen nicht gefällt, können Sie auch einen Trench-Coat haben«, sagt der Invalide Berk.

Der Blick des Spätheimkehrers geht von einem Mantel zum andern.

»Das ist alles so kurz und ganz anders!«

»Ich weiß, was du haben möchtest, Kamerad!« sagt Johannes Berk. »So einen Wachmantel, der bis an die Knöchel reicht, nicht wahr?«

»Ja!« nickt der Mann aus Swerdlowsk erfreut. »Du, woher weißt du das?«

»Erstens habe ich das deinen Augen angesehen!« sagt Johannes Berk lachend. »Und zweitens habe ich selbst mal so ein Ding angehabt. Aber das ist ganz und gar aus der Mode gekommen. Heute gibt es nur noch solche flotten Sachen. Da sehen selbst die alten Leute noch jung drin aus.«

Nun lachen beide, der Heimkehrer und Johannes Berk.

»Ist gut, dann gib mir bitte den Daffel-Kott!«

»Duffle-Coat«, berichtigt Johannes Berk. Der Heimkehrer spricht das Wort nach, viermal. Dann sagt er:

»Was man da nicht an einem Tage alles lernt!«

Und strahlend verläßt der Spätheimkehrer die Bekleidungsbaracke.

*

Nach zwei Wochen zählt der Lagerpfarrer den Bekleidungsbestand. Er wird für die Heimkehrer der nächsten Transporte ausreichen. Ich habe nicht die Hilfe des Staates in Anspruch nehmen brauchen. Das Volk hat seine Heimkehrer selbst bekleidet, von Kopf bis Fuß, mit funkelnagelneuen Sachen. Ich kann mir nicht vorstellen, daß die Heimkehrer dies in ihrem Leben vergessen werden. Und auch die nicht, die diese Liebesgaben geschickt haben. Wer sein Scherflein für Friedland gegeben hat, der hat hier im Lager gestanden. Der war dabei. Wenn die Transporte in den gleichen Intervallen kommen, werden wohl die allerletzten Männer und Frauen aus Sibirien zu Weihnachten hier sein.

XXV

Ein Schlag gegen das Herz

Die Hoffnung des Lagerpfarrers wird zunichte gemacht. Die Kette der Transporte reißt jäh ab. Zwei Wochen vergehen, drei, vier, fünf. Erst die Hälfte der Gefangenen, für die die Sowjets ihr Wort verpfändet haben, ist daheim.

Wo sind die anderen? Wo sind die Fünftausend? Wo?

Jetzt, wo der Sohn des Nachbarn bereits zurückgekehrt ist, ist das Harren auf das eigene Kind in Rußland unerträglich.

Gerüchte schleichen durch das Land.

»Die Sowjets wollen etwas von der Bundesregierung erzwingen und behalten die letzten Kriegsgefangenen als Faustpfand.«

»Die Transporte liegen bei 40 Grad Kälte in Sibirien fest und werden erst zum Frühjahr weiterfahren können.«

»Ostdeutschland will erst seine Kartoffel- und Rübenernte einbringen, bevor es Transportmittel für die Weiterfahrt zur Verfügung stellt.«

»Unsere Minister waren bei den Begrüßungen zu unvorsichtig. Sie haben das Politische der Heimkehr zu stark betont und haben vergessen, den Sowjets wegen Einhaltung ihrer ehrenwörtlichen Verpflichtung zu danken.«

»Die ersten Heimkehrer haben zuviel über die Zustände in der Sowjetunion erzählt. Die Russen wollen das geheimhalten. Die Männer des neuen Kurses wollen sich keine Blöße geben.«

Das sind nur einige der Parolen, die durch die Städte sickern und das Lager Friedland überschwemmen. Minister schreiben an den Lagerpfarrer:

»Habe ich etwas falsch gemacht? Bin ich schuld an dem Stopp?«

Eine westdeutsche Zeitung telefoniert mit dem Bahnhofsvorsteher von Brest-Litowsk und fragt:

»Sind in den letzten vierzehn Tagen Züge mit deutschen Kriegsgefangenen durch Ihren Bahnhof geleitet worden?«

Antwort:

»Njet!«

Die Journalisten schreiben noch einige Stimmungsbilder über das einsam gewordene Friedland für die Spalten ihrer Feuilletons und fahren zu einer Filmpremiere nach Düsseldorf oder nach Brüssel zu Peter Townsend, um ihn zu befragen, was er nach dem Nein der Prinzessin Margaret-Rose zu tun gedenkt. Die Fotoreporter nehmen noch einmal den Wald der Suchschilder vor den Friedländer Baracken auf, schreiben Bildunterschriften von der Tristesse des Lagers und werden von ihren Redaktionen zu einer Show in der Dortmunder Westfalenhalle beordert.

Schwester Hedwig bringt weinende Frauen, die beim Warten auf ihre Angehörigen ihr letztes Geld verbraucht haben, bei Familien im Dorf und in der Siedlung unter.

Gegen die Nissenhütte des Pfarrers klatscht der Novemberregen und feuchtet die Wände.

Was ist mit den Gefangenen?

*

Viehwaggons. Dennoch Gemütlichkeit. Der eingebaute Ofen ist dicht umlagert. Zwei Plennijs spielen Mundharmonika, die anderen singen:

»Kein schöner Land in dieser Zeit...«

Der Transportzug poltert durch die Nacht. Langsam verplätschert das Spiel der Harmonika. Zwei Stimmen tragen noch das Lied weiter. Dann Stille.

Borin fragt:

»Liegst du warm, Bruno?«

Lewerenz wälzt sich auf dem Stroh herum und sagt:

»Ich bin gut zugedeckt, Bastian. Aber innen ist mir so kalt. In der Brust.«

Borin hebt den Kameraden etwas an und legt ihn näher an den Ofen. Dann reibt er ihm die Herzgegend mit etwas Wodka ein.

»Besser?« fragt Borin.

»Ja, Bastian. Viel besser!«

Der Junge fragt in das Dunkel hinein:
»Wie lange wird es dauern, bis wir in Westdeutschland sind?«
»In drei Wochen wahrscheinlich.«

*

»Drei Wochen!« wiederholt der Junge und lächelt.
Und nun spricht keiner mehr.
Vor dem Hinüberdämmern in den Schlaf denkt Borin noch an den
Abschied von Alja.
Erst, als er ihr die Hand gab und sie mit ausgetrockneter Stimme Auf
Wiedersehen sagte, hatte er bemerkt, wie die Jahre in Workuta ihren
Körper zerstört hatten.
»Denk an mich, Bastian!« hatte sie gesagt. »Denk an uns, die wir
hierbleiben. Denk an das andere Rußland.«
Und sie versucht ein Lächeln.
»Ich werde daran denken, Alja.«
»Damit du es wirklich nicht vergißt, nimm das mit. Hier!«
»Die Stola?«
»Ja, die Stola, die im Schacht von Workuta geweiht wurde. Zeige sie
allen, Sebastian, die nicht daran glauben, daß ein anderes Rußland
noch im Schoße der Erde weiterlebt!«
»Kleine, gute Aljascha!«
Da richtet sich Alja auf ihre Zehenspitzen und küßt Bastian Borin auf
die stoppligen Wangen.
Und läuft schnell fort.

*

Es spricht keiner mehr bis morgens um 4.20 Uhr, wo mit häßlichem
Knirschen der Zug gebremst wird. Die russischen Posten rennen an
den Zügen entlang. Verschlafene Gesichter der deutschen Plennijs an
den Luken.
»Was habt ihr denn schon wieder?«
Einer der Posten antwortet:
»Ihr kommt nicht nach Hause. Ihr müßt hierbleiben. Der Zug wird
nach Swerdlowsk umgeleitet. Neue Befehle!«
Unruhe brodelt durch alle Waggons. Jeder spricht.
»Das kann nicht sein!« sagt Borin in das Gesicht des Jungen hinein.

Aber er sagt es wohl mehr zu sich selbst, als zu dem, den er vor sich in der Dunkelheit vermutet. Er will sich beruhigen.

Lewerenz sagt nichts. Er hat die geballte Faust in den Mund gesteckt und beißt auf die Knöchel. Er spürt, wie die Plennijs im Wagen alle aufgestanden sind, vor Erregung durch das Stroh hin und her stapfen und sich unzusammenhängende Sätze zurufen.

Dann ruckt der Wagen wieder an. Doch der Zug fährt rückwärts. Nach einer Weile wird irgendwo rangiert und weiter geht die Fahrt.

Das Reden hat nicht aufgehört. Nur aus dem Munde von Lewerenz kommt immer noch kein Laut.

Im Morgengrauen steht es endgültig fest: es geht nicht nach Hause! Der Transportleiter hat es selbst gesagt, mit Achselzucken und ehrlichem Bedauern.

»Ich weiß nicht, was los ist. Ich weiß nur, daß ich euch jetzt nach Swerdlowsk bringen muß.«

»Sollen wir denn da noch einmal zehn Jahre für euch schuften?« ruft ein Plennij.

»Nitschewo!« sagt der Transportführer und stapft weiter.

Erst gegen Mittag flaut die Erregung der Männer ab. Die Müdigkeit, die von der zerstörten Nacht herrührt, übermannt die Enttäuschten. Auch Borins Kopf ist auf die Brust gesunken. Die Schlafenden atmen wie unter einer schweren Last.

Aber Lewerenz schläft nicht. Seine Sinne sind überwach. Lewerenz glaubt, sein Körper müsse zerspringen.

Da zerreißt die Angst vor der Umkehr, die Angst vor dem Zurückmüssen in die Hölle den Vorhang aus Dunkelheit vor den toten Augen des Plennij Lewerenz. Der Kumpel von König Ludwig sieht. Er sieht ein Motorrad da stehen, blitzend von Lack und Chrom, ein Motorrad, das ihn zum heutigen Wochenende zur Rauschenburg bringen wird, zu einem Kotelett und einem Glas Bier. Er sieht ein Motorrad, das vor der Pförtnerloge von König Ludwig auf ihn wartet, und er weiß, daß er niemals mehr in den Leib der Erde zurück braucht, wenn er die Maschine besteigt. Es ist nur so weit bis zur Maschine, und er hat seine Schicht eigentlich noch nicht verfahren. Der Pförtner soll nicht sehen, wie er heimlich seine Blechmarke aufhängt. Keiner soll Lewerenz sehen. Kein einziger. Ganz allein will er zur Rauschenburg fahren. Ohne Sozius. Ohne einen, der zuschaut.

»Auf die Maschine!« flüstert Lewerenz eindringlich. Aber man hat ihm Schwierigkeiten gemacht. Alle die Feinde aus der Unterwelt. Jetzt haben sie plötzlich ein großes Tor vor das schöne Motorrad geschoben. Die sollen was erleben! denkt Lewerenz und geht entschlossen einige Schritte vor. Ein Körper, auf den er tritt, krümmt sich weg und eine Stimme murrt:

»Penn, du Dämlack!«

Aber Lewerenz denkt: ja, pennt ihr nur alle. Der Lewerenz ist wach. Und der Lewerenz schiebt auch jetzt das Tor weg, damit er zur Rauschenburg kann.

Die Hände des blinden Plennijs greifen einen Eisenhebel. Lewerenz drückt mit enormer Kraft, die durch das Fieber hochgepeitscht ist, das Eisen herum. Scharfer, kalter Luftzug dringt wie schmutziges, kaltes Wasser in den Wagen.

»Zumachen!« knurrt jemand.

»Welcher Idiot ist denn da an der Tür?«

Borin taumelt hoch und schreit im nächsten Augenblick:

»Lewerenz!«

Aber der Kumpel von König Ludwig hat sich bereits mit einem Sprung vom Zuge gelöst und fällt schwer in den Schnee. Borin schnellt sich zur Tür. Er sieht, wie Lewerenz sich tapsig aufrichtet und mit nach vorn ausgestreckten Armen vom Zug wegtorkelt.

»Lewerenz!« ruft Borin noch einmal. »Lewerenz! Zurück!«

Der Zug rollt langsam weiter. Lewerenz kommt in den Sichtbereich der letzten Wagen.

Lewerenz ruft klagend in die russische Weite hinein:

»Ich will nicht mehr hierbleiben! Ich kann nicht mehr hierbleiben!«

Vom letzten Wagen her saust es messerscharf befehlend durch die Eisluft:

»Stoi!«

»Lewerenz!« ruft Borin. »Bruno! Bitte, bleib stehen!«

Noch einmal der Ruf: »Stoi!«

An allen Wagen drängen sich jetzt die Kameraden vor den Türen. Auch sie rufen den Namen des Kumpels von König Ludwig.

Aber dazwischen fetzt es ein drittes Mal:

»Stoi, Plennij!«

Und dann belfert es hart durch den Wintertag.

181

»Bruno!« schreit Borin und läßt sich nach vornüber fallen, um zu dem Kameraden zu eilen. »Bist du wahnsinnig!« zischelt es da hinter Borin. Und Kameradenhände, unter denen die verbundenen des Jungen sind, reißen Borin wieder in den Wagen hinein.

Und noch einmal die Maschinenpistolen.

Lewerenz bricht in die Knie, kommt unbeholfen wie ein Betrunkener wieder hoch, dreht sein erloschenes Gesicht dem fahrenden Zug zu und wimmert:

»Ich will doch nicht hierbleiben! Ich will nicht! Ich will...«

Da dringt gurgelndes Rot aus dem weitaufgerissenen Mund des Plennij. Er richtet sich auf ein Knie, steht dann noch einmal ganz und will den Arm in Richtung des Zuges heben, aber da fällt der Kopf schon steif in den Schnee.

»Anhalten!«

Borin bäumt sich auf und will sich aus den harten Griffen der Kameraden herauswinden.

»Anhaaalteeen!«

Doch der Zug fährt weiter. Er rollt in der gleichen Langsamkeit und Stetigkeit voran. Er rollt. Weiter weg. Immer weiter weg von Lewerenz. Von dem toten Lewerenz, der zehn Jahre lang Haut an Haut neben Borin geschuftet hat. Von Lewerenz, der mit Borin den »Kreml« teilte. Der Zug mit Borin rollt weg von dem Kumpel von König Ludwig, der ein Kriegsverbrecher war und der das wußte. Der aber auch ein zermarterter Mensch war und den das Feuer, das ihm die Augen ausfraß, wirklich zu einem Mann ohne Gesicht machte.

*

In Swerdlowsk dämmert Borin drei Wochen lang vor sich hin. Die Kameraden müssen ihn zwingen, zu essen. Ganz allmählich erst weicht die Erstarrung. Dann fragt Borin zum ersten Mal seit dem Tode von Lewerenz einen jungen russischen Posten:

»Warum haltet ihr uns noch fest?«

»Bald nach Hause!« lacht der Posten.

Die Russen sind freundlicher geworden. Warum? Niemand der Plennijs weiß es. Sie nehmen es hin, mit der Gleichgültigkeit, mit der sie ein Jahrzehnt lang das Wechselhafte des russischen Wesens ertragen haben.

Es gibt jetzt in Swerdlowsk sogar eine Art Klubzimmer für die deutschen Gefangenen. Dort hinein befiehlt sie eines Tages der Lagerchef Major Bobkow. Er hält eine lange, wohlgebaute Rede.

»Wiedervereinigung!« ruft er emphatisch. »Dafür müßt ihr eure Kräfte einsetzen. Westdeutschland muß wieder an Ostdeutschland angegliedert werden!«

»Warum denn nicht Ostdeutschland an Westdeutschland?« fragt einer der Plennijs.

Ärgerlich winkt der Major ab und redet weiter aus der Erinnerung den Leitartikel herunter, den er vor ein paar Tagen in der Prawda gelesen hat.

Nach der jahrelangen Peitsche kommt nun auch das Zuckerbrot. Man zeigt ihnen ein Ballett, man läßt sowjetische Artisten sich vor den Männern in den Wattejacken produzieren.

»Endgültiger Abtransport!«

Ein deutscher Transportführer ist ernannt worden. Eine Militärkapelle spielt russische Marschmusik. Ein wilder Zirkus am Verladeplatz. Hohe Offiziere in Gala-Uniformen stehen an der Rampe und winken den abfahrenden Plennijs zu.

»Das Winken wird befohlen sein«, sagt Borin.

Rußland gleitet an Borin vorbei: Im Unterbewußtsein registriert er: Rewda – Kama, ein Strom – Wolga – Kasan – Armenas. Die Felder an dieser Strecke strotzen vor Fruchtbarkeit, haben eine fast tropische Vegetation. Einmal sieht Borin eine Kirche. Er muß bemerken, daß ein Wagen mit Maisstroh in sie hineinschaukelt.

Gshask – Wjasma – Smolensk – Orscha – Minsk – Brest.

Borin horcht auf. Brest, das ist die Grenze. Soll das denn wirklich wahr sein? Soll Rußland hinter ihnen liegen?

Es ist wahr. Die russische Wachmannschaft geht mit Plombenzangen an den Wagen entlang und versiegelt sie. Die Polen übernehmen den Transportzug.

»Hier, nimm!« Auf einem polnischen Bahnhof reckt eine Bäuerin dem Plennij Borin, der an der entgitterten Luke steht, einen Korb mit Äpfeln und Birnen entgegen. Borin fragt nicht lange. Er nimmt die Früchte, einzeln, und gibt sie seinen Kameraden.

»Wir nicht mögen Russen!« murmelt die Frau wie zur Erklärung.

»Es riecht nach Deutschland!« sagt 32 Stunden später der Junge.

Während in Rußland Borin allein an der Luke stand, wollen jetzt auch die Kameraden hinausschauen.

»Deutschland!« in jedem Satz kommt das Wort nun vor. Und doch: bei dem Anblick des Stückes Deutschland, das die Plennijs zuerst sahen, herrscht tiefes Schweigen. Es ist kein Schweigen der Ergriffenheit, sondern die Maßlosigkeit einer Enttäuschung, die den Männern die Worte nimmt.

Posen! Tagsüber rast der Transportzug. Nur nachts hält er auf den Bahnhöfen, damit die Lokomotive Wasser nachfüllt. Und das ist das Bild, das die Plennijs nicht vergessen werden: leere Bahnhöfe.

»Empfängt uns so die Heimat?« fragt Borin. Aber Borin und seine Kameraden wissen in diesem Augenblick noch nicht, daß die Heimat sie nicht empfangen darf, nicht in diesem Landesteil.

Weil die Ausfahrt blockiert ist, muß der Zug doch noch am Tag auf einem Bahnhof stehenbleiben. Arbeiter, Frauen und Kinder, die an den Zug heranwollen und winken und »Willkommen« rufen, werden von Uniformierten, die plötzlich wie aus dem Erdboden wachsen, mit quergehaltenem Karabiner abgedrängt. Ihr Anführer ruft der eingeschüchterten Menge zu:

»Bleiben Sie von denen weg! Das sind Kriegsverbrecher!«

Da ruft es aus dem Zug:

»Ihr schämt euch nicht, unsere Landsleute vom Zug wegzujagen? Unsere Landsleute, die uns begrüßen wollen?«

Ein paar jüngere Volkspolizisten lachen unterdrückt. Offensichtlich gönnen sie ihrem Häuptling die Abfuhr. Aber als der die Reihe seiner Untergebenen entlangblickt, wird das Lachen zu einem Hüsteln und versiegt dann völlig.

Der Zug fährt an. Mit hochrotem Kopf befiehlt der Offizier:

»Treibt die Leute am Bahndamm auseinander!«

Die Landschaft rast an ihm vorbei. Es ist Sonntag. Der Kalender, den ein Plennij gegen seine Pelzmütze eingehandelt hat, sagt das. Doch dem Lande merkt man das nicht an. Die Menschen trotten zur Arbeit, die Bauern pflügen die vernachlässigten Felder. Selbst den Landarbeitern sind Hunger und Entbehrung in die Gesichter gegraben. Viele Plennijs sehen ihnen gegenüber besser aus. Als aus einem Wagen einer arbeitenden Frau von den Gefangenen ein Brot herausgereicht wird, nimmt sie es dankend.

Mein Gott! denkt Borin. In Polen haben uns die Menschen beschenkt, und hier müssen wir noch das Brot mit den Landsleuten teilen.

Plötzlicher Halt. Wieder ein Dutzend Vopos. Vier davon haben Hunde an der Leine, Bluthunde.

Die jungen Männer in den schwarzen Uniformen reden hastig mit dem Transportführer. Dann öffnen sie einige Waggons und verlesen ein paar Namen. Auch die Tür zum Wagen Borins wird aufgeschoben. Ein Hundehalter schnarrt den Namen des Jungen mit den verbundenen Pulsen in den Waggon hinein. Die Männer rühren sich nicht. Da tritt Borin in die Tür.

»Wie soll der heißen?«

Ärgerlich wiederholt der Uniformierte den Namen. Borin spürt, wie der Junge hinter ihm zittert, und Sebastian Borin legt alle Gleichgültigkeit, die er im Augenblick zusammenraffen kann, in seine Stimme hinein, als er sagt:

»Den ihr da sucht, der ist doch schon längst tot. Der ist zwischen Workuta und Swerdlowsk erschossen worden!«

Borin sagt das und läßt dabei seinen Blick von dem Volkspolizisten abgleiten und richtet ihn auf die Waggons, aus denen man einige verstörte Plennijs herausholt und abführt.

Die Kameraden im Waggon haben sofort begriffen, was Borin will. Neben Borin tauchen ein paar Gesichter auf. Sie bestätigen:

»Na klar, Mensch. Den könnt ihr euch aus der russischen Steppe ausbuddeln.«

Der Mann zieht mit seinem Hund und seiner Liste ab.

»Ruhig«, sagt Borin zu dem Jungen. »Misch dich einfach unter die anderen. Laß uns alles machen.«

Der Vopo ist zurück. Mit dem Transportführer und seinem Vorgesetzten.

»Was ist hier los?« fragt der Reithosenmann.

Borin schaut dem Transportführer sehr scharf in die Augen und sagt betont:

»Der ist doch gar nicht bei uns! Der ist doch damals hinter Workuta –!«

Borin spricht den Satz nicht aus, sondern kneift ein Auge zu und macht die Bewegung des Zielens und Schießens.

Der Transportführer in der Wattejacke sagt: »Ach ja! Der war das!«

Und zu den Vopos gewandt:

»Tja, meine Herren, da ist nichts zu machen. Ihre Listen stimmen nicht. Sie müssen einen schwarzen Trauerrand um den Namen machen. Kriegen wir ja alle mal, nicht wahr?«

»Lassen Sie diese Affereien!« begehrt der Vopo-Sprecher auf.

Er dreht sich auf dem Absatz herum und geht weiter, wobei er den Blick nicht von den Listen hebt. Der Transportführer spricht auf ihn ein. Schließlich zerknüllt der Vopo die Liste mit der Hand, wirft sie wütend dem Transportführer ins Gesicht und ruft:

»Abhauen!«

Sieben Plennijs werden von den Vopos abgeführt. Die Kameraden im Zuge blicken dem Trupp so lange nach, bis eine Schienenkrümmung die Szene wegschiebt.

XXVI

Die Kirche der Heimkehrer

»Die Transporte rollen wieder, Herr Dr. Körzgen. Ich bin ja so glücklich.«

Der Chemiker steht vor der Frau auf und nimmt ihre beiden Hände.

»Ich beglückwünsche Sie, Frau Borin. Sie sind eine tapfere Frau. Ich möchte das einmal Ihrem Mann sagen dürfen, wenn er wieder daheim ist. Haben Sie schon genaue Nachricht, wann er kommt?«

Ein Schatten läuft über das Gesicht der Frau.

»Nein«, sagt sie leise. »Die letzte Karte von ihm kam noch aus Workuta. ›Wir fahren heute ab! Nach Hause! Endlich nach Hause!‹ stand darauf. Aber als ich die Karte hatte, war der Stopp schon eingetreten. Aber nun kommen wieder Transporte nach Friedland. Und dabei muß mein Mann sein!«

Dr. Körzgen sagt:

»Ich kann Ihnen nicht zumuten, in dieser Verfassung zu arbeiten, Frau Borin. Ich müßte ja ein Unmensch sein, wenn ich mit ansehen könnte, wie Ihre Hände mit den Reagenzgläsern zittern und wie Ihre Blicke aus den Zeitungen jede Zeile, die darin über Friedland und die Heimkehrer steht, geradezu herausbrennen. Ich bin mit Ihnen überzeugt, daß Ihr Mann bei den letzten Transporten dabeisein wird. Fahren Sie nach Friedland und holen Sie ihn dort ab.«

»Das raten Sie mir wirklich?«

»Ja. Und es ist der Rat eines Freundes.«

»Es ist schön, wie Sie das sagen, Herr Dr. Körzgen.«

»Schön?«

»Ja, aber...?«

»Über den Urlaub machen Sie sich keine Sorgen! Bleiben Sie so lange, bis Ihr Mann zurück ist. Ich regle das hier schon.«

»Ich danke Ihnen sehr, Herr Doktor!«

»Ich danke Ihnen, Frau Borin.-«

»Wofür?«

»Ganz einfach dafür, daß Sie da sind. Oder – muß ich sagen, daß Sie da waren?«

Dr. Körzgen hat sein Gesicht von der Frau abgewandt, als er das sagt.

»Aber Herr Doktor! Ich denke, wir werden noch sehr lange Arbeitskameraden bleiben. Denn ich weiß ja gar nicht, wie mein Mann wiederkommt. Da habe ich neben der Barbara noch einen großen, lieben Jungen dazu, für den ich sorgen muß.«

Und wieder sagt Dr. Körzgen:

»Danke.«

Und der Mann im weißen Kittel lächelt dabei. Er sagt noch rasch:

»Kommen Sie mir und dem Werk gesund zurück, Sie Ausreißerin!«

*

Elisabeth Borin kommt mit ihrem Töchterchen Barbara sehr rasch nach Friedland. Der Personenwagen, den die Stadtverwaltung Castrop-Rauxel zur Abholung der Heimkehrer bereitgestellt hat, fährt wieder nach Friedland. Derselbe Wagen hatte vor drei Tagen der überglücklichen Mutter in Ickern ihren Günther wiedergebracht. Jetzt fährt der freundliche Angestellte Meyer Frau Borin, damit sie ihren Mann im Lager Friedland begrüßen kann.

In Friedland schaut sich Elisabeth Borin nach Bastian die Augen aus. Doch bei den zwei Transporten, die innerhalb von drei aufeinanderfolgenden Tagen in Friedland eintreffen, ist er nicht. Es kann auch niemand Auskunft geben über ihn, sosehr sie auch fragt.

»Darf ich Ihnen das Kind für eine Weile entführen?«

Frau Borin dreht sich herum.

»Ich bin Schwester Hedwig von der Caritas. Ich sehe Sie nun schon seit Tagen durch das Lager irren. Ich möchte Ihnen etwas helfen, wenn ich darf.«

Schwester Hedwig und Frau Borin sehen sich in die Augen, und beide wissen, daß sie dasselbe denken: Geholfen ist dann, wenn der Mann bei den nächsten Transporten ist. Willig läßt sich Elisabeth Borin mit ihrem Kind zu der Baracke bringen, wo Schwester Hedwig eine Mahlzeit für sie kommen läßt. Elisabeth Borin hat in den drei Tagen, in denen sie hier ist, nur ein paar Butterbrote gegessen und ein oder zwei Würstchen an einem Stand.

Geschlafen hat sie mit ihrem Kind in Klein-Schneen, weil in Friedland selbst jedes Zimmer belegt war. Erst jetzt, während des Essens, kommt Elisabeth Borin allmählich zu sich selbst. Sie schaut aus dem Fenster der Baracke über das Lager hin und denkt daran, wie sie vor zehn Jahren mit ihrem eben erst geborenen Kind durch das Schlamm-feld gegangen ist, das dieses Lager damals war. Damals hatte sie nichts anderes bei sich, als den Rucksack, den Säugling und ein Herz voll Hoffnungslosigkeit. Heute kommt sie hierher aus einem neuen Leben, das sie sich selbst gezimmert hat.

*

Die Tage rinnen der Frau durch die Hände. Das Mittagessen bei Schwester Hedwig ist ihr und ihrem Kinde schon zu einer Gewohnheit geworden. Eines Mittags setzt sich der Lagerpfarrer zu ihr und fragt Frau Borin nach ihrem Mann.

Elisabeth Borin erzählt von dem Kreis, der sich für sie hier in Friedland wieder schließen soll. Sie erzählt von dem Warten, das sie zehn Jahre lang auszuhöhlen drohte. Sie schildert die Qual der letzten Tage.

»Auch Ihr Mann wird kommen«, sagt Dr. Krahe. »Er wird dabeisein, bei einem der nächsten Transporte. Und damit er leichter hierher und zu Ihnen findet –«, und hierbei lächelt Dr. Krahe, »will ich rasch die Heimkehrerkirche fertig bauen.«

Elisabeth Borin fragt:

»Haben Sie denn die Kirche auch für meinen Mann gebaut?«

»Ganz gewiß, Frau Borin, für Ihren Mann und alle, die vor ihm gekommen sind, die mit ihm kommen und die nach ihm kommen werden. Aber auch für Sie ist sie gebaut, diese Friedland-Gedächtnis-Kirche. Damit Sie bitten und danken können. Bitten, daß Ihr Mann bald heimkomme, und danken, wenn er heimgefunden hat.«

»Ich danke Ihnen für diese schöne, große Einladung, Herr Lagerpfarrer, und ich werde sie gewiß nicht zurückweisen.
Wann ist die Heimkehrerkirche fertig?«
»Noch vor Weihnachten kann der liebe Gott darin einziehen. Am 18. Dezember gibt ihr der Kardinal die Weihe. Ich hoffe, daß sie mit der Heimkehr Ihres Mannes zusammentrifft.«
»Darum bete ich«, sagt Frau Borin und faßt in der Tasche nach ihrem Büchlein, das sie für Sebastian geschrieben hat.

*

Eine Woche vor Weihnachten wird die Friedland-Gedächtniskirche vom Kölner Kardinal geweiht. Sie bekommt den Namen des heiligen Norbert.
Der Kardinal konsekriert das Werk, das der Lagerpfarrer von Friedland mit der Hilfe Gottes und der Menschen schaffen konnte. Er weiht und segnet mit dieser Kirche zugleich den Boden, aus dem das Gotteshaus erwuchs. Und er krönt damit die übermenschliche Arbeit des jungen Geistlichen, den er einst vor acht Jahren auf dessen dringliche Bitten hin nach Friedland schickte.
Das Licht bricht an diesem Sonntagmorgen in Fülle durch das Jonasfenster und wirft dessen Farben und Formen bis weit in den Altarraum hinein. Dort assistiert dem Kölner Kardinal ein von innerem Jubel benommener Priester, dessen Herz den Hochgesang Mariens singt: Hoch preise meine Seele den Herrn . . .
Der Lagerpfarrer von Friedland schreitet mit dem Kardinal von Apostelkreuz zu Apostelkreuz. Er steht mit dem Kölner Kardinal vor den flammenden Wachskreuzen am Altar und sieht, wie sein Erzbischof Gebeine des heiligen Norbert in den Altarstein einmauert.
Demütig steht der Lagerpfarrer vor dem Altar. Heiliger Norbert, denkt er, Apostel der niederrheinischen Heimat, bitte für mich! Ich habe einen Eckstein aus deinem Xantener Dom in meine Kirche eingebaut und darauf die Worte gemeißelt: redeuntibus patriam peregrinantibus pacem. Bitte mit mir, heiliger Norbert, daß die Pilger wirklich den Frieden Gottes bekommen und daß den Heimkehrern, allen Heimkehrern, das Vaterland zuteil wird.
Und der Lagerpfarrer betet weiter: »Herr Gott, ich danke Dir für die Kraft, die Du mir zu dieser Arbeit gegeben hast. Ich danke Dir, daß Du

mich nicht in der Verzweiflung ließest, wenn die Schwierigkeiten mich zu erdrücken drohten. Ich danke Dir weiter, daß Du die Liebe so vieler Menschen aus allen Ländern der von Dir geschaffenen Erde durch mich hindurchglühen ließest. Ich danke Dir. Aber zürne Deinem Knecht nicht, wenn er wieder, wie so viele Male am Tage, an diesen Dank die Bitte knüpft: Befreie auch den letzten Gefangenen unseres Volkes von seinen Fesseln. Du weißt, wer jetzt alles in dieser Kirche ist, in der Du gerade Deine Wohnung aufgeschlagen hast. Du weißt, daß auch Frauen vor dem Altar stehen, deren Augen immer noch suchen. Daß da Kinder bei den Frauen sind, die ihren Vater noch nie gesehen haben. Führe sie alle zusammen, führe sie heim.«

*

Friedland hat nun eine Gemeinde. Der Kardinal von Köln sagt zu den anwesenden Einwohnern von Friedland:
»Liebe Pfarrkinder von St. Norbert...«
Und alle in der geweihten Kirche empfinden, daß damit ein Schluß-wort zu der Heimatlosigkeit gesprochen ist.
Auch Frau Borin spürt das. Eigentlich gehören wir alle zu dieser Gemeinde Friedland. Wir zwei Millionen, die wir in diesem Lager neu anfingen. Wir, die wir zum erstenmal nach dem Gehetztsein frei atmen durften. So denkt die Frau.
»Ich möchte, daß auch Bastian zu den Heimgekommenen Deiner riesigen neuen Gemeinde gezählt wird, lieber Gott«, betet Elisabeth Borin. »Aber ich will warten, solange Du willst!«
»Vati?« fragt Barbara leise die Mutter und zeigt verstohlen auf einen Mann in den Kniebänken, der dem Foto daheim gleicht.
Elisabeth Borin schüttelt traurig den Kopf.

*

Der Lagerpfarrer kann die Nachricht, die er soeben erhält, noch nach dreimaligem Durchlesen nicht richtig fassen.
Nach langem Zögern haben die Russen sich entschlossen, auch den sogenannten »Kriegsverbrecher-Transport« über die Grenze nach Westdeutschland zu lassen. Aber sie wollen, daß man diese Gefange-nen in der Bundesrepublik ebenso empfängt, wie man sie bisher durch die Sowjetunion, durch Polen und die Ostzone gebracht hat: im Viehwagen, unter Bewachung mit aufgepflanzten Bajonetten.

Das wiederum heißt, es wagt kaum ein Minister mehr, die Begrüßung vorzunehmen. Niemand möchte sich den Mund verbrennen.

Doch hat bisher am meisten der Lagerpfarrer Krahe die Heimkehrer zu begeistern gewußt, der Priester, der nicht vom grünen Tisch aus zu den Heimkehrern fahren muß, sondern der seit acht Jahren unter ihnen lebt. Der ihre Nöte kennt wie kein anderer.

Jetzt, wo eine Rede ein Wagnis geworden ist, jetzt erinnert man sich plötzlich, daß Lagerpfarrer Dr. Krahe nie mit politischen Vokabeln redete.

Unruhe herrscht über diesen Transport der Nichtamnestierten. Man weiß nicht, woran man ist. Die Sowjets sagen, daß diesem Transport Aktenmaterial über die angeblichen Verbrechen der einzelnen mitgegeben sein soll. Ist dieses Aktenmaterial juristisch stichhaltig?

Die Welt weiß noch nicht, daß auch nicht ein einziger Bogen dieses dubiosen Anklagematerials beim Eintreffen des Transports übergeben wird, und daß man auch Monate nachher nichts davon hört und sieht.

Die Welt weiß noch nicht, daß mit Ausnahme von wenigen Fällen die Anklagen, nach denen die deutschen Gefangenen zu Zwangsarbeit in Rußland verurteilt wurden, übersteigert sind. Da sind Männer zu 25 Jahren Zwangsarbeit in die sibirische Hölle gegangen, weil in ihrem Bauabschnitt von russischen Arbeitern ein Blindgänger eingemauert wurde. Die Aburteilung erfolgte in diesem Fall, wie bei den meisten anderen, nach dem Paragraphen 58 (Sabotage, Spionage) des sowjetischen Strafgesetzbuches. Dieser Paragraph ist im russischen Sprachgebrauch als der »Kautschuk-Paragraph« bekannt, weil sich darunter alles und nichts aburteilen läßt. Unter diesen Paragraphen fällt auch die Bestrafung eines deutschen Offiziers, der diesem Transport angehört. Man hatte ihn im Raum von Nowouralsk wegen Unfähigkeit der russischen Beamten zum Kolchosverwalter eingesetzt. In diesem Kolchos erscheint eines Tages ein russischer Funktionär und befiehlt dem deutschen Plennij, einen Sack Weizen abzusondern und zur Abholung bereitzustellen. Der Kriegsgefangene kommt diesem Befehl nicht nach, sondern macht sofort Meldung an seine übergeordnete russische Dienststelle. Ergebnis: der sowjetische Funktionär wird zu zehn Jahren Zwangsarbeit, die Bauern des Kolchos zu insgesamt 115 Jahren und der deutsche Kriegsgefangene zu 25 Jahren Zwangsarbeit verurteilt.

Ein Heimkehrer aus Dortmund-Mengede erhält das gleiche Strafmaß, weil er während des Krieges in Rußland »gebrandschatzt« haben soll. Dieser Heimkehrer hat jedoch vor der deutschen Kapitulation im Jahre 1945 Rußland nie gesehen.

Ein Oberleutnant wurde festgehalten und abgeurteilt, weil sich in seinen Kraftfahrzeugpapieren die Bezeichnung »Verbrennungsmaschine« befand. Mit dieser Verbrennungsmaschine glaubten die Verhörenden den Verbrennungsofen eines Kz.-Krematoriums gefunden zu haben.

Der Küchenchef einer Einheit bekommt ebenfalls 25 Jahre Zwangsarbeit, weil er die Sowjetunion, wie es in der Verurteilung heißt, um 800 000 Rubel geschädigt hat; denn er »requirierte« 20 000 russische Schweine, schlachtete und verteilte sie.

Diese Schilderungen sind oft die Grundlagen zur Diskriminierung als Schwerverbrecher gewesen. Die Urteilsfindung berührt die Plennijs schon nicht mehr.

Diese Plennijs werden nun in Westdeutschland erwartet. Und weil dieses Westdeutschland und die westliche Welt nichts von den Einzelheiten der Verurteilung in der Sowjetunion weiß, darum ist sie etwas ratlos. Darf man diesen besonderen Transport ebenso empfangen wie die vorhergehenden? Man hat den Sowjets versprochen, jeden einzelnen Fall der mit Verbrechen Beschuldigten rechtlich genau zu prüfen und, wenn erforderlich, abzuurteilen. Würde man daher den Transport der Nichtamnestierten in der gleichen offiziellen Weise behandeln wie die bisherigen, so könnte die Sowjetregierung zu Repressalien greifen. Oder, um genauer zu sein, sie könnten noch einige tausend deutscher Männer und Frauen in ihren Straflagern lassen.

Um den Männern und Frauen dieses Transports und allen andern zu helfen, hält man den Zeitpunkt, an dem die Nichtamnestierten die Grenze der Bundesrepublik überschreiten werden, zunächst geheim. Lediglich sieben Personen im Lager Friedland, darunter Lagerpfarrer Dr. Krahe, werden in einen Plan eingeweiht, der sich in der kommenden Nacht realisieren soll. Es handelt sich darum, den Nichtamnestierten-Transport um 3 Uhr am Zonengrenzbahnhof Herleshausen zu übernehmen, ihn mit Bussen in die Kaserne des Bundesgrenzschutzes von Hann.-München zu bringen. Vor der Ankunft der

Nichtamnestierten in der Bundesgrenzschutz-Kaserne werden Presse und Rundfunk nichts von diesem Vorgang erfahren. Die Angestellten der Registrierung des Lagers Friedland werden mit »versiegelter Order« nachts nach Hann.-Münden in Marsch gesetzt. Erst, als sie an den Wachen des Grenzschutzes vorbei in die Kaserne einfahren, ahnen sie, um was es geht.

Die Gefangenen, die die Sowjets als »Kriegsschwerverbrecher« eingestuft haben, sollen genauso behandelt, genauso versorgt, genauso eingekleidet werden wie die anderen in all den Monaten vorher. Aus der Bekleidungskammer der Caritas wird Ober-und Unterbekleidung, werden Schuhe und Rauchwaren, werden Süßigkeiten und Bücher in Lastwagen gepackt.

In der Nacht zum 14. 1. 1956, 2.30 Uhr, hat Johannes Berk die letzte Jacke im Wagen verstaut und sagt zu Konschak: »Fahr los!«

Einen Tag bevor der Lagerpfarrer Dr. Krahe von der Ankunft der Nichtanmestierten erfährt, ist Frau Borin bei ihm. Das Ausharren im Lager Friedland, die ständigen Enttäuschungen bei den Transporten haben ihr hart zugesetzt. Der Lagerpfarrer sieht, wie die Frau leidet. Er sagt:

»Sie reiben sich hier auf, Frau Borin. Jedes vergebliche Durchblättern der Listen, jede Befragung der Heimkehrer, die umsonst ist, mindert Ihren Mut, den Sie doch bei der Ankunft Ihres Mannes ungeschmälert brauchen. Ich weiß, wie schwer das Warten hier ist, und ich will wirklich nur das Beste für Sie und Ihr Kind, wenn ich Ihnen sage: fahren Sie nach Hause. Höre ich auch nur das geringste Lebenszeichen von Ihrem Mann, höre ich auch nur einen kleinen Hinweis auf sein Kommen, so gebe ich Ihnen sofort Nachricht. Das verspreche ich Ihnen.«

Übermüdet und mit ausdrucksloser Stimme sagt Elisabeth Borin: »Ich kann es jetzt nicht mehr. Ich kann nicht ohne den Mann nach Hause fahren. Warum muß ich bei dem Glück der anderen abseits stehen? Warum mißt das Schicksal mir, nur immer mir das Leid zu und nicht auch die Freude? Ich habe dem Herrgott versprochen, Herr Pfarrer, daß ich das Kommen meines Mannes demütig in seinen Ratschluß stelle. Aber ich will Ihnen auch ehrlich sagen, daß die Ungeduld mich aufzehrt. Ich habe Ihnen geschildert, Herr Pfarrer, daß mein Alleinsein in den letzten zehn Jahren mir oft so erdrückend vorkam, trotz des Kindes. Aber ich kann nicht in dieses Alleinsein zurück, ohne alles Menschenmögliche getan zu haben, ohne nicht auch den letzten Transport abgewartet zu haben.«

»Ich verstehe das«, sagt der Lagerpfarrer. »Ich verstehe das sehr gut.«

*

Und nun die Meldung von dem Nichtamnestierten-Transport. Sofort sieht der Lagerpfarrer wieder Elisabeth Borin vor sich sitzen. Er hat wieder die Gebärde der Hoffnungslosigkeit vor den Augen, mit der sich die Frau für das Weiterwarten entschied.

Aber der Pfarrer weiß, daß Sebastian Borin bei diesem Transport sein muß.

Lagerpfarrer Dr. Krahe handelt schnell. In der Nacht noch läßt er Schwester Hedwig nach Klein-Schneen fahren.

Schwester Hedwig steigt aus dem Volkswagen und klopft an das Fenster des Quartiers, in dem sich Frau Borin mit ihrem Kind befindet.

Frau Borin ist sofort hellwach. Sie öffnet das Fenster: »Schwester Hedwig?«

»Frau Borin, Verzeihung. Aber es ist etwas sehr Wichtiges.«

Elisabeth Borin erschauert. Nicht nur vor der Januarkälte.

»Ist – ist – etwas mit meinem Mann?«

»Der Lagerpfarrer Dr. Krahe kann mir und Ihnen im Augenblick keine näheren Angaben machen. Er hat mir aber gesagt, ich soll Sie zunächst nach Friedland bringen, und er würde Ihnen das Weitere andeuten.«

Elisabeth Borin ist verstört.

»Und Barbara? Soll ich das Kind mitnehmen?«

»Schläft es noch?«

»Ja«, sagt Frau Borin.

»Dann lassen Sie es schlafen. Ich werde die Leute verständigen und mich morgen früh um Barbara kümmern«, sagt Schwester Hedwig.

In zehn Minuten ist Elisabeth Borin schon in Friedland.

Wieder steht sie vor dem Lagerpfarrer. Dr. Krahe sagt:

»Erschrecken Sie nicht, Frau Borin! Ich glaube, daß ich Sie schon in wenigen Stunden mit Ihrem Mann zusammenführen kann. Das ist noch nicht ganz sicher, aber ich glaube fest daran.«

»Wo ist denn . . . ?«

»Bitte stellen Sie jetzt keine weiteren Fragen, Frau Borin. Ich kann Ihnen nicht mehr mitteilen als das, was ich Ihnen gesagt habe. Mein Helfer Konschak wird Sie jetzt mit dem Bekleidungswagen zu einer Ortschaft fahren, in der ich Ihnen dann Einzelheiten erzählen kann, sofern das noch nötig sein sollte.«

Elisabeth Borin ist jetzt so erregt, daß sie nicht einmal »Danke« sagen kann.

Der Fahrer Konschak hilft der Frau in den Wagen.

*

Lagerpfarrer Dr. Krahe fährt durch die Nacht. Er fährt über die Straße, die 75 km lang ist und die er jahrelang gefahren ist, Tag und Nacht. Immer, wenn er auf diesem Asphaltband zum Grenzbahnhof Herleshausen fuhr, fuhr auf dem Rückweg die Kolonne der geschmückten Busse mit den befreiten Gefangenen nach Friedland. Heute erzwingt es die Notwendigkeit, daß die Busse zunächst nicht in das Lager rollen, das für alle Menschen in der sowjetischen Unfreiheit zu einem wirklichen Tor des Friedens geworden ist. Besonnenheit und Rücksicht verlangen, daß diese Nichtamnestierten zu einem anderen Ort gebracht werden.

Es ist eigentlich das erstemal, daß wir unsere Heimkehrer nicht in Friedland begrüßen.

Das denkt der Lagerpfarrer von Friedland. Seine Scheinwerfer grellen ein Stück aus der Nacht, die über der Zonengrenze liegt, streifen hin über den Eisernen Vorhang.

Herleshausen. Ein ungewohntes Bild auf dem Bahnhof. Ein Bild, das an 1945 erinnert. Vor jedem der auf dem Geleise stehenden Viehwaggons ein sowjetischer Posten. Hinter den vergitterten Luken helle Flecken, die Gesichter der deutschen Kriegsgefangenen, die Gesichter der Menschen, die nicht wissen, was jetzt mit ihnen geschieht.

Borin hat wieder seinen Beobachtungsstandort an der Luke bezogen und starrt hinaus. Sebastian Borin sieht, wie ein russischer Offizier mit zwei Zivilisten einige kurze Sätze wechselt. Und dann werden die Türen der Viehwaggons aufgeschoben.

»Willkommen!« prasselt es in die Wagen hinein. »Willkommen!«

Ja, schon wieder stauen sich ein paar hundert Menschen am Zonengrenzbahnhof. Das Anrollen der Busse ist nicht unbeobachtet geblieben, die Einfahrt des schwerbewachten Transportzuges erst recht nicht. In Herleshausen ist die Hälfte der Einwohnerschaft draußen. Und wieder: »Willkommen!«

Diesmal hat es ein einzelner gesagt, ganz dicht vor Borin. Eine Hand streckt sich dem Mann in der Wattejacke entgegen, und die Stimme sagt noch einmal:

»Ganz herzlich willkommen in der Heimat!«

Borin drückt diese Hand. Er weiß nicht, daß die Finger dieser Hand noch vor wenigen Stunden im zitternden Griff einer Frau lagen, seiner Frau!

Jetzt sieht der Mann in der Wattejacke, daß vor ihm ein Geistlicher steht. Der Priester stellt sich vor:

»Lagerpfarrer Krahe von Friedland.«

Hinten aus dem Waggon ruft jemand:

»Ah! Sie sind der Pfarrer, der in Friedland die Heimkehrerkirche gebaut hat. Ich habe ein Foto davon gesehen. Drüben, hinterm Ural!«

Sebastian Borin sagt ebenfalls seinen Namen.

Der Lagerpfarrer stutzt einen Augenblick und schaut wie fragend zu dem Mann in der Wattejacke auf. Borin glaubt, der Lagerpfarrer habe ihn nicht verstanden, und er sagt noch einmal:

»Sebastian Borin.«

»Jemand von Ihren Angehörigen wartet schon auf Sie.«

In Borin scheint alles Blut zum Herzen hinzuströmen. Es dauert einige Atemzüge, bis Sebastian Borin fragen kann:

»Etwa meine –!«

»Jawohl, Ihre Frau Elisabeth.«

»Ist sie – ist sie gesund? Ich meine, ist sie verletzt? Sie müssen wissen, meine Frau war damals in Berlin, als...«

»Ich weiß! Sie hatte ein schweres Schicksal. Aber sie ist heil durch alles gekommen.

»Oh, das ist gut, Lagerpfarrer.«

Und der Mann in der Wattejacke flüstert nur noch den Namen:

»Elisabeth!«

Dann schreckt er zusammen und fragt schnell:

»Und das Kind?«

»...ist ein Mädchen, zu dem man Ihnen nur gratulieren kann!«

196

Jetzt lacht Borin zum erstenmal bei dem Gespräch. Er muß jetzt irgend etwas tun. Er muß seiner Freude Luft machen. Und da nimmt er seine Rechte hoch und boxt damit Dr. Krahe gegen den Oberarm. »Herr Pfarrer, Herr Pfarrer!«

Auch Dr. Krahe, der Lagerpfarrer von Friedland, ist erschüttert. All die Arbeitsjahre in Friedland, all das Geschaute der Not haben das Herz dieses Priesters nicht verhärtet, es ist eher immer empfindsamer geworden im steten Wissen um den zerbrochenen Nächsten, den es wieder aufzurichten gilt.

Der Lagerpfarrer will beide Hände Borins drücken – da zuckt er zusammen, weil er am linken Ärmel der Steppjacke ins Leere gegriffen hat. Der wattierte Ärmel, der gewöhnlich bis zu den Fingerknöcheln reicht, hat das Fehlen des Armes von Sebastian Borin noch verdeckt.

»Ich habe nicht – an den Arm habe ich nicht gedacht, Herr Pfarrer. An den Arm, der mir in Workuta abgerissen wurde. Wie werde ich meiner Frau...?«

Der Lagerpfarrer begreift sofort Angst und Anliegen des Mannes. Er legt ihm jetzt seine Hände auf die Schultern und sagt eindringlich: »Und wenn Ihnen beide Beine amputiert wären, und der Arm noch dazu, wie ich Ihre Frau kenne, würde sie Sie weitergeliebt haben.«

»Ich denke, ich kann auch Ihnen eine Freude machen, Herr Pfarrer«, sagt Sabastian Borin.

»Sie haben mir die größte Freude gemacht durch Ihre Heimkehr.«

»Doch außer mir und meinen Kameraden bringe ich Ihnen doch noch etwas, Herr Pfarrer.«

Bastian Borin reißt eine Naht am Kragen seiner Steppjacke auf, die er über die Schulter zurückgleiten ließ, und reicht dem Pfarrer ein Stoffpäckchen.

»Es ist die Stola von Workuta, Herr Pfarrer«, sagt Borin. »Es ist die Stola, die in der russischen Erde geweiht wurde. Es ist ein Stück vom Rußland der Schachtarbeiterin Alja.«

Borin schweigt eine Zeitlang. Ein Schatten geht dabei über sein Gesicht und vertieft die Falten und Narben darin.

»Von all dem muß ich Ihnen später noch erzählen. Zu einer späteren Stunde.«

Da wird Sebastian Borin auch schon vom Lagerpfarrer abgedrängt.

Mädchen stecken Blumensträuße an seine Mütze und an das graue Hemd, weil er seine aufgerissene Jacke immer noch über dem Arm trägt.

Der Lagerpfarrer von Friedland geht weiter von Heimkehrer zu Heimkehrer. Jeden einzelnen begrüßt er mit Handschlag, mit einigen freundlichen, erklärenden oder fragenden Worten.

So hat er es immer gehalten.

*

Hannoversch-Münden. Ein strahlender, frischer Morgen. Die Busse mit den Heimkehrern fahren zur Turnhalle der Kaserne.

Dort arbeiten die caritativen Verbände, dort werden die Männer aus den russischen Zwangslagern begrüßt. Lagerpfarrer Krahe fragt nach Konschak. Doch der Lastwagen wird erst in einer halben Stunde eintreffen.

Schulter an Schulter stehen die Nichtamnestierten in der Turnhalle der Kaserne von Hannoversch-Münden. Ihre Gesichter sind nicht mehr verhangen.

Die Männer wollen wissen, wo jetzt und in der Zukunft ihr Platz sein wird.

Und dann steht ein Legationsrat vor den Steppjackenmännern und verliest eine Erklärung der Bundesregierung:

»Sie werden nun in Kürze Ihre Familien wiedersehen. Die Bundesregierung wünscht Ihnen, daß Sie Ihre Angehörigen gesund und wohlbehalten antreffen und bei ihnen oder anderen hilfreichen Menschen Ihre Heimat wiederfinden, die Sie so lange entbehrt haben. Wahrscheinlich wissen Sie, daß Ihre Freilassung von der Sowjetregierung unter der Bedingung gewährt worden ist, daß die Anklagen, welche Ihnen von den sowjetischen Behörden zur Last gelegt worden sind – nach unserem Gewissen, unseren Gesetzen –, von deutschen Justizbehörden untersucht werden. Die Bundesregierung, welche im Interesse der Heimkehrer die Bedingung der Überprüfung angenommen hat, wird sich dieser Verpflichtung nicht entziehen, besonders im Interesse der zahlreichen, noch in der Sowjetunion verbliebenen deutschen Gefangenen. Bedenken Sie aber, daß das Gesetz, dem Sie jetzt unterstehen, das deutsche Gesetz ist und die Behörden der Bundesrepublik verpflichtet sind, Ihre Fälle nach dem deutschen Grundgesetz und den deutschen Justizgesetzen zu überprüfen.«

Der Legationsrat, der diese offizielle Verlautbarung in der Turnhalle der Kaserne von Hannoversch-Münden vor den Heimkehrern verliest, macht eine Pause und legt das Blatt, von dem er abgelesen hat, auf das Podium. Dann sagt er – in einem persönlicheren, wärmeren Tonfall – ohne Konzept weiter:

»Ich möchte Ihnen dazu noch sagen, daß dieses Grundgesetz ein demokratisches Gesetz ist.«

Beifall kommt aus den Reihen der Männer, aber es ist mehr ein Achtungsapplaus. Man hat diese vorsichtig formulierte, nach allen Richtungen hin abgesicherte Erklärung hingenommen. Dann steht der Lagerpfarrer von Friedland vor den Nichtamnestierten. Erwartungsvoll sehen die Gestalten auf den Geistlichen. Wird auch er eine Erklärung verlesen?

Aber der Lagerpfarrer spricht frei zu freien Männern:

». . . Ein Volk muß untergehen, wenn es die Bindungen an Gott auflöst. Dann wird der Mensch eine Nummer, ein Ding. Man raubt ihm seine Würde. Bis zu welcher Konsequenz das führen kann, habt ihr selber erlebt. Und aus diesem Erleben heraus wißt ihr, daß ihr reif geworden seid im Leid, daß die Zukunft nur auf dem Fundament gebaut werden kann, das im Ewigen wurzelt. Alles, was nicht darauf fußt, ist vergänglich und zerbricht an sich selbst. Wir wollen uns diese große Versuchung, der schon viele staatliche Systeme erlagen und heute noch erliegen, immer vor Augen halten. Wir wollen begreifen, daß das keine gangbaren Straßen der Völker sind, sondern Sackgassen der irrenden Massen!

An diesem Gottesreich aber zu bauen, sind wir alle berufen! An einem Reich, in dem der Mensch, der die Züge seines Schöpfers trägt, mit aller Würde sein Leben gestalten kann. In dem er sein reinstes Gesicht hat, weil nämlich der Abglanz der Verklärung Gottes es bestrahlt. In einem solchen Reich gibt es keine Menschen ohne Gesicht, es sei denn, der Mensch zerstört dieses Gesicht selbst.

Saubere, klare Fundamente! Ihr bringt die Steine mit, mit denen man weiterbauen kann. Ihr bringt die behauenen Steine durchlittener Erfahrung, durchwachter Nächte, durchlebter Qualen.

Darum brauchen wir euch ganz besonders, meine Brüder! Das, was ihr erlebt habt, mißt ein gütiges Geschick dem Menschen nur selten zu. Wer diese Last aber getragen hat, dessen Hände sind geläutert zu neuem, reinen Tun. Wir sind auf euch angewiesen, Brüder! Denkt daran! Laßt uns beten, daß uns allen zu diesem neuen Werk, zu diesem neuen Leben die Kraft erwächst. Laßt uns das Gebet sagen, das der Herr uns selber gelehrt hat. Laßt es auch ein Gedenken sein für jene, auf die wir noch warten. Und – denken wir dabei auch an jene, die nie mehr heimkommen ... !

∗

Ein schwerer Lastwagen wummert die Auffahrt herauf, hält mit quietschenden Bremsen vor der Turnhalle. Eine Tür klappt am Wagen, und dann wird Borin von seinem eigenen Namen so herumgerissen, daß er ausgleitet und mit einem Knie auf den Boden stürzt.
»Sebastian!«
Es ist die Stimme, die er in Workuta überall hörte, die in dem Geratter des Bohrers von Lewerenz war, dem tausendstimmigen Choral der sibirischen Stürme, die im Knarren der Bodenbretter in seinem »Kreml« um ihn raunte und in Stunden abgrundtiefer Verzweiflung zu ihm sprach. Die Stimme seiner Frau. Elisabeth läuft. Verliert einen Schuh auf dem holprigen Pflaster. Achtet nicht darauf, und bedeckt da schon das Gesicht des immer noch knienden Mannes mit Küssen: die Augen, die rissigen Lippen, die eingesunkenen Schläfen, die dünn gewordenen Haare. In das Ohr stammelt sie ihm tiefe, zarte Laute. Nur Laute. Zu Worten reicht die Kraft nicht und nicht das Bewußtsein. Zu Worten fehlt alles.
Denn es ist ja gar nichts mehr da! Die ganze Umwelt ist ja versackt! Der Boden unter ihr und die Menschen um sie herum, das bißchen Angst und zehn Jahre Qual. Nichts, gar nichts davon ist mehr da in diesem Augenblick, nur noch der Mann, der Bastian heißt.
Elisabeth greift ihrem Mann unter die Arme und hilft ihm, wieder auf die Füße zu kommen. Langsam strömt wieder die Wirklichkeit in sie zurück. Aber es ist eine andere Wirklichkeit als die, die es vor dem Ergreifen und Festhalten ihres Mannes gab. Es ist die Wirklichkeit, die sie so stark macht, daß sie das Fehlen des linken Armes ihres Mannes mit weniger Gedankenaufwand begreift, als die Tatsache, daß Sebastian jetzt fragt:
»Liebste, bist du wirklich da?« Und dann kann Elisabeth Borin wieder lächeln und ihrem Mann noch einen Kuß auf die Lippen pressen und sagen:

»Spürst du es nicht an deinem Mund?«

Und jetzt haucht sie ihm in das Ohr hinein:

»Merkst du es nicht an deinem Ohr?«

Und dann streichelt sie ihm mit der Innenfläche der Hand behutsam über die Augen und fragt:

»Siehst du es nicht mit deinen Augen?«

Und dann legt sie ihm die Hand auf die rechte Seite und will noch wissen:

»Weiß es nicht auch dein Herz?«

Da sagt Sebastian Borin nur:

»Ja!«

Dann faßt ihn Elisabeth um die Hüfte und dreht ihn zu dem Lagerpfarrer herum und sagt:

»Und nun fahren wir nach Friedland. Unser Kind holen!«

XXVII

Der letzte Transport! – Der letzte Transport?

Lagerpfarrer Dr. Krahe bringt in seinem Wagen das Ehepaar Borin nach Friedland. Schwester Hedwig bringt Barbara zu ihrem Vater. Die Elfjährige ist nicht ohne Scheu. Sie berührt den Mann, zu dem sie Vater sagen darf, zuerst weder mit ihren Händen noch mit ihren Lippen. Sie schaut ihn nur groß und durchdringend an, als er sich zu ihr hinunterbeugt und über das Haar streicht.

Da erst umklammert sie ihm plötzlich den Hals mit ihren Ärmchen. Sebastian Borin läßt es mit dieser Geste genug sein. Er weiß, daß er dieses Kind noch einmal zeugen muß, bezeugen mit all seinem Wesen. Und er weiß auch, daß er Geduld haben wird und haben muß mit den schönsten Dingen, die nun auf ihn zuwachsen. Und er fühlt, daß er durch die große Schule der Geduld gegangen ist.

*

Lagerpfarrer Dr. Krahe hat zu der Familie Borin nur gesagt:

»Ich bin bald wieder da! Nur noch ein paar Stunden!«

Dann fährt er abermals an die Zonengrenze. Wenige Stunden nach dem Nichtamnestierten-Transport trifft in Herleshausen ein Zug mit Kranken ein. Es ist ein Transport, von dem man seit Monaten weiß, der aber wegen der menschlichen Wracks, die er zu befördern hat, nur sehr langsam durch die Ausgedehntheit Rußlands vorwärts kam. Natürlich war auch schon bei allen anderen Transportern kaum jemand richtig gesund. Die Distrophieschäden früherer Jahre sind zwar nicht mehr feststellbar, haben aber an Herzmuskel und Nieren Spuren hinterlassen.

Was der Lagerpfarrer aber nun beim Krankentransport erleben muß, ist eine Häufung von schlimmen Gebrechen.

Aus hohlen Gesichtern schauen einen große, tiefliegende Augen an, Augen, in denen alles Leid dieser Welt geschrieben steht. Am furchtbarsten sehen die nicht mehr Gehfähigen aus, die von 200 bereitgestellten Sanitätskraftwagen aufgenommen werden. Der aufbrandende Jubel, der über ihnen zusammenschlägt, der Blumenstrauß, den Kinderhände auf die Trage legen, wird kaum mehr mit einem schwachen Lächeln registriert.

Menschen, die ihre Angehörigen in körperlicher und geistiger Frische verließen, kehren ausgepowert zurück.

Wieder andere liegen stumm da: der herzkranke Gutsbesitzer aus Bayern, der schon zweimal einen Schlaganfall überlebt hat; der ehemalige Hafenarbeiter aus Hamburg, dessen Frau bereits wartend an der Sperre steht, und plötzlich erkennt, daß ihrem Manne beide Beine amputiert sind, und vierzehn noch junge Männer mit offener Tuberkulose.

Die Szene hellt sich auf, als die Gehfähigen aus dem Bahnhof heraustreten. Unter ihnen ist ein Priester. Es ist der Domvikar Johannes Parschau, der bis 1945 Sekretär des Generalvikars von Ermland, Dr. Aloys Marquardt, war.

Dieser Geistliche trägt einen zerschlissenen Priesterrock, den er sich nicht abnehmen ließ. Der Collar des Mannes ist noch vor wenigen Tagen von ihm aus einem alten Fußlappen angefertigt worden. Domvikar Parschau wollte, daß man ihn während des Transportes als Priester erkennt, damit er als solcher helfen konnte.

Es ist bezeichnend, daß der Heimkehrer-Priester den Beginn seiner Leidenszeit so skizzieren muß:

»Am 10. Februar 1945 wurde ich mit dem Generalvikar Marquardt von sowjetischen Offizieren verschleppt und verhört. Man fragte den Generalvikar:

»Wer bist du?«

»Generalvikar.«

»Aha, General! General vom Volkssturm!«

Dann fragte man mich:

»Und was bist du?«

»Sekretär des Generalvikars!«

»Also Adjutant des Generals vom Volkssturm!«

Daraufhin hielt man uns die Läufe der Pistolen ans Genick und sperrte uns in einen Keller in Insterburg ein. Die Haft dauerte tagelang. Durch die Kellerwände sickerte der Unrat einer Toilette. Einmal baten wir den sowjetischen Soldaten um Wasser. Daraufhin zog einer der Soldaten Wasser ein und spuckte es mir ins Gesicht mit den Worten: ›Da hast du Wasser!‹«

Damit beginnt die Odyssee des Priesters. Die Sowjets wollen eine Aufzeichnung der Schätze und des Archivs vom Frauenburger Dom. Die Geistlichen werden verhört, geschlagen, unter der Anklage, Spione des Vatikans zu sein, nach Moskau gebracht, um dann von einem russischen Zuchthaus zum anderen geschleppt zu werden.

In Friedland begrüßt der Apostolische Nuntius diesen Krankentransport und bringt ihm die Grüße des Heiligen Vaters.

Sebastian Borin hat mit seiner Familie die Begrüßung des Krankentransportes in Friedland miterlebt. Er sieht, daß der Apostolische Nuntius kein unnahbarer Kirchenfürst ist, sondern sich in menschlicher Weise mit dem einzelnen Heimkehrer unterhält, und daß er, ohne auf seinen Talar zu achten, durch den Schlamm Friedlands watet, der gerade an dieser Stelle noch nicht durch eine feste Schotterdecke zu beseitigen war. Als ein Heimkehrer den Nuntius darauf aufmerksam macht und sagt: »Der schöne Talar! Der Schlamm sitzt ja in dicken Klumpen da unten!« – da meint der Nuntius: »Na, wenn's gar nicht mehr anders geht, muß ich den unteren Rand halt abschneiden!«

*

Sebastian Borin sitzt mit seiner Frau vor dem Lagerpfarrer in dessen Behausung. Zwischen dem Ehepaar und Dr. Krahe liegt die Stola aus Workuta.

Sebastian Borin läßt noch einmal alles das, was gewesen ist, beängstigend nahe vor sich hintreten. Die Sätze sind nicht besonders geschickt formuliert. Ab und zu fließt ein russisches Wort in die Rede ein oder ein Stück Plennij-Jargon. Wenn Borin sieht, wie seine beiden Zuhörer dann den Zusammenhang nicht so rasch verstehen, stockt er und versucht zu erklären, zu berichtigen. Zu lange schon ist er der Muttersprache entwöhnt.

Aber was besagt das alles. Hier geht es nicht um einen stilistisch sauberen Satz.

Der Lagerpfarrer von Friedland und Elisabeth Borin spüren, daß in dem Heimkehrer von Workuta kein Gedanke der Rache lodert, sondern daß er sein Schicksal verarbeiten will. Nicht in jenem Sinne, daß er die Last einfach in den Abgrund des Vergessens hinabstürzen lassen könnte.

Zuletzt erzählt Sebastian Borin von Alja und der Gemeinde, die in Workuta noch zu beten vermag.

»So lebt Gott doch in der Welt ohne Gott. Ihr Leid wird nicht vergessen sein für das Land, in dem Sie gelitten haben.«

Der Pfarrer nimmt die Stola und legt sie behutsam über die Handrücken von Sebastian und Elisabeth Borin. Dann sagt er weiter:

»Denn auch für dieses Land muß ja einmal ein Frühling kommen. Genauso, wie jetzt für Ihr Leben ein neuer Frühling gekommen ist, Heimkehrer Sebastian Borin. Für Ihr Leben und das Ihrer Frau in der Gemeinschaft mit Gott.«

Der Lagerpfarrer steht auf und geht zu seinem Bücherbord. Er nimmt ein Meßbuch herunter und legt es vor den Borins hin, schlägt es auf und schreibt hinein:

»Gott hat uns zur Freiheit berufen!«

Und er sagt zu dem Ehepaar: »Für Sie beide. Zum Gedenken an diese Stunde.«

Sebastian Borin legt die Stola zurück und zieht mit seiner Hand das Meßbuch an sich heran. Lange schaut er auf den Satz, den der Lagerpfarrer von Friedland geschrieben hat.

Ich möchte dem Priester, diesem schlichten, großen Mann ein Wort dafür wiedergeben, denkt Borin. Ein Wort, das ein Austausch ist. Einen Gedanken, der Verdichtung ist alles dessen, was mir nach den elf Jahren verblieben ist.

Was soll ich da sagen, grübelt Borin. Ich will einfach sagen, was ich dem lieben Gott schreiben möchte, wenn es ginge.

Und da weiß Borin mit einem Male, was er zu sagen hat. Er hat die Formel gefunden für das Geschehen. Er hat in seiner gebliebenen Hand den glänzenden Schlüssel zum Sinn seiner gefesselten Vergangenheit.

»Darf ich etwas in Ihr Gästebuch schreiben, Herr Pfarrer?«

»Bitte, gern«, sagt Dr. Krahe.

Der Lagerpfarrer legt auch dieses Buch, in das sich die deutschen und ausländischen Staatsoberhäupter, die Baugesellen und selbstlosen Helfer eingeschrieben haben, neben das Meßbuch vor Borin hin.

Und während Elisabeth die vorhergehende Seite des Buches festhält, damit sie nicht umschlägt, schreibt Sebastian mit der einen Hand:

»Ich danke Gott für die Zeit das gesegneten Beiseitegenommenseins.«

XXVIII

Wiedergeboren aus dem Wasser...

Für einige Tage kommt Ruhe über das Lager Friedland. Mit den Transporten der Nichtamnestierten und Kranken sind die letzten großen Gruppen von deutschen Kriegs- und Zivilgefangenen aus russischen Straflagern entlassen. Die Weltgeschichte wird es festhalten müssen, daß Bulganin und Chruschtschow ihr Wort hielten. Nach dem Moskaubesuch Adenauers sind bis zum Januar 1956 10 004 Deutsche aus den Straflagern der Sowjetunion in die Heimat gekommen. Darüber hinaus treffen noch einige kleinere Transporte ein: eine Gruppe Geisteskranker, zwei, drei Nachzügler.

Damit wird es für Deutschland fast zur Gewißheit, daß Transporte in bisherigem Umfang von nun an nicht mehr aus der Sowjetunion eintreffen werden. Was jetzt noch in Rußland ist, bleibt bis zum Weltenende dort: die Toten Deutschlands in Tundra und Taiga, im Schnee und ewigem Eis.

Was jetzt noch an Deutschen in Rußland lebt, sind Zwangsverschleppte und Siedlergruppen, die nach Rußland verschlagen wurden zu einer Zeit, als nationalsozialistischer Größenwahnsinn die deutschen Grenzen bis zum Zerspringen immer weiter ausdehnen wollte. Zahlen müssen die deutschen Bauern und ihre Familien für diese Verstiegenheit. Wieder werden sie bespuckt und als Eindringlinge in der Sowjetunion, in Polen und anderen Oststaaten verachtet. Ohne Habe werden sie wieder nach Deutschland deportiert.

Lagerpfarrer Dr. Krahe und alle Menschen im Lager Friedland kommen nicht zur Ruhe. Kaum hat der letzte Heimkehrer das Lager verlassen, da treffen die Aussiedler ein.

Zweitausend in den ersten Wochen, aber insgesamt sollen es 175 000 werden.

Eine Riesenaufgabe! Groß genug, um vor ihr und ihren Konsequenzen zu erschrecken. Dr. Krahe weiß, daß er der große Schnorrer Gottes bleiben wird und bleiben muß.

175 000 Menschen. Das bringen die ersten mit: ein paar wurmstichige Möbel, fadenscheinige Kleidung. Wieder muß gegeben werden.

Hoffentlich sind die Herzen der Menschen nicht noch satter geworden, die Herzen der Menschen im Westen. Werden sie nicht müde, den Namen Friedland zu hören?

Das wäre furchtbar.

Und auch das denkt der Lagerpfarrer von Friedland, wenn einige seiner Bettelbriefe an die Industrie, an die Besitzenden und Verwaltenden, an die Christen und Atheisten zurückkommen mit dem Vermerk:

»Wir können Ihrer Bitte nicht nachkommen!«

Oder:

»Wir haben schon genug gegeben.«

Oder:

»Das ist Sache der Politiker!«

Wenn diese Meinungen weiter Fuß fassen sollten, wenn man weiter den Politikern alles überläßt, was man selbst gut tun könnte und müßte, wenn man weiter über dem satten Bauch das Kreuzzeichen macht und für den Nächsten die Scheibe Brot nicht übrig hat.

Ich denke zuviel! schreckt der Lagerpfarrer aus seinen düsteren Gedanken auf. Das ist nicht gut.

Der Lagerpfarrer spürt, wie sein Herz bei seinen Grübeleien wie ein Trommelwirbel zu schlagen angefangen hat. Hinter dem Collar dringt kalter Schweiß aus den Poren. Die Hände beginnen zu zittern.

Nimm dich zusammen! denkt Krahe.

Aber dann entspannt er sich innerlich und denkt:

Nun, Lagerpfarrer von Friedland, sei nicht so streng mit dir. Die letzten Monate haben dir zuviel zugesetzt. Du bist ziemlich unten angelangt mit deiner Energie, die man dir so verschwenderisch nachsagt. Du müßtest mal wieder ausspannen. Die weiße Haarsträhne vergrößert sich immer mehr, und diese Herzattacken vermehren sich in gleichem Maße, wie die Spenden weniger werden.

Der Lagerpfarrer von Friedland lächelt.

Nach Italien müßtest du mal wieder, Josef. Zur Città eterna.

Der Lagerpfarrer sieht sich wieder als jungen Germaniker in Rom. Rot leuchtet die traditionelle Tracht des deutschen Priesterseminars durch die Via della Conciliazione.

Ja, damals, denkt Dr. Krahe. Damals wußtest du noch nichts von Friedland. Damals ahntest du noch nicht, daß du ein paar Millionen Menschen anbetteln mußt, um ein paar tausend andere damit für einen Tag satt zu machen und ihnen für die nächsten Wochen das Kleid zu geben. Hat es sich denn gelohnt? fragt sich Dr. Krahe.

Die Gedanken des Lagerpfarrers werden vom Lärm des Telefons zerrissen.

Schwester Hedwig ist am Apparat.

»Ja?«

»In einer halben Stunde ist die Taufe. Sie wissen doch, die acht Kinder aus Rußland.«

»Gut, Schwester Hedwig. Ich werde in der Kirche sein.«

Der Lagerpfarrer läßt den Hörer in die Gabel zurückklicken und will den abgerissenen Faden von vorhin wieder anknüpfen.

Wie war das noch? Ob sich das lohnt, hattest du dich gefragt? Hör mal, wie kommst du eigentlich auf diese seltsamen Fragestellungen? Jetzt, wo du zwei Millionen Menschen etwas geben konntest? Ein Wort, ein Meßbuch, einen Anzug, dich selbst. Es hat sich hundertmal gelohnt. Damals angefangen, als du mit deinem Gummimäntelchen am Bahnhof Friedland ausstiegst und du deine anderthalb Ring Nissenhütte bekamst, als du anfingst, die Siedlung zu bauen und die Kirche, als du auf dem Flüchtlingsfriedhof standest und als die Borins vor dir saßen. Aber warte mal, das mit dem Bauen. Du hattest doch den Kunsttischler Schneider hierherkommen lassen! Und dann die Sache mit der neuen Schlosserei und der pharmazeutischen Fabrik, die du nach Friedland bringen willst. Du mußt ja noch sehen, daß es mit dem Kredit für diese Leute in Ordnung geht. Vielleicht existiert das Lager einmal nicht mehr. Wann? In zehn Jahren? In fünfzig? – Wer weiß das!

Ich muß doch gleich –

»Die Post, Herr Doktor!«

Die Sekretärin des Lagerpfarrers legt den Briefstapel auf den Schreibtisch. Ein besonders großer Briefumschlag ist darunter.

»Nanu«, sagt der Lagerpfarrer. »Diese Marken kenne ich doch!«

»Città del Vaticano«, steht auf Stempel und Marke.

Erstaunt schlitzt Krahe den Briefumschlag auf.

Eine Urkunde. Ein dichtbeschriebener Begleitbrief.

Was ist das?

Der Lagerpfarrer liest und ruft laut:

»Ist ja interessant!«

Und nach einem nochmaligen Blick steht er auf, sagt:

»Da freue ich mich aber wirklich!«

»Haben Sie mich gerufen, Herr Doktor?«

Es ist die Sekretärin.

»Nein, aber schauen Sie sich das einmal an.«

＊

Jetzt begehrt das Telefon rasselnd bei Schwester Hedwig auf.

Die aufgeregte Stimme der Sekretärin:

»Schwester, unser Doktor ist vom Heiligen Vater wegen seiner Arbeit in Friedland zum Monsignore ernannt worden! Mit der Würde eines päpstlichen Geheimkämmerers!«

»Bitte?«

»Ja, wirklich! Zum Monsignore! Wegen seiner Verdienste um Friedland!«

Und Schwester Hedwig fragt:

»Was trägt er denn da jetzt?«

»Violett doch, glaube ich«, sagt die Sekretärin.

»Hm!« sagt Schwester Hedwig. »Bleib doch mal am Apparat!«

So schnell es geht, trommelt Schwester Hedwig die Belegschaft der Caritas zusammen. Diese Menschen, die Seite an Seite mit ihrem

Pfarrer erfolgreich gegen das Elend angekämpft haben, sind in herzlicher Mitfreude.

»So, und jetzt hol doch bitte den Doktor an den Apparat. Halt! Verzeihung! Unsern Monsignore!«

Schwester Hedwig hält den Hörer ganz dicht an ihr Ohr gepreßt, ein wenig Stimmengewirr... jetzt Schritte und die Stimme des Lagerpfarrers:

»Ja?«

Aber so sehr sich der Lagerpfarrer von Friedland auch anstrengt, er hört keine Stimme, die ihm antwortet. Doch, jetzt! Ein Räuspern. Und nun schallt es durch das Telefon:

»Wir kommen all, zu gratulieren!«

Und sofort danach in Getragenheit, durch die Membrane nur leicht gedämpft:

»Lobe den Herrn, den mächtigen König der Ehren...!«

Der Lagerpfarrer hört den Gesang, der ihm so lieber ist in dieser Minute, als sei er vom größten Domchor gesungen. Doch nachdem die letzte Strophe verklungen ist und jeder einzelne seinen Glückwunsch durchgesagt hat, muß Dr. Krahe doch sagen:

»Die Taufe, Schwester Hedwig.«

*

Es bleiben immer dieselben Gestalten, denkt Schwester Hedwig. Die Zeit dreht sich, aber sie speit immer wieder einige Menschen aus und schickt sie auf die Straßen.

Die Menschen, die vor dem Taufbecken in der Nische der Friedland-Gedächtnis-Kirche stehen, haben die gleichen Gesichter wie die Flüchtlinge, die Heimatlosen in den Tagen des Zusammenbruchs.

Doch die Mütter, die ihre Kinder in Rußland geboren haben, sind in all ihrer Verlorenheit glücklich. Nach langen Jahren endlich wieder ein Priester. Nach langen Jahren wieder ein Taufbecken.

Die Säuglinge in den Kopfkissen und zwei Vierjährige und ein Neunjähriger. Die älteren Kinder halten ihre Taufkerze selbst. Der Kerzenschein vermischt sich mit dem durch die Decke einsickernden Tageslicht und zaubert eine besondere Helle auf die Gesichter.

Der Lagerpfarrer beginnt die Taufgebete:

»Der Friede sei mit euch.«

Darauf fragt er die Eltern des Säuglings vor ihm:

»Wie soll dieses Kind heißen?«

»Christoph.«

»Was begehrst du von der Kirche Gottes?«

»Den Glauben.«

»Was gewährt dir der Glaube?«

»Das ewige Leben.«

Die Männer, Frauen und Kinder stehen in Ergriffenheit. Eins der Kinder beginnt zu weinen. Die Mutter legt den Säugling an die Brust und stillt ihn in schöner Selbstverständlichkeit. Die blauen Fäustchen des kleinen saugenden Wesens öffnen sich.

»...Nimm von ihnen alle Blindheit des Herzens. Zerreiße alle Fesseln Satans, mit denen sie gebunden waren. Öffne ihnen, o Herr, die Tür zu Deiner Vaterliebe...«

Langsam hebt eine Mutter das Köpfchen ihres Kindes in das Licht. Dann küßt sie es auf die Stirn.

»...tretet ein in Gottes Heiligtum, auf daß ihr Gemeinschaft habet mit Christus zum ewigen Leben...«

Schwester Hedwig streichelt dem Neunjährigen über den Kopf.

»Widersagst du dem Satan?«

»Ich widersage.«

»Und all seinen Werken?«

»Ich widersage.«

»Und all seinem Gepränge?«

»Ich widersage.«

»So will ich euch salben mit dem Öle des Heils.«

Der Junge hat die Antwort selber gegeben. In gebrochenem Deutsch. Der Lagerpfarrer betet das Glaubensbekenntnis. Vorher bittet er leise:

»Herr, mach es ihnen nicht so schwer, immer dazu zu stehen.«

Die Mutter hat das Kind gestillt, das jetzt mit großen Augen auf den Lagerpfarrer blickt.

»Willst du getauft werden?«

»Ja, ich will es.«

Der Junge hat es gesagt.

Der Priester gießt das Wasser über den Scheitel des Kindes:

»Ich taufe dich im Namen des Vaters, des Sohnes und des Heiligen Geistes.«

Der Lagerpfarrer geht aus seiner Kirche. Er spricht das Dankgebet für sich selbst, er spricht es auch für die, die er gerade heimholen durfte in das Reich Gottes.

Heimholen, denkt der Lagerpfarrer, der jetzt aus der Pforte der Heimkehrerkirche wieder über die Erde Friedlands geht.

Das schwindende Licht des Tages hebt noch einmal die Meißelschrift des Portals hervor:

»Redeuntibus Patriam, Peregrinantibus Pacem.«

Friedland: 1945 einige hundert halbrunde, dunkelgeteerte Wellblechbaracken in nasse Wiesen und auf Ackerboden gestellt, die in ein paar Jahren verrosteten und zusammenbrachen – heute ein Dutzend Holzbaracken von je 12 m Breite und 40 m Länge, umgeben von Blumen, Bäumen und Rasen. Wie ist es möglich, daß dies Stückchen Erde unweit des Eisernen Vorhanges, dies unbekannte Dorf an der Dreiländerecke Niedersachsen, Thüringen und Hessen, dem die Vorsehung einen so verheißungsvollen Namen gegeben hat, zu einem Begriff für unser ganzes Vaterland wurde? Wie kam es, daß dieser Name Friedland wie Zauberklang durch die Mauern des Zentralgefängnisses von Warschau oder der Lubjianka zu Moskau drang; daß er die Herzen unserer Männer und Frauen in den Schachtanlagen von Workuta oder in den Waldlagern von Sibirien ergriff und ihnen Hoffnung brachte; daß er den Weg fand zu unseren verschleppten Volksdeutschen in den Lehmhütten der Salzwüste von Karaganda, hinein in zerstörte Städte und halbverfallene Dörfer Schlesiens und Pommerns; daß er die niedergeschlagenen Auswanderer erreichte im Urwald von Paraguay oder auf den Plantagen Brasiliens?

Es ist nicht nur dadurch geschehen, daß bis zum heutigen Tag fast zwei Millionen Menschen durch das Lager gegangen sind: heimkehrende Kriegsgefangene und Internierte aus Polen, Rußland und der Tschechoslowakei, aus England und Belgien, aus dem Zuchthaus von Breda, aus Landsberg und Werl; aus Bautzen, Torgau, Lukau und Hoheneck; Vertriebene, Verjagte aus ostdeutscher Heimat, Umsiedler oder Aussiedler oder wie sie genannt wurden und werden; Evakuierte, vom Kriegsgeschehen Verschlagene, verschleppte Volksdeutsche aus Zentralasien, politische Flüchtlinge aus Polen, Ungarn und anderen Satellitenstaaten; Kinder, die in Waisenhäusern Kroatiens oder Sibiriens ihre Muttersprache verloren haben; streunende Mädchen und Jungen der Landstraßen, Rückwanderer aus Übersee, die an enttäuschten Hoffnungen leer gebrannt sind; Heimatlose, Wanderer auf den verschlungenen Wegen unserer Zeit, die nicht mehr Sinn noch Ziel des Lebens kennen – insgesamt rund zwei Millionen!

Friedland ist nicht nur dadurch zu unserem Friedland von heute geworden, daß hier die Wunden sichtbar wurden, die Kriegs- und Nachkriegszeit unserem Volke schlugen; nicht nur dadurch, daß der glühende Hauch einer Welt ohne Gott uns entgegenschlug, einer Welt, die nicht mehr Menschenwürde und nicht mehr den Adel der Seele kennt; einer Welt, deren satanischer Vernichtungswille den Blick des Mannes stur, trübe und dumpf werden ließ, die das Angesicht unserer Mädchen und Frauen verwüstete und deren Angst aus flackernden Kinderaugen bricht.

Friedland ist deshalb zum leuchtenden, ragenden Zeichen unserer Zeit und vieler Völker von heute geworden, weil hier die Welt Satans durch die Welt Gottes überwunden wurde. Dies ist ganz leise vor sich gegangen. Zuerst standen nur Menschen da mit leeren Händen, aber mit übervollem Herzen, Menschen, die nur auf die warteten, die da kamen. Ist das eigentlich viel: auf Menschen warten, da sein für Brüder und Schwestern, die Christi Kreuz durch unsere Zeit tragen? – Ein Händedruck nur, ein gütiges Wort, verstehendes Zuhören dann, wenn Bitternis und Leid aus gequälten Herzen brach. Einen Koffer tragen, einen Rucksack, eine Karre schieben, einen Wankenden stützen, einen Zusammenbrechenden aufrecht halten. Friedland wächst in jenen verklärenden Glanz hinein, den niemand vergessen wird, der einmal das Barackenlager durchschritt.

Und dann gab ein ganzes Volk die Antwort auf die immer neue Not, als Transport auf Transport in Friedland eintraf. Die Liebe der Heimat füllte hier die Hände derer, die im Lager als Boten ihrer Liebe standen. Gestammelte Worte des Dankes, stummer Händedruck einer schwieligen Hand, leuchtende Augen eines Kindes – welch ein Gefühl der Freude durchflutet da unser eigenes Herz! Freude, die allem neuen Leid gegenüber neuen Mut gab und die die Härte des Lagerlebens ertragen ließ.

Es strömten die Gaben des Auslandes für deutsche Heimkehrer und Flüchtlinge ins Lager hinein, reiche Gaben bis auf den heutigen Tag. Mehr noch: unsere »Feinde« kamen selbst! Sie kamen nicht, um die Besiegten am Boden liegen zu sehen. Sie kamen zum Helfen! Es kamen und kommen junge Holländer, Belgier und Franzosen. Sie bauen Häuser für deutsche Flüchtlinge und schufen das Fundament der Heimkehrerkirche.

Heilige Berufung und Aufgabe ist Friedland uns geworden: uns allen, dem Lagerleiter, den Angestellten und Arbeitern, Priestern und Ordensschwestern, Helfern und Helferinnen der karitativen Verbände. Boten der Liebe durften und dürfen wir sein, Handlanger Gottes zum Bau einer Welt des Ewigen, die Haß und Rache überwindet, in der jene Kräfte zusammengetragen werden, die stärker und mächtiger sind als Tanks und Atombomben.

Friedland konnte so den Heimkehrern und Flüchtlingen zum beglückkenden Erlebnis werden. »Tor zur Freiheit« wird das Lager genannt – »Beginn eines neuen Lebens«, »Land des Friedens«. Heimat, Geborgenheit, Ruhe und Frieden – sie bleiben nicht Worte, hier werden sie zur Wirklichkeit. Müde und mürb gewordene Männer recken sich auf, bekommen Mut und neue Hoffnung. Frauen, die zertreten waren, finden zu sich zurück und zu der Aufgabe, die der Schöpfer ihnen gab. Das Kind wird froh und will das Lager nicht mehr verlassen: »Haltet mich doch bei euch! Hier ist alles so lieb und gut.« Liebe ist zur Tat geworden, Liebe verwandelt, Liebe schafft neu.

So lest jetzt das Buch von Friedland! Ihr, unsere Freunde drinnen und draußen! Lest es alle, die ihr uns geholfen habt und weiterhin helft! Ihr, in deren Namen wir hier stehen. Lest das Buch von Friedland ihr alle, die ihr als Heimkehrer und Flüchtlinge Friedland erlebt habt. Dann wollen wir auch miteinander innehalten und beten: »Friedlands Leben, in der Liebe Gottes geworden, trage des Ewigen Segen in deutsche Lande diesseit und jenseit des Eisernen Vorhanges. Es schlage aber als Welle der Gnade auch dorthin zurück, woher Heimkehrer und Flüchtlinge den Weg zu uns fanden!«

So lesen wir »die Chronik der großen Heimkehr«. Sie zeigt uns, was Friedland war und ist. Sie zeigt uns auch, daß Friedland selbst eine Station sein wird auf dem Weg des Menschen, der da Wanderer ist zur ewigen Heimat!

> »Heimat ist dort, wo Gott ist;
> Gott ist dort, wo die Liebe ist.«

Friedland, Ostern 1956

Dr. Josef Krahe, Msgr. Lagerpfarrer

INHALT

Josef Reding

Schonzeit für Pappkameraden
2. Auflage. 148 Seiten. Efalin
Neue Kurzgeschichten. Ihr Themenkreis ist fixiert durch die Spannungen und Belastungen, die Menschen auszuhalten haben, wenn sie nicht über zeitgemäße Anpassungsfähigkeiten verfügen.

Nennt mich nicht Nigger
7. Auflage. 240 Seiten. Efalin
In diesem Band sind Texte aus mehreren Sammlungen vereinigt, mit denen der mehrfach preisgekrönte Autor der Kurzgeschichte zu ihrer Einbürgerung in die deutsche Gegenwartsliteratur verhalf.

Gold, Rauhreif und Möhren
Drei Söhne machen Geschichten. 128 Seiten. Efalin
In diesen Geschichten wird die so oft kritisierte und verächtlich gemachte Familiengemeinschaft wiederentdeckt und zu neuem Leben erweckt.

Kein Platz in kostbaren Krippen
2. Auflage. 128 Seiten. Efalin
Weihnachtsgeschichten für unsere Zeit. Josef Redings Weihnachtsgeschichten sind die Resultate einer genau beobachteten Gegenwart und der Überzeugung, daß »Christus nicht nur ein paar Stunden« lebte.

Georg Bitter Verlag